协同共生视域下区域高等教育结构调整：理念与路径

张伟坤 著

广东高等教育出版社
Guangdong Higher Education Press

·广州·

内容简介

本书基于系统论、区域发展理论、共生理论，从教育协同共生的视角，解读了区域高等教育与经济社会之间的共生关系，分析了高等教育结构调整的理论基础及改革背景，总结了高等教育结构调整领域的重点热点问题，梳理了影响高等教育结构调整的主要政策和制度，反思了现行高等教育结构存在的主要问题，并在此基础上构建了"协同共生型"高等教育结构调整机制的理论架构。此外，本书重点探讨了共生视域下粤港澳大湾区高等教育结构优化的理论基础与实践转向问题。

图书在版编目（CIP）数据

协同共生视域下区域高等教育结构调整：理念与路径/张伟坤著. —广州：广东高等教育出版社，2024.4
ISBN 978 – 7 – 5361 – 7426 – 9

Ⅰ. ①协…　Ⅱ. ①张…　Ⅲ. ①地方教育 – 高等教育 – 教育结构 – 结构调整 – 研究 – 广东、香港、澳门　Ⅳ. ①G649.28

中国版本图书馆 CIP 数据核字（2022）第 255980 号

出版发行	广东高等教育出版社
	地址：广州市天河区林和西横路
	邮编：510500　　营销电话：（020）87553335
	http://www.gdgjs.com.cn
印　　刷	佛山市浩文彩色印刷有限公司
开　　本	787 毫米×1 092 毫米　1/16
印　　张	16
字　　数	290 千
版　　次	2024 年 4 月第 1 版
印　　次	2024 年 4 月第 1 次印刷
定　　价	45.00 元

前　言

在经济全球化背景下，高等教育市场化趋势日益明显，高等教育不仅是国际竞争中体现国家软实力的重要基础，也是对外贸易的重要组成部分，本身有着巨大的经济效益。从高校所扮演的角色和发挥的功能而言，其本身有引领或适应市场新知识、新技术、新理念的主观意愿。一方面，知识、技术、理念的创新主要通过教育的途径来加以完成和传播，尤其高等教育在新知识的探索和研究、新技术的形成和转化、新理念的提出和推广等方面起着至关重要的推动作用；另一方面，一个国家或地区人口素质的提升也主要通过教育的途径来实现，其中高等教育更是担负培养社会所需的各类高层次人才的重任。因此，对于区域内高校而言，其本身也有加强优势学科资源共建、共享和交流的主观意愿，以期整合各自的资源优势，形成多结构多层次多类型的学科集群合力，通过集群效应促进学科结构的整体性优化，提高高校的整体竞争力及影响力。

不可否认，区域高等教育与区域经济社会之间有着紧密的关联，高等教育成为区域经济增长的重要支撑，而区域经济社会的发展水平也是区域高等教育发展不可或缺的重要基础，它们之间已经形成了"共生"关系。我国高等教育在过去的二三十年时间里取得了长足的进步，但在区域范围内，与之相对应的结构矛盾也日益凸显。以粤港澳大湾区为例，从现状看，不同城市间均有各自的基本发展定位及核心产业基础，但由于陈旧固化的行政边界思维，尤其是港澳地区与珠江三角洲九市间存在明显的行政体制隔阂和市场化程度差异，加之不同城市间缺乏宏观视角下的战略统筹机构，因而在发展定位和发展路径上难于将协同性与特色性很好地加以融合，体现在高等教育结构上则表现为高校的布局、层次、学科结构难于与区域发展定位及产业结构相互支撑发展。从布局结构看，"统筹联动与多极协同"的学科集群效应有待增强；从层次结构看，"高端引领与特色凸显"的共生结构体系尚未显现；从调整机制看，"整合共享与动态调整"的学科群联动效应有待激活。因而，在协同共生视域下探讨区域高等教育结构调整机制有其积极意义和重要价值。高等教育结构的调整优化，是对区域经济结构转型升级的适应与助推，是对高等教育自身发展规律的自觉把握，更是高校提升整体竞争力的主观需求。

目前，从经济学或空间地理学视角探讨区域协同发展问题的专著有不少，从社会学或教育学的角度专门探讨区域高等教育协调发展或结构问题的著作也有一些，但鲜见在教育协同共生视域下专门探讨区域高等教育结构调整机制构建的学术著作。相近的一些研究更多集中于学术论文中，如《区域高校结构调整与区域互动、区域高校布局结构与均衡发展问题研究》《高校教育区域化发展、区域高等教育与区域经济社会融合发展问题研究》等。本书以区域高等教育结构为主要研究对象，结合广东省和粤港澳大湾区高等教育结构现状，借鉴国际湾区的建设经验，从理论体系架构、体制机制完善及宏观政策创新等视角，分析了高等教育结构调整的理论基础及改革背景，梳理了现行区域高等教育结构存在的主要问题，探讨了现行调整机制的主要局限，明确了区域高等教育结构调整的主要内容及方式路径，构建了"协同共生型"高等教育结构调整机制的理论架构，旨在抛砖引玉，引发学界同行及教育管理者的共鸣。

本书在研究视角、核心理论观点上均具有原创性，具有一定的前沿价值，同时具有较强的问题和前瞻意识。概括起来，本书主要有以下特点：

一是在理论基础上对学科知识进行了新融合。综观现有的研究，总体而言，大多数是以社会学或教育学为基础，探讨高等教育结构调整问题、高校与区域经济发展的关系问题、区域高等教育的发展目标与发展模式等理论问题，视角相对单一。本书主要基于系统论、区域发展理论及共生理论，从教育协同共生的视角，对跨学科的知识进行了融合，探讨了区域高校与区域经济体协同共生的内涵、基本条件、体制机制、模式路径等内容，从多元化的视角研究区域高等教育与区域经济社会协同发展问题，探讨区域经济社会和高校互惠性一体化发展、多中心共生、统筹协调与结构分层、可持续发展与集群式发展的理论与实践等问题。

二是在核心理论观点及研究视角上有所创新。本书从学科专业建设和结构优化的视角切入探讨区域高等教育结构调整问题，认为高等教育结构至少包括高校的布局、层次、类型和学科专业结构，但总体而言，学科专业结构是基础和根本。高校由不同的学科及专业组成，而学科专业结构与区域的产业结构有着密切的关联，区域的产业结构也深刻影响着区域高校的整体布局和高校的层次及类型。因此，高等教育的结构若要达至合理的状态，学科专业的建设和布局是重点和根本。同时，本书认为区域高等教育与区域经济社会之间有着紧密的关联，从共生单元看，包括区域内政府机构、高等学校、社会各经济实体、公共服务平台等组织；从共生模式看，主要走多中心协同共生的模式，即以一个或多个中心城市为发展中心，通过集群效应、联动效应、辐射效应等方式，将不同层次、类别的区域高校与区域经济体进行联结，从而构成一个复杂的、跨地域的、开放的时空集合实体；从共生目标看，主要是使不同中心之间通过共生界面建立某种时空的联结，最终构建一种稳定、高效、持久的合作关系或状态，最大程度避免不同地区间高等教育的单极化、分散式、路径趋同式发展，最终形成"结构分层、分类发展、布局合理"的结构体系，推动区域经济社会和高校互惠性一体化发展。

三是在结构体系上从"调整目标—调整理念—调整动力—调整内容—调整路径—管理体制—运行体系—基础保障"等层面构建了"协同共生型"高等教育结构调整机制的理论架构。本书认为共生理念下区域高等教育结构调整是一个"政府统筹、高校为本、社会参与、教育中间组织协调缓冲"的四位一体的运行过程，即区域高等教育结构调整的宏观目标有赖于互动中的政府、高校、教育中间组织及区域社会（市场）所构建的新型的"协同共生型"关系及其制度规则来维持和实现。

四是在内容上加强了不同研究领域之间的关联并重点梳理了该领域的重点热点问题。最近十多年的理论研究中，人们围绕高等教育结构调整的研究主题，以"问题"为中心进行探讨，展现出一些有影响力的研究成果或观点，但一些研究仍然有其局限性。本书系统梳理了当前高等教育结构调整领域的研究现状及其局限，并据此分析了未来在高等教育结构调整的理论研究领域的重点热点问题，为后继研究者提供有益的参考。

五是在研究方法上注重实践倾向的多元化综合方式。改革开放后，在高等教育结构调整理论研究过程中，研究者们在研究范式上逐渐形成了以思辨为主的逻辑思路。随着社会的进步和实际工作需要的变化，这种偏向思辨的研究方式，对于解决我国高等教育快速发展所面临的繁杂问题，显然是不够的。本书在写作过程中尽量遵循两个原则：一是从哲学思辨到实践转向，采取与实践相结合的综合研究方式，努力提升思维层次，使理论与实践能更好结合；二是努力关注国内外学术前沿。本书尽量探寻更多新问题，同时关注国内外学术前沿，拓宽获取资料的途径及研究视野。

六是在实践指导上有较强的问题及前瞻意识。一方面，本书努力置身于国际发展的大背景下，在借鉴西方理论的基础上，以基础性、全局性、战略性、前瞻性的理论和现实问题为切入点，注重不同学科之间知识的互动和融合；另一方面，在尊重高等教育结构调整的本质及规律的基础上，努力增强研究结果的针对性、实效性和科学预见性，力图对解决高等教育结构调整的实践问题有所帮助。

本书系广东省社科联粤港澳大湾区教育与社会融合研究中心研究基地阶段性成果，所探讨的问题基于对重大现实问题的回应，为后继研究者在专业结构调整问题研究上提供了新思路。同时，本书的内容顺应了当前社会转型升级、推动区域间快速联动、缩小地区差异的主潮流与主趋势，对于解决新发展阶段区域社会发展过程中出现的行政过度干预、资源浪费、区域隔阂等问题有实践指导意义，为今后进一步深入研究区域高等教育结构调整问题提供了借鉴，为政府的宏观决策和具体行动提供了依据，兼具理论和实践的双重意义。

张伟坤

2024 年 1 月于华南师范大学

目　录

第一章

区域高等教育结构调整的背景

第一节 改革背景与问题反思

中国已经进入全面建设社会主义现代化国家、向第二个百年奋斗目标进军的新发展阶段。构建以国内大循环为主体、国际国内双循环互为促进的新发展格局，是对中国经济社会发展趋势和客观规律的深刻反思和自觉把握，是重塑国际竞争合作新优势和顺应时代新要求的战略抉择。构建新发展格局不是权宜之计和被迫之举，而是推动社会高质量发展和掌握发展主动权的先手棋，也是一种格局更大、境界更高、变革更深的国家重大发展战略，是中国经济进入新发展阶段的时代选择，也是更深层次的改革和更高水平的开放。高等教育作为人才培养的核心场域，对新发展阶段的社会革新进步起着不可或缺的重要支撑作用。

在探讨高等教育结构调整机制之前，需要认真思考如下三个问题：一是现行的区域高等教育结构存在哪些问题？二是现行的区域高等教育结构是否需要调整、哪些方面需要调整、需要如何调整？三是如何构建与区域经济社会相匹配的高等教育结构调整机制？本书便是按此思路，一方面梳理现行区域高等教育结构存在的问题，另一方面探讨现行调整机制的主要局限，明确区域高等教育结构调整的主要内容及方式路径，并试图以高等教育学科结构的调整为基础和切入点，构建"协同共生型"高等教育结构调整机制的理论模型。

当前，世界局势、国家形势继续发生着深刻而迅捷的变化，我国高等教育事业发展面临着机遇与挑战。在过去的二十多年时间里，我国各领域均取得较大成就。譬如，经济发展方式明显改进，经济结构的调整步伐明显加快，促进了经济的持续平稳较快发展，有效应对了国际金融危机；综合国力得到较大幅度提升，市场进一步开放并逐渐与国际接轨，逐步完善了现代市场体系和宏观调控体系，民主和法制建设均有较明显的进步；在教育、科技领域也有显著进步，制定并实施了《国家中长期人才发展规划纲要（2010—2020 年）》《国家中长期教育改革和发展规划纲要（2010—2020 年）》和"国家知识产权战略"等具有导向性、战略性的政策文件，明显推动教育、科技、文化等事业的进步；优先发展教育事业的战略得到具体落实，近年来国家财政性教育经费支出占国内生产总值（Gross Domestic Product，GDP）比例逐年增长，2019 年首次突破 4 万亿元，占 GDP 比例为 4.04%，连续第八年保持在 4% 以上，年均增长达 8.2%，充分体现出国家优先保障教育投入、优先发展教育事业的坚定决心；高等教育毛入学率显著提高，教育公平取得进步，等等。但是，在高等教育领域快速发展的同时，与之相对应的结构矛盾也日益凸显，全国或区域范围内高等教育发展不平衡、不协调的问题仍然较为突出，高等教育在助推区域经济发展过程中的作用和角色有待加强，高校创新能力有待提高，高等教育的结构需要调整和优化，表现为：一是高等教育层次问题。目前，我国不同层次、不同类型的区域高校普遍表现出发展目标和发展路径的趋同性。二是高等教育布局问题。区域高校的布局问题，有历史的累积效应原因，也有经济发展水平差异和区位优势影响等原因，但政府调控在其中起着最为明显的作用。就现状而言，高校整体布局显现为过度集中和过度分散矛盾并存的问题，仍未形成分布合理、分区发展、分类发展、分工合作的区域高等教育布局结构。三是学科专业问题。由于评价体系较为单一，导致不同高校间学科发展方向和发展路径呈现趋同性，与市场需求及发展趋势存在差距，很难形成与经济社会发展和人才预测动向相互支撑匹配的结构体系。此外，政府和高校职能转变不到位、资源环境约束日益加剧、制约高等教育科学发展的体制机制障碍增多等问题，也导致高等教育结构优化的任务日益艰巨。（见表1–1）

表 1-1　区域高等教育结构存在的主要问题

区域高等教育结构	主要问题
层次问题	我国区域高等教育结构的问题普遍表现为层次不够清晰，定位不够明确，特色不够鲜明，发展目标和发展路径呈现趋同性；未能呈现合理的发展梯度，未能形成较为明确的发展目标、评价标准、发展方向，管理的体制机制有待完善；高职高专领域仍未建成职业教育基地网络，适应现代产业要求的较为专业、连贯的体系尚未形成
不同层次学校的布局问题	分布合理、分区发展、分工合作、协同共生的区域高等教育布局结构仍未显现
不同层次学校的学科专业问题	区域内学科专业普遍缺乏统筹规划，学科专业不尽合理，专业设置计划色彩仍然过强，不能适应社会发展变化要求；不少学科专业重复设置，学科的布局与专业的设置普遍滞后于社会发展，许多学科与市场实际脱节严重，而相应的动态调整和淘汰机制又不太健全；新增专业设置缺乏实证和预测，带有一定程度的盲目性和随意性

概括起来，高等教育结构的调整，是对区域经济结构转型升级的适应与助推，也是高等教育自身发展的必然要求，更是高校提升自身能力的主观需求。

一、高等教育结构调整是对区域经济结构转型升级的适应与助推

高等教育对于区域经济社会的促进，其本质是依靠高校内部学科专业的建设和调整。学科专业结构与区域产业结构有着密切的关联，影响着其整体水平和发展趋势，而产业结构又反过来深刻影响着区域高校的整体布局和高校的层次及类型。从这个角度而言，高校内部学科专业结构的优化，是高等教育整体结构调整的核心，是高校成为区域经济发展助推器的根本。以广东省为例，长期以来，高等教育发展情况与经济发展水平处于不甚匹配的状况，即广东省的经济发展水平长期处于全国前列，而高等教育发展水平却长期处于中等甚至中等偏下水平。广东省委省政府、教育管理部门也充分认识到了这种现状，逐步出台了一系列政策和文件，以期改变现状并优化结构，

进而提高高等教育质量，助推区域经济结构转型升级。如《广东省中长期教育改革和发展规划纲要（2010—2020 年）》《广东省教育发展"十四五"规划》等文件均提出要"统筹优化高等教育区域布局，巩固提升区域性高等教育基础性的地位"，要"进一步完善高水平研究型大学的学科整体布局"，要"形成各类型院校定位明确、特色鲜明、优势突出的分类发展格局"等要求，并提出了高等教育事业发展和人力资源开发的主要目标。然而，要完成广东省提出的这些目标，高等院校却面临着巨大压力。原因之一是当前全省人口结构已发生明显变化，高等教育规模、结构、质量、特色、效益若要协调发展，将面临严峻的挑战。南京财经大学程瑶等根据《中国统计年鉴》的人口出生率分析发现，我国的人口生育高峰是在 1991 年，此后全国新生婴儿数目总体呈下降趋势。

结合广东省的情况，根据现有的统计数据，可知未来广东省教育适龄总人口总体趋势也将呈下降趋势，教育人口结构性差异难以避免，即从当前至未来一段时间内，义务教育阶段的在校生规模将呈逐年下降趋势，与高中阶段教育及高等教育持续攀升的建设规模存在矛盾，导致高中阶段教育的高水平普及目标面临挑战，高等教育普及化的目标也任重道远。

总体而言，在广东省经济社会发展转型升级的关键时期，高等教育要如何实现省委省政府提出的发展目标？如何通过合理调整学科层次及学科布局等结构，真正成为区域经济社会发展的发动机和助推器？如何通过人才培养、科研成果转化等途径，更好地服务区域社会？这些都是高等教育发展必须面对的巨大挑战。按照国家及广东省的发展目标分析目前广东省高等教育的整体发展及结构现状，可以说，在宏观和微观层面，广东省的高等教育结构有许多问题亟须解决。

首先，区域高等教育布局需加强统筹。根据已有的资料可以看出，在"十一五""十二五"甚至"十三五"期间，广东省粤东、粤西、粤北与珠江三角洲不同区域间高等教育的发展水平和速度差异明显，省级政府和区域政府的统筹发展力度需要加强。在过去十年左右的时间内，珠三角与粤东、粤西、粤北的不同区域、不同学校之间发展水平和发展速度差异性大，即使在同一区域，高等教育的发展水平也差异明显；区域内各级各类教育之间发展不协调的问题比较突出，中等教育与高等教育之间的衔接机制有待加强；区域政府对于高等教育重要事项的决策能力有待提高；区域高等教育的管理水平、体制机制、基础设施建设、教学设备、师资力量、教育教学质量等离民众的要求仍有较大差距。此外，珠三角区域高等教育对周边区域的引领辐射作用还未完全显现，粤东、粤西、粤北地区高等教育发展水平和发展速度明显落后，全省范围内高等教育聚集效应仍未显现。高等教育"多中心协同、区域共生、网络式发展"的体制机制和布局结构仍未形成。

其次，区域高等教育层次需进一步明晰。目前，广东省高等教育还未形成"各类型院校定位明确、特色鲜明、优势突出的分类发展格局"。本科、专科层次的高等院校发展参差不齐，高水平研究型大学偏少，高水平大学数量有限；高等职业教育在区域间发展不均衡的情况较为明显，现代职业教育体系的建立仍任重道远；全省范围内高等教育离"层次清晰、定位明确"的目标仍有距离。展望未来广东省高等教育的发展，按照广东省的整体规划和发展目标，对于本专科层次的院校而言，需要加快高水平大学的建设步伐，鼓励高等学校"在本层次、本类型中办出特色，创造品牌，争当一流。争取未来 5 年在每类高等学校中，均建成 1～2 所达到国内一流、国际先进的高水平院校"；对于高职高专院校而言，需要形成凸显终身教育理念、中高职教育协调发展、适应我国当前产业结构调整要求和经济发展方式转变的现代职业教育体系，需要构建从初级到高端的技能型应用型人才培养的完整链条，最大限度地满足区域内适龄人口接受职业教育的需求，进而满足建设市场化、现代化、信息化、全球化的经济社会对技能型人才和高素质劳动者的需要。

最后，区域高等教育学科专业需优化。当前，对于广东省高等教育的学科专业结构，总体而言，一方面，珠三角与粤东、粤西、粤北区域不同层次高等学校的专业设置普遍呈现定位不清晰、联动较少、重复设置过多的局面；另一方面，政府部门和高校对于专业的设置行政干预较多，且随意性过大，而对新专业的设置又缺乏统计、分析、论证和预测，对不符合社会发展需要专业的淘汰缺乏良好的体制机制。想要改变这种现状，需要在政府的统筹协调下，成立专门部门或中间机构对区域内各高校的学科专业设置加以指导，并在了解、收集、分析各行业人才供求结构、质量、规模、变化趋势数据的基础上，重点优化学科层次及学科布局结构。

二、高等教育结构调整是高等教育自身发展的必然要求

综观世界形势，政治多极化、经济一体化、信息全球化日益凸显，科技进步日新月异，人才竞争日益激烈，可以说，当前社会正处于大变革、大发展、大调整的时期。我国社会也正处在改革发展的关键时期，经济、政治、文化、社会服务以及生态文明建设正稳步推进，城镇化、市场化、信息化、工业化、国际化正深入发展。然而，综观国内外环境，形势并不容乐观。从

2012 年开始，中国经济发展速度开始放缓，一方面与国内因素相关，在过去的一段时间里，为了降低通货膨胀水平，尤其是为了遏制房地产价格过快增长而实行的货币政策使得投资放缓，对整体经济产生较大影响；另一方面，国际环境也是重要的影响因素，譬如美国政府提出的"重返亚洲"战略以及近年来其对中国力量崛起的恐慌进而联合其盟友对中国进行明目张胆的污蔑和打压战略等，都影响着整体的经济环境。

高等教育将扮演日益重要的角色。《国家中长期教育改革和发展规划纲要（2010—2020 年）》等相关文件指出"提高质量是高等教育发展的核心任务，是建设高等教育强国的基本要求"，高等教育要"特色更加鲜明，结构更加合理，科学研究、人才培养及社会服务整体水平全面提升，建成一批国际知名、高水平、有特色的高等学校，若干所大学达到或接近世界一流大学水平，高等教育国际竞争力显著增强"，同时要求高等教育的发展应适应国家和区域经济社会发展需要，应建立动态调整机制，不断优化高等教育结构，包括优化高等教育学科专业、类型及层次结构，积极促进多学科交融，重点扩大复合型、应用型、技能型人才培养的规模，重点优化区域布局结构等。

从国家相关政策及文件的精神可以预判，在未来较长一段时间内，"质量""结构"将成为高等教育发展的关键词，提高高等教育质量、调整高等教育结构将是主趋势。因此，区域政府、区域社会、区域高等学校均应扮演好各自的角色，发挥应有的作用：首先，对于区域政府而言，需要厘清思路，明确未来几十年高等教育发展的方向，前瞻性地规划和优化高等教育学科层次和学科布局结构；需要明确区域内的社会发展总体情况，在此基础上制定高等教育发展总体规划和目标；需要成立专门的政府机构统筹协调高等教育学科结构调整，为高等教育的发展营造良好的环境；需要通过法律形式明确各级政府对高等教育经费的投入比例、使用方式和范围、审核监督方式、惩罚方式等。其次，对于区域社会而言，需要加强社会各组织、团体、机构的参与和融入，提供良好的环境支撑；最后，对于区域高等学校而言，需要认真落实国家、区域政府的相关政策；需要从国家及区域发展大局审视高校的办学定位，推进管理体制、教学制度、考核评价制度等方面的改革，突出办学特色，培养更多更好的创新型人才，形成精英引领、层次多样、特色鲜明的培养机制；需要区域内各高校向着分层分类、特色突出、任务明确的方向发展，同时，加强相互之间的分工与合作，共同完成区域高等教育结构调整和优化的任务。

三、高等教育结构调整是高校提升整体竞争力的主观意愿

区域高等教育结构的调整，除了受外在经济社会发展的驱动外，也是高校内部各学科进行优化以应对产业结构调整及市场经济发展的客观要求，而产业结构的转型升级，归根结底是新知识、新技术、新理念的出现和应用所引发的。因此，对于高校所扮演的社会角色、承担的目标任务及其发展定位而言，其内部本身有不断创造新知识、开发新技术、创新新理念的主观意愿，以引领外部社会政治、经济、文化的发展方向，或适应市场新知识、新技术、新理念的发展所带来的冲击。高校这种自身能力的提升，主要是基于内部组织结构的不断优化以适应经济社会的发展要求。梳理已有的研究可以发现，人们对于组织结构理论的研究已有一段历史，但是将该理论运用于大学组织的探索却始于 20 世纪 60 年代，如美国学者伯顿·克拉克（Burton Clark）在大学组织结构方面有较深入的研究，他专门探讨了大学组织的单位划分方式，分析了大学组织结构的特点，提出了影响深远的按学科及学院划分教学单位的观点；美国管理学教授罗宾斯（Stepher P. Robbins）则在组织冲突、结构重组、组织权威和政治以及如何开发有效的组织内人际关系技能等方面有深入研究；美国学者卡斯特（Fremont E. Kast）和罗森茨维克（James E. Rosenzweig）也对大学组织结构进行了深入研究，认为组织结构是组织内各构成部分及各部分之间所确立的关系形式。此外，国内学者吴志功、宣勇、季诚均等都对大学组织结构有深入研究。而关于大学组织结构类型的研究，大多学者还是借鉴管理学及组织行为学的研究成果，其中较为主流的划分方式是直线制、职能制、直线职能制、事业部制、矩阵制结构、多维立体组织结构等①；也有人将大学组织结构分为直线制、职能制、直线职能制、学院制和矩阵制②。虽然在不同的论著中对组织结构的类型与划分有不同的见解，但有三种被较为认同的结构：科层结构、事业部结构及矩阵结构。大学组织既有古典组织理论中提及的"科层制"组织特点，即有明确的法规制度、职权遵从层级性、专业分工等，也有现代组织理论提及的所谓的"松散结合系统"的特点，也就是说大学组织既存在学科结构，也存在行政管理结构，属双重结构系统。因此，可以从学科结构及管理结构二维的视角探讨大学组织。大学学科结构是指大学组织内部的院系部门设置及学科专业

---

① 芮明杰. 管理学：现代的观点［M］. 上海：上海人民出版社，2005：140.
② 薛天祥. 高等教育管理学［M］. 上海：华东师范大学出版社，1997：208–213.

设置，它影响着大学日常教学及科研成果，属于核心结构。大学管理结构是指大学内部设置的不同层级的行政管理部门、党团组织和工会机构及其之间关系，它影响着大学的正常运转和维护，是大学组织结构中不可或缺的重要组成部分。大学学科结构及管理结构通过教学、科研、管理过程相互联结，形成特定的关系。因此，可以认为，大学组织结构是指大学内部各要素之间进行分工、协调及任务分配，通过完成这些过程，形成全方位的组织部门联结、上下联动的职位结构、层次结构及权力结构。或者说，大学组织结构是大学组织内各要素之间相互联结的方式及框架体系，是大学组织中相对应的职责、权力及任务在个人和群体之间分工、协调、权衡及分配的过程。

目前，我国大学组织普遍存在结构性冲突，主要表现在如下几个方面：首先是学科结构的冲突。大学的核心任务是人才培养及科学研究，进而服务社会。在这个过程中，需要不同学科的联合与交融、各学院的互助与合作。目前，大部分的高校内部学科之间发展极不均衡，资源分配方式过于随意，导致许多学院、学科之间由于利益的冲突，相互之间的互助和合作存在体制性障碍。此外，由于资源的配给是竞争性的，在总体资源有限的情况下，学院或学科为了争取更多的利益和公共资源，也形成不同程度的竞争关系，导致学院、学科之间的不合作及冲突，进而影响现代大学制度的构建和完善。其次是行政管理结构的冲突。在大学组织内部，行政管理部门之间属于平行组织，有各自的职责任务和权力范围，但在实践中，不同行政管理部门在某些职责范围内会产生职能重叠的现象，为追求部门利益及管理权力而采取不合作的情况也常有发生，这不仅不利于大学组织的健康运行，也阻碍了现代大学制度的推行。最后是学科结构与行政管理结构之间的冲突。相对于行政管理部门而言，学院属于较为特殊的机构。从组织架构而言，理论上它们与行政管理部门属于平行的一级，由校长、副校长直接领导，具有管理教学和科研等事务的职责和权力。然而在实际操作中却并不完全如此，学校的行政管理部门掌握了行政权、决策权及监督权，有时甚至采用行政手段直接干预科研学术事务。大学组织结构中这种学科与行政管理部门之间的关系是导致冲突的体制性原因，也是构建现代大学制度必须解决的矛盾。

因此，高校为缓解组织内部冲突，加强自身能力建设，更好地引领或适应市场新知识、新技术、新理念所带来的冲击，首先需要适时调整高校的布局和层次，以助推区域经济产业发展战略的实施及产业结构的转型升级；其次，需要适时调整各学科的总体目标、内容及人才培养模式，以适应各行业对人才供求结构、质量、规模、标准等的变化趋势；最后，需要前瞻性地构建学科"动态调整"机制，以适应区域经济社会发展变化的总体趋势。

⇒ **第二节 研究现状与研究述评**

无论是政府的管理者，还是理论的研究者，一直以来都十分重视区域高等教育结构调整问题，并围绕此问题出台了不少具有针对性的政策，提出了不少具有创新性、前瞻性的理念，促进高等教育结构逐渐完善。但综观近十年来我国高等教育结构调整的成效，仍然有许多领域需要政策制定者和理论研究者共同努力，区域高等教育结构调整优化的任务仍然艰巨，高等教育领域如何应对已经到来的新时代，成为未来 10～20 年发展的重点。

一、国内相关研究

目前，从经济学或空间地理学的视角探讨区域协同发展问题的专著有不少，从社会学或教育学的角度专门探讨区域高等教育协调发展或结构问题的论著也有一些，但对于高等教育结构调整问题的相近研究则更多集中于学术论文中。本书参考的资料主要来源于"中国期刊网""中国知网"等全文阅读数据库，以"区域高等教育""结构调整""专业设置""专业建设"等为搜索词，选择符合条件的论文共 475 篇（见表 1－2）。综观已有的研究，"高校本科专业设置问题""区域高校布局结构与均衡发展问题""区域高校结构调整与区域互动问题""区域高校管理体制、调整机制、合作机制问题""区域高等教育发展模式与发展路径问题""区域高等教育与区域经济社会融合发展问题""专业建设过程中的资源整合问题""学科—专业协同建设问题"等研究较多，下面便根据研究内容或观点的相近性进行简单归类。

表 1－2 中国期刊网及优秀博士、硕士学位论文全文数据库
相关研究搜索结果（2001—2021 年）

单位：篇

研究三题	数量
区域高校学科专业设置问题研究	52
区域高校结构调整与区域互动、区域高校布局结构与均衡发展问题研究	45

续上表

研究主题	数量
区域高校管理体制、调整机制、合作机制问题研究	39
区域高等教育发展模式与发展路径、区域高校创新能力与竞争力问题研究	58
高校教育区域化发展、区域高等教育与区域经济社会融合发展问题研究	43
"双万计划"的实施与专业建设内涵式发展问题研究	50
特色专业、优势专业、品牌专业的建设问题研究	73
一流本科专业建设过程中的资源整合问题研究	35
"学科—专业"协同建设问题研究	49
地方高校专业建设的模式路径问题研究	31

（一）区域高校学科专业设置问题研究

黄崴教授及他的研究生团队对该问题有深入研究，并有一系列包括著作、论文、专业设置预测系统在内的重要成果加以支撑，产生了较大影响。他们依托教育部、财政部高等学校本科教学质量与教学改革工程重大课题"高校本科专业设置预测系统"，在本科专业设置理论体系架构、专业设置预测模型及预测系统构建、数据信息采集与加工、区域本科专业设置与预测运用等领域均有较为深入而系统的探讨。归结起来，他们的研究主要分为理论基础、技术研究及实践应用三个部分。首先，理论基础部分主要解决高校专业设置与调整的重大理论问题，提出高校专业设置预测系统的基本框架。如《我国高校本科专业设置标准研究》《关于我国高校本科专业设置质量内涵与标准的理论探讨》《利益相关者视野下的高校本科专业设置改革》《广东省高校本科专业设置与调整研究》等论文。其次，技术研究部分则主要构建数据分析系统，并在此基础上提供数学预测模型，建设预测系统平台。如《支持向量机模型在高校毕业生供给预测中的应用》《时间序列分析在广东省 GDP 预测中的应用研究》《模糊聚类分析在专业排名中的分析》《基于 SVM 的组合预测模型在高校就业率预测中的应用》《基于特征选择和回归分析的人才供给预测模型》等论文。最后，实践应用部分则主要发布区域范围内部分学科专业的人才需求预测及高校本科专业设置建议报告。如《我国高校本科行政管理专业设置与建设研究》《我国高校公共事业管理本科专业优化研究》《广东高等学校调整优化学科专业结构与人才培养方案调研报告》《广东省先进制造业相关本科专业设置与调整策略》《广东高校工商管理类本科专业设置与调整研究》《广东省电子信息类本科专业设置与调整研究》等论文。

（二）区域高校结构调整与区域互动、区域高校布局结构与均衡发展问题研究

张振助（2001）的博士论文重点讨论了高等教育与区域互动发展的理论基础、国际比较、宏观环境、发展现状、存在问题及原因分析等[1]。王新华等（2005）认为许多高校尤其是一些地方性高校过度追求规模和发展速度，导致高校在教学管理等方面出现一系列新问题，譬如发展目标路径呈现较高的相似性和趋同性，脱离地方实际，缺少鲜明的个性和特色等，认为地方性高校的首要任务之一是确定合理的办学定位[2]。贺祖斌等（2010）的研究则以广西为例，认为广西高等教育布局结构与经济结构的发展适应性不强，应通过实施非均衡发展战略，构建广西高等教育的"发展极"，以提升落后区域高等教育的发展水平，进而调整区域高校布局结构[3]。李锦奇（2010）的博士论文以辽宁省高等教育结构调整为研究范畴，界定了区域高等教育结构调整的时间、空间和概念，探讨了区域高等教育的结构与规模、质量与效益、区域高等教育结构与国家高等教育结构之间的关系[4]。刘六生（2011）的博士论文则主要以高等教育内、外部关系规律及结构—功能主义理论为基础，对区域高等教育的结构调整问题进行了理论探讨[5]。朱雪文（2002）的博士论文基于"价值—功能—结构"的逻辑，从高等教育价值的视角，认为高等教育的知识价值、社会价值和个体价值是相互融合的，但由于高教资源本身的有限性，在价值实现上就会呈现出资源的竞争性，使高等教育的区域

① 张振助. 高等教育与区域互动发展研究［D］. 上海：华东师范大学，2001：10.
② 王新华，程从柱. 地方性高校办学定位的理论思考［J］. 现代教育科学，2005（9）：45－47.
③ 贺祖斌，李东航，张兰芳. 广西区域高等教育布局结构与省域经济结构的适应性研究［J］. 广西社会科学，2010（11）：17－20.
④ 李锦奇. 区域高等教育结构调整研究：以辽宁省为例［D］. 武汉：华中科技大学，2010：15.
⑤ 刘六生. 省域高等教育结构调整研究：以云南省为例［D］. 大连：辽宁师范大学，2011：20.

分布一方面趋向于集聚在经济、文化发达地区，从而形成非均衡状态，而另一方面在地域分布上则倾向于均衡状态，呈现出集中与分散的矛盾①。赵宏斌等（2017）从人口和GDP的角度分别研究了我国高校在省级、地级市区域的分布情况，分析了区域高校与区域经济、社会发展之间的均衡性和差异性，并与美国高校的区域分布状况进行了对比，认为我国高校在省级区域分布较为均衡，但在省会城市、地级市的分布有较大差距，即在省会城市的分布密度过大，经济发展相对滞后的省会城市与地级市相比高校分布过分集中，与区域经济发展不协调，需要对高校布局重新进行规划②。梁妮（2008）在其硕士论文中使用国际上衡量均衡性的通用指标即泰尔指数作为分析工具，计算了我国高校规模区域分布的差异程度，并使用因子分析法和定性的分析法，探讨影响高校区域分布的因素，对高校区域布局的合理调整提出了建议③。刘丽（2009）则运用熵值法，对1998—2007年各省高等教育发展实力进行综合测评，认为我国高等教育的发展格局逐步从内陆与沿海、北部与南部的区域发展不平衡，转变为东、中、西三大区域间的不平衡④。孙剑萍等（2009）以基尼系数理论为基础，从高校区域布局、高考体制、高等教育经费投入、优质高等教育资源分布等几个方面入手，分析了我国当前东、中、西部三大区域高等教育非均衡发展的现状，并提出了具体建议⑤。

（三）区域高校管理体制、调整机制、合作机制问题研究

冒荣等（2010）认为当前各高校间无序竞争及非合作博弈现象较为严重，表现为争夺公共资源的零和博弈、学术声誉的"瑜亮式"角逐、分工模糊的市场竞争等方面，延缓了高等教育发展的速度和效率。他认为区域集群是促进高校间合作博弈的有效组织机制，应通过建立有序的分工协调制度、多元化的评价制度、公正的公共资源分配制度来拓展合作博弈空间，促进高校集群发展⑥。黄敏等（2011）认为我国高等教育区域非均衡发展主要体现

---

① 朱雪文. 中国高等教育区域分布研究［D］. 上海：华东师范大学，2002：18.

② 赵宏斌，刘念才，梁妮，等. 我国高校的区域分布研究：基于人口、GDP的视角［J］. 高等教育研究，2017（1）：23－28.

③ 梁妮. 我国高校规模的区域分布研究［D］. 上海：上海交通大学，2008：15.

④ 刘丽. 区域高等教育发展实力分析［J］. 教育发展研究，2009（19）：41－44.

⑤ 孙剑萍，汤兆平. 基于GINI系数的区域高等教育均衡发展的量化分析［J］. 继续教育研究，2009（4）：63－65.

⑥ 冒荣，宗晓华. 合作博弈与区域集群：后大众化时代我国高等教育发展机制初析［J］. 高等教育研究，2010（4）：35－40.

在综合实力、生均教育事业费、高校的规模等方面，非均衡发展的主要影响因素包括财政政策合理程度、区域经济发展水平、地理环境及历史原因等，可以通过制定与本区域经济相协调的教育发展政策、加大政府教育经费投入力度、构建高等教育多元筹资机制、推进高校办学体制改革、建立人才柔性流动机制等方式进行优化[①]。周振朝等（2002）认为高等教育只有立足于区域，才能获取持续发展的源泉和动力，而深化高等教育管理体制的改革可以为区域高等教育发展和结构优化提供契机[②]。张立新等（2007）认为组织制度是保障区域高等教育良好运转的秩序基础，区域高等教育的参与者同时也是区域高等教育的各利益相关者，因此必须明确各方的权利、义务及责任，构建协调机制，促使区域高等教育与区域社会良性互动、和谐发展[③]。王锡宏（2003）认为区域高校社会服务功能的实现需要完备而系统的机制予以保证，需要学校、学院、教师之间在政策、理念、措施等方面相互建立关联，进而构建区域高校内部激励机制、导向机制、评价机制、动力机制、管理机制、自我发展机制等[④]。严全治（2012）认为区域高等教育结构影响着区域的整体发展，因此区域高等教育只有协调发展才能稳健发展，区域政府应该成为协调区域高等结构的主体之一，如此才能使一个区域的高等教育不仅与全国其他区域的发展水平相当，并与本区域的社会、经济、科技发展相匹配[⑤]。

（四）区域高等教育发展模式与发展路径、区域高校创新能力与竞争力问题研究

赵庆年（2008，2009）在这一领域有较深入的研究，他认为区域高等教育的发展目标应多元化，它是高等教育的一个子系统，既有时间性也有空间性，分工与合作是区域高等教育健康发展的理性诉求[⑥]；他还指出，由于区域高等教育存在不均等、稀缺性、非同一性、寻求自身发展等特征，因此发

---

① 黄敏，董永全，朱翠英. 高等教育区域非均衡发展的现状分析及其优化对策 [J]. 中国农业教育，2011（2）：4－7.

② 周振朝，田秀菊. 对区域高等教育发展的思考 [J]. 中国高教研究，2002（1）：70－71.

③ 张立新，吴绍春. 论区域高等教育的组织制度安排 [J]. 民办教育研究（双月刊），2007（1）：12－15，107.

④ 王锡宏. 区域高校社会服务机制的构建 [J]. 山东师范大学学报（人文社会科学版），2003（3）：122－126.

⑤ 严全治. 协调区域高等教育发展的路径 [J]. 教育研究，2012（1）：89－94.

⑥ 赵庆年. 多维视域中的区域高等教育基本特征 [J]. 教育研究，2008（6）：72－77.

展必然存在差异①；此外，他对高等教育发展路径、模式也进行过探讨，认为我国高等教育系统中存在的无序现象与区域高等教育子系统的有序现象存在关联，这种区域高等教育子系统的有序性主要体现在按区域社会经济发展需要所建立的科类、层次、类型结构等结构齐全的区域高等教育体系上，合作与分工是构建效益、规模、质量、结构之间协调发展的高等教育系统的有效举措，也是区域高等教育和谐发展的客观需要及诉求②；他指出从高等教育经费投入水平、区域经济发展水平及高等教育规模发展水平的关系视角看，区域高等教育的发展模式呈现许多个性化特征，包括"落后的经济发展水平—较高的高等教育投入—较低的高等教育产出"模式、"发达的经济—很低的高等教育投入—较低的高等教育产出"模式、"较低的经济发展水平—较低的高等教育投入—较高的高等教育产出"模式、"经济发展水平—高等教育投入—高等教育产出水平"相一致的模式等③。刘健（2006）以珠三角高校为例，认为珠三角高等教育的发展面临机会和威胁并存的局面，需要在未来的发展过程中明确高校和高等教育的目标定位，加强校际合作及特色建设，发挥区域优势④。芮国强（2006）认为在经济区域化发展的背景下，在发展路径及现实国情的双重制约下，高等教育需要贴近区域实际，构建与区域经济及社会共同发展的良性机制，地方政府主导应成为区域高等教育发展的基本模式⑤。舒琴（2007）的硕士论文以高校三大职能为依据，将高校参与区域经济与社会发展的模式概括为：科研与开发参与区域经济与社会发展模式、结合区域特色的人才培养培训模式、面向区域提供社会服务模式⑥。郑存库（2007）指出大众化背景下，高校应以区域发展需要为基点，立足区域特色并培育核心竞争力，这种核心竞争力包括具有区域特色的办学理念、

---

① 赵庆年. 区域高等教育发展差异及其调适 [J]. 教育发展研究，2008（19）：79 – 82.

② 赵庆年. 分工与合作：区域高等教育协同发展的现实需要与理性诉求 [J]. 黑龙江高教研究，2009（1）：13 – 17.

③ 赵庆年. 区域高等教育发展的典型模式分析 [J]. 教育发展研究，2009，29（3）：23 – 27，37.

④ 刘健. 区域高等教育发展：以珠三角高校为例 [J]. 黑龙江高教研究，2006（3）：32 – 34.

⑤ 芮国强. 区域高等教育发展中的地方政府作用分析 [J]. 江苏高教，2006（6）：34 – 36.

⑥ 舒琴. 高等学校参与区域经济与社会发展的模式研究 [D]. 南京：南京理工大学，2007：10 – 20.

产学研模式等，并要推动高校的国际化进程，力争把区域特色打造成国际品牌①。胡赤弟（2006）对"学科—专业—产业链"进行了界定，认为"学科—专业—产业链"是区域高等教育服务经济社会的有效载体，也是高等教育与区域市场、经济、企业合作的一种新模式，有助于推动区域经济、社会、科技等方面的发展，提升产业层次②。此外，在区域高校创新能力与竞争力方面，董友（2007）的博士论文从地方高校科技创新主管部门的视角出发，以河北省高校作为研究对象，对地方高校科技创新的内涵与特征、组织内部冲突分析与协同机制、组织管理层面的地方高校科技创新、政府宏观管理行为与运作机制、组织环境层面的地方高校科技创新、政府宏观调节的政策工具和机制匹配等内容进行了重点研究③；钱韦成（2007）的硕士论文以江西省为例，讨论了地方高校在区域创新体系中的作用，从地方高校供给功能的视角，通过分析区域创新体系的需求，探讨了地方高校在江西区域创新体系中的地位和作用，认为应该从人才培养、学科建设、物质投入、科技园区建设及发展职业教育等几个方面，发挥地方高校在区域创新体系中的作用，促进高校结构优化④；尚红娟（2010）则以上海地区为例，探讨了高等教育资源的分布对教育竞争力及其结构的影响，认为高等教育科学发展的基础和前提是客观地分析高教资源的分布状况、有效配置资源、合理利用有限的高教资源、发挥高等教育竞争力等⑤；肖俊夫等（2011）指出高校通过区域大学联盟等方式促进区域创新，推进科研成果的产品化、市场化和产业化，主动参与区域创新行动，在这个过程中，高校应发挥技术创新主力军、知识创新策源地、创新人才和创新知识培养者、高新技术产业集群助推器的重要作用⑥。

①　郑存库. 大众化背景下一般高校的区域化发展 [J]. 黑龙江高教研究，2007（9）：19–21.

②　胡赤弟. 论区域高等教育中学科—专业—产业链的构建 [J]. 教育研究，2009（6）：83–88.

③　董友. 地方高校科技创新协同机制与政府宏观管理研究 [D]. 天津：河北工业大学，2007：5–25.

④　钱韦成. 地方高校在区域创新体系中的作用研究：以江西省为例 [D]. 南昌：南昌大学，2007：19–45

⑤　尚红娟. 高等教育资源的分布对教育竞争力的影响研究：以上海地区为中心 [J]. 黑龙江高教研究，2010（7）：14–18.

⑥　肖俊夫，胡娜，李华. 高校促进区域创新：发展趋势与行动对策 [J]. 中国高校科技，2011（12）：11–14.

（五）高校教育区域化发展、区域高等教育与区域经济社会融合发展问题研究

吴绍芬等（2001）对高等教育区域化内涵进行界定，讨论了高等教育区域化问题的范围，具有一定的借鉴意义①。耿涓涓（2001）认为高等教育区域化有两层含义：其一，高等教育系统是区域整体经济社会发展的有机组成部分，服务于区域经济社会发展；其二，区域政府、社会有管理高等教育的权力并有发展高等教育的责任。作者认为在西部大开发背景下，不发达区域高等教育的发展战略研究将会成为热点②。李波（2005）从国家、社会及大学之间三维关系的视角，提出了实现高等教育与区域经济、社会协调发展的保障机制，认为高校与区域社会经济的互动存在校企合作、大学园区、高科技园、中外合作办学、中心城市办学等模式③。谢鹏（2010）的硕士论文用实证研究的方式，以湖南省衡阳市为例分析了地方高校对区域经济发展的影响程度④。陈伟（2010）则以澳门大学建设横琴校区为例，探讨境外高校如何融入区域高等教育体系，促进区域社会的发展，认为横琴案例如果要成功实践，其战略安排和指导思想必须实现三大转变：从"以土地换大学"升级为"以空间换时间"，从盘活地缘资源提升为培育区位优势，从享受"政策利好"转换为彰显"教育红利"。此外，还须在实践操作层面解决好三大问题：吸引足够的生源，提升办学质量并凝练办学特色，提高毕业生就业质量⑤。姚海娟（2011）以湖南省为例，讨论了高等教育资源分布与区域经济发展之间的关系，认为高等教育在知识创新和人才培养等方面扮演着重要角色，区域经济的竞争主要是人才之间的竞争，高等教育资源分布直接影响着高校发展，而高等教育资源的有限性，决定了高教资源分布合理与否对高等

---

① 吴绍芬，董泽芳."高等教育区域化"概念辨析 ［J］. 教育与经济，2001（2）：9 - 11.

② 耿涓涓. 区域高等教育发展战略研究的产生及动向 ［J］. 高教探索，2001（2）：31 - 33.

③ 李波. 区域经济协调发展与区域高等教育均衡 ［J］. 河南师范大学学报（哲学社会科学版），2005，32（1）：171 - 174.

④ 谢鹏. 地方高校对区域经济发展的影响研究：以衡阳市为例 ［D］. 衡阳：南华大学，2010：19 - 35.

⑤ 陈伟. 区域高等教育合作的新探索：以澳门大学建设横琴校区为例 ［J］. 复旦教育论坛，2010，8（4）：63 - 67.

教育事业发展及区域经济发展具有重要意义①。郭贵春（2012）专门探讨了省部共建高校的发展问题，认为应明确这些高校的战略地位，认识其战略特征，并探索共建高校的战略出路②。贺小飞等（2004）认为区域是社会在空间上的反映，而高等教育的区域服务职能则是其在社会服务职能上的空间显现。由于社会对高等教育需求的日益增加，加之高等教育与其所在区域之间的天然联系，发展高等教育区域服务职能日益重要和迫切③。华长慧（2006）认为构建服务型教育体系，有利于转变区域高等教育发展模式、创新高等教育制度、使区域教育结构与产业结构相互匹配④。贾立亮（2007）则专门从理工类地方高校办学的特征出发，分析区域服务的特点及模式，探讨了理工类地方高校在区域服务过程中存在的问题及成因⑤。徐成钢（2010）提出了"基于协同式学习的地方高校区域经济社会服务体系"的概念，通过对内涵实质系统的研究和实证分析，提出地方高校推动区域经济发展、服务社会的若干建议⑥。杨甜（2011）的硕士论文以陕西省为例，分析了高等教育为区域经济发展服务的问题，着重探讨了高等教育服务区域经济发展的基本理论问题，并进行了实证分析⑦。

（六）"双万计划"的实施与专业建设内涵式发展问题研究

大部分学者对"双万计划"的实施及其对高校人才培养和专业建设的促进作用持肯定态度，并提出不少有针对性的对策建议。譬如，马廷奇（2019）认为"双万计划"的目标是让高校追求学校办学特色，不仅涉及建好原有学科专业，也涉及专业融合与专业整合，需要变革高校固有的学科专

①　姚海娟. 论高等教育资源分布与区域经济发展的关系：以湖南省为例 ［J］. 黑龙江高教研究，2011（4）：57－59.

②　郭贵春. 把省部共建高校建成引领区域高等教育发展的高水平大学 ［J］. 中国高等教育，2012（9）：11－13.

③　贺小飞，李守福. 高等教育区域服务职能刍议 ［J］. 清华大学教育研究，2004，25（6）：92－98.

④　华长慧. 服务型教育体系：区域高等教育发展的新模式 ［J］. 高等教育研究，2006（4）：35－38.

⑤　贾立亮. 理工类地方高校区域服务问题研究 ［D］. 长春：东北师范大学，2007：10－21.

⑥　徐成钢. 地方高校区域经济社会服务体系的构建研究 ［J］. 华东经济管理，2010（6）：75－78.

⑦　杨甜. 高等教育为区域经济发展服务问题研究：以陕西省为例 ［D］. 西安：西北大学，2011：30－51.

业结构，开展个性化的专业改革与探索创新，并要努力防止政策变异，导致背离政策目标①；也有研究者对实践中存在的问题进行了反思，如王建华（2019）认为"双万计划"聚焦于本科人才培养和本科专业点建设，对提高高校人才培养质量有导向作用，但当前在具体实践操作中对于"什么是一流本科专业"和"什么是一流本科教育"缺乏较为明确的评判标准，对内涵和概念的理解也缺乏必要的共识②。

（七）特色专业、优势专业、品牌专业的建设问题研究

研究者们围绕高校特色专业和优势专业的理念、内涵和建设路径等问题提出了诸多见解。譬如，汤易兵（2017）认为新兴特色专业建设需要紧密结合学校办学优势，立足新兴产业发展需要，开展错位竞争。其评价体系则需要从专业区分度、依存度和融合度等三个层面加以构建③。邱均平（2016）认为高水平院校办学基础普遍较好，要利用各自优势提升国际化水平；普通本科高校则应集中有限资源求精求专，通过优化学科结构，结合区域特色培育特色专业和名牌专业，提高核心竞争力④。杨克瑞（2019）认为在高等教育治理变革中，应重视专业建设的核心作用，完善高校本科专业品牌建设的内生机制，强化专业建设自主权和过程管理，走特色化的专业建设路径⑤。

（八）一流本科专业建设过程中的资源整合问题研究

学者们针对专业建设过程中高校内部各种资源的整合方式、体制机制等方面进行了实践探索。譬如，马廷奇（2019）认为一流专业的建设过程就是累积专业办学资源以及改善专业办学条件的过程，一方面要利用多学科资源形成多学科协同的人才培养的机制，另一方面要通过专业结构调整发挥特色专业和优势专业的协同效应，支撑一流专业的建设和发展⑥；胡燕等

①⑥　马廷奇. "双万计划"与高等教育内涵式发展 [J]. 江苏高教，2019（9）：15–20.

②　王建华. 关于一流本科专业建设的思考：兼评"双万计划" [J]. 重庆高教研究，2019，7（4）：122–128.

③　汤易兵，李勤，姜辉. 本科高校新兴特色专业建设：原则、评价与思路 [J]. 教育发展研究，2017，37（7）：53–57.

④　邱均平，马力，杨强，等. 2016 年中国大学本科专业建设质量分析 [J]. 重庆大学学报（社会科学版），2016，22（4）：104–110.

⑤　杨克瑞，曹辉. 以本为本：高校本科专业品牌建设的内生机制 [J]. 重庆高教研究，2019，7（2）：121–128.

（2016）指出高校的专业建设既要服务社会需求，又要始终坚持自身特性，通过资源整合使学科建设与专业建设同向同行①。

（九）"学科—专业"协同建设问题研究

研究者们围绕学科与专业协同发展的方式、路径和体制机制等方面进行了探索，提出了不少有建设性的意见和建议。譬如，王凯、胡赤弟（2019）认为影响"学科—专业"协同发展机制的主要要素包括基层学术组织的制度导向、知识基础、知识能力等，构建"学科—专业"协同机制对提升教学质量和科研水平以及创新人才培养绩效有显著的正向作用②；张小芳（2016）认为高校的专业建设与学科建设有着深层次的协同关系，在本质上是相互耦合和相互支撑的，但受传统管理体制的限制及思想认识上的偏误，当前不少高校在专业建设与学科建设方面存在相互脱离的现象，未来需要从理念转变、课程建设、导向机制及学术组织建设等方面探寻学科专业一体化发展之路③；李小年等（2015）提出高水平大学的建设应以"学科—专业"建设的协同机制为切入口，探索基于学科支撑的专业设置理念和体制机制，完善学科建设和专业建设过程中核心要素的协同创新机制，提升人才培养质量④。

（十）学科专业建设的评价体系问题研究

研究者们对学科和专业建设过程中的评价问题也有不少探索。譬如，杨频萍、汪霞（2018）认为在"双一流"建设背景下学科和专业评价应体现一体化的理念，强化过程性指标并发挥形成性功能，建设高校学科专业文化⑤；李明磊、王战军（2020）提出以"专业成效式评价"代替传统的"专业要素式评价"，在评价策略上强调建设监测平台，在评价方法上重视定性和定量的结合，通过涵盖贡献度、保障度、达成度、开放度、满意度在内的

---

① 胡燕，李伟，王恬. 高校专业建设研究浅探［J］. 江苏高教，2016（6）：82－85.

② 王凯，胡赤弟. "双一流"建设背景下创新人才培养绩效影响机制的实证分析：以学科—专业—产业链为视角［J］. 教育研究，2019（2）：85－93.

③ 张小芳. 本科院校学科专业一体化建设理路［J］. 高教发展与评估，2016，32（2）：58－64.

④ 李小年，方学礼. 地方高水平大学专业建设和学科建设协同发展研究［J］. 国家教育行政学院学报，2015（6）：13－16.

⑤ 杨频萍，汪霞. "双一流"建设背景下我国学科专业评价创新研究［J］. 高校教育管理，2018，12（6）：65－73.

成效式评价框架，支持和保障一流专业建设①。

（十一）地方高校专业建设的模式路径问题研究

学者们从不同区域地方高校的实践视角，探讨了专业建设的模式路径问题。譬如，郑珍珍、张清（2016）通过扬州大学的实践经验，提出形成学科专业集群、动态调整专业设置、引育优质师资人才、推进产学研用协同、推动专业认证评估等加强学校专业建设的措施路径②；刘六生、宋文龙（2019）指出地方高校要紧扣区域经济社会发展需求来建设一流专业，通过革新专业建设理念、优化专业布局、强化专业特色等方式路径，将学校优势与服务区域特色行业结合起来，建设有区域影响力的一流专业③。

（十二）研究述评

综上所述，经过最近 20 年的发展，高等教育结构调整理论研究取得了一定成就：

从研究数量看，相较于前 20 年，研究成果大幅增加，并呈逐年递增的趋势。根据中国期刊网及优秀博士、硕士学位论文全文数据库收录的论文，最近 20 年所发表论文，增幅明显。2001 年至 2021 年的 20 年时间里，以高等教育结构调整、学科专业设置相关问题为主题的研究逐步形成了一批有体系、成规模的研究成果。

从研究主题看，范围和领域分布较为广泛，理论与实证相结合的研究逐年增加。经过最近 20 年的发展，人们围绕高等教育结构调整相关问题的研究主题，以"问题"为中心进行探讨，展开学术研究和争鸣，呈现了一系列有较大影响力的研究成果或观点，使研究问题得到拓展，涉及诸如本科专业设置、区域高校结构调整与区域互动、区域高等教育发展模式与发展路径、区域高校创新能力与竞争力、区域高等教育与区域经济社会融合发展问题等众多研究领域，并形成一批较高质量的研究成果，研究者初步形成了批判与反思意识。

从研究方式看，以思辨、定性研究为主，但呈逐年下降趋势，综合研究

---

① 李明磊，王战军. 新时代一流专业建设应转向成效式评价 ［J］. 江苏高教，2020（9）：20 - 23.

② 郑珍珍，张清. 地方综合性大学专业建设的思考与创新探索 ［J］. 中国大学教学，2016（10）：48 - 50.

③ 刘六生，宋文龙. 我国地方高校一流本科专业建设的困境与出路 ［J］. 云南师范大学学报（哲学社会科学版），2019，51（6）：111 - 119.

方式呈逐年上升态势。从近 20 年已有的论文及博士、硕士学位论文的分析可以看出，纯思辨、定性的研究方式所占的比例逐年减少，下降趋势明显，研究方式在不断丰富，不再仅以思辨研究方式为主。综合研究方式，包括实证研究、实地研究、行动研究、比较研究、案例研究及混合研究等的比例在逐步上升。可以认为，研究者日益重视理论与实践的结合，注重研究结果的可行性及科学性。

但不可否认，在理论研究领域，许多问题还亟待解决：

一是需要加强不同研究领域之间的关联，并关注重点热点问题。最近十多年的理论研究中，人们围绕高等教育结构调整的研究主题，以"问题"为中心进行探讨，产生了一些有影响力的研究成果或观点，但一些研究仍然有其局限性。譬如在"高校学科专业设置问题研究"中，主要是从预测的视角分析本科高校部分学科专业的人才需求状况并提供专业设置的建议报告，而在学科专业结构调整机制的构建方面探讨不够；在"区域高校结构调整与区域互动、区域高校布局结构与均衡发展问题研究"中，主要从高等教育内外部关系规律的视角，探讨高等教育结构调整的理论问题，但从区域共生、协同发展的视角分析区域经济发展与区域高校发展之间关系，构建区域高校与区域社会之间理论与实践体系的研究较少；在"区域高校管理体制、调整机制、合作机制问题研究"中，主要分析高校发展过程中存在的制度障碍，探讨区域高校在融入区域社会过程中如何创新管理体制、调整发展方向，但对新兴高校区域的形成与发展、区域核心区的高校振兴、区域高校发展的制度基础与区域管制等区域内部特定问题的研究不够；在"区域高等教育发展模式与发展路径、区域高校创新能力与竞争力问题研究"中，主要从高校主管部门的视角，讨论地方高校科技创新及竞争力的内涵、特征等内容，但在高校如何通过体制机制的完善使其创新力及竞争力转化为区域社会的整体竞争力等方面的研究不够，或在区域高校的互惠共享机制及结构优化等方面的探讨较少；在"高校教育区域化发展、区域高等教育与区域经济社会融合发展问题研究"中，大多数的研究是从高校的视角，探讨高校与区域经济发展的关系，或从科研成果的转化参与区域经济建设等角度讨论高校与区域经济发展的关系，田野式、实证式的研究不多，探讨区域高等教育结构与经济结构之间的适应性及内在关联问题还不够深入。笔者认为，在高等教育结构调整的理论研究领域，未来的重点热点问题至少应包括如下几个方面（见表 1 – 3）。

表1-3 高等教育结构调整理论研究的重点热点领域

重点热点领域	具体研究方向
理论体系架构	分析该领域的重大理论与创新问题；探讨如何以多中心、区域共生、质量、可持续发展为主题，构建统筹协调与结构分层、区域高校与区域社会协同发展、互惠一体化发展的高等教育结构体系研究
体制机制构建	管理体制的创新性和可持续性研究；区域高等教育结构优化的保障制度建设研究；提升高等教育管理水平问题研究，探讨如何完善高等教育领域的法律法规、体制机制、人才队伍和信息化建设；探讨如何改进政府、高校行政部门提供公共服务的方式，构建服务型管理体系，提升服务功能；探讨如何通过完善管理体制的建设，明确区域政府、高校行政部门在管理和服务中的职责，引导各高等学校互惠发展
宏观政策创新	高等教育结构调整的理论基础及政策引领研究；不同利益主体高等教育结构调整的目标、任务研究；从政府管理部门的视角探讨引导高校按区域需要、结构分层、特色突出、分类发展的策略研究；探讨如何通过理论创新、制度创新、科技创新、文化创新推动高等教育内涵式发展，合理配置高等教育资源；相关政策的实施、监督、评价机制研究
区域高等教育结构优化路径和模式	区域政府、高校管理者角色转变问题研究；区域政府与高校之间规划方式、合作路径、互补及资源整合方式方面的研究；多中心协同发展、结构分层、分工合作、区域协同共生的高等教育结构体系发展模式研究；区域高校发展与区域经济及区域文化传承可持续发展的路径及模式研究；探讨如何从一般情况（全国）的梳理，到特殊情况（区域）的实践经验总结等方面的研究
区域高校与区域经济社会协同发展问题	区域经济结构与高等教育学科结构之间的关系研究；区域高校与区域社会协同发展的核心问题研究；区域高校与区域社会可持续发展、协同发展方式研究；区域高等教育结构与区域社会的经济结构、产业结构适应性研究

二是需要从政策文本的宏观分析过渡到探讨政策的制定、实施与评价。综观已有研究，研究者们或是在回顾高等教育结构调整改革历程、分析存在问题及取得经验的过程，提出个人对于相关政策、制度的思考；或是分析高

校发展过程中存在的制度障碍，探讨区域高校在融入区域社会过程中如何通过创新管理体制、调整发展方向、增加合作方式来促进区域的发展，研究方向具有一定的创新。但总结起来，已有的研究过于倾向对现有政策文本的宏观分析，而对于政策及制度内容的实施、监督与评价的研究涉及不够。未来的研究中，一方面需要更多关注政策及制度的具体实践与评价，形成一系列实践性、前沿性较强的研究成果，为政府和相关部门提供政策咨询和决策依据；另一方面需要既注重宏观层面的分析，又关注各区域内部的特定问题，譬如新兴高校区域的形成与发展、区域核心区的高校振兴、区域高校发展的制度基础与区域管制等方面的研究，引导区域高校向社会需要、层次清晰、特色突出、任务明确方向发展。

三是需要从单一的视角过渡到多学科知识的融合，探讨区域高等教育与区域经济社会协同发展问题。综观现有的研究，总体而言，大多数是以社会学或教育学为基础，探讨高等教育结构调整问题、高校与区域经济发展的关系问题、区域高等教育的发展目标与发展模式等理论问题，视角较为单一。在未来的研究中，需要融合区域发展理论、经济地理学、生态学等多学科的知识，从多元化的视角研究区域高等教育与区域经济社会协同发展问题，探讨区域高等教育多中心与区域共生、统筹协调与结构分层、区域高校与区域社会协同发展、可持续发展与集群式发展的理论与实践问题。

四是需要从重"思辨"的研究范式过渡到"实践"倾向的多元化综合方式。改革开放后，在高等教育结构调整理论研究过程中，研究者们在研究范式上逐渐形成了以思辨为主的逻辑思路。随着社会的进步和实际工作需要的变化，这种偏向思辨的研究方式，对于解决我国高等教育快速发展所面临的繁杂问题，显然是不够的。因此在未来的研究中，一方面，需要从哲学思辨到实践转向。未来需要更多与实践相结合的综合研究方式，使理论与实践由松散结合逐渐走向紧密结合，研究者应努力读懂基层所需，提升思维层次，实现实践转向，从单一的研究方式转向实践的、综合的研究方式，需要产生一批高质量的、实证的、实地的、行动的、案例的研究文本。譬如分析区域高等教育发展水平差异的深层次原因时，用实证、统计的方式说明区域高等教育与区域经济发展水平之间的内在关联。另一方面，需要参与甚至引领国际学术前沿。需要从介绍多植过渡到系统整体的深度评论，减少重复的研究，探寻更多新领域；还需要拓宽获取资料的途径及研究视野，加强与国际前沿学者的交流与合作。

五是需要有问题及前瞻意识，并继续关注基本理论问题。在当前信息化、国际化的时代大背景下，在追求理论体系深化、强调研究范式的转向与成型、注重系统介绍与评价西方学术前沿的同时，应始终关注该领域的基本问题，倡导研究成果对实践工作的指导，提倡多元化的研究视角，提高研究队伍的专业化程度，同时具备问题及前瞻意识。一方面，研究需要具备国际视野并结合国家中长期发展需要。研究者应置身于国际发展的大背景下，在借鉴西方理论的基础上，以基础性、全局性、战略性、前瞻性的重大理论和现实问题为主攻方向，注重不同学科之间知识的互动和融合。另一方面，研究需注重原创性及开拓性。需要深刻揭示高等教育结构调整的本质及规律，增强科学预见性，产生一批高水平的理论研究成果。最后，研究要有针对性和实效性。需要有效解决或指导高等教育结构调整的实践问题，注重社会效益和使用价值。

二、国外相关研究

国外的研究中，系统地对高等教育结构方面的研究大概始于 20 世纪 50 年代，其研究的主要内容与教育学、管理学、经济地理学等学科的发展有着紧密的关联。美国学者马丁·特罗（Martin Trow）、伯顿·克拉克、约翰·布鲁贝克（John S. Brubacher），日本的学者天野郁夫等都对高等教育发展及其结构问题有过较为系统的研究。如马丁·特罗于 1962 年提出了大众高等教育的概念；1970 年提出了普及高等教育的概念；1973 年提出了高等教育大众化的三阶段论，即当高等教育毛入学率小于 15% 时为精英教育阶段，大于 15% 而小于 50% 时为大众化阶段，大于 50% 时为普及化阶段，成为影响较大的高等教育发展理论。总体而言，他的高等教育大众化理论主要是对高等教育发展中已发生的现象进行描述，进而对高等教育在不同发展阶段的发展变化及其结构改革的规律进行总结，因而并不是一个目标理论，而是对高等教育现象的历史和现实作出的一个总结。马丁·特罗还主要从高等教育的具体功能、发展规模、办学理念、教学课程、学校类型等多个不同维度对高等教育的结构进行了探讨，得出了结论，认为在不同的发展阶段高等教育结构有不同的特点，应有针对性地进行结构调整。此外，伯顿·克拉克深入研究了组织理论，并从组织理论的视角出发，认为高等教育结构是由生产知识的群体所构成的学术组织，并以此为基础从学术组织内部的视角出发探讨高等教育组织运行的规律、高等教育的本质特征，最后提出了多元化高等教育结构的思想。从对象上而言，他所提出的这种多元化高等教育结构包括了高校内外的各"层次""部类""等级"等因素。其中，"层次多元化"指的是多样化的培养层次，即他所提出的副学士、学士、硕士和博士学位等多个层次并存的模式;"部类多元化"即高校内部的学院、学部等应有一定的标准和数量,以保证提供多样化的高等教育科类课程①。日本的天野郁夫也对高等教育发展及其结构有过系统的研究,他从社会学的视角,以日本高等教育发展演变过程为基础,提出了高等教育由帝国大学及专门学校相互组合,进而形成"二元二层结构"论②,并提出了高等教育的"制度类型论",认为在高等教育创办期,任何国家都会形成"原始结构";此外,他认为两个基本因素影响着日本高等教育结构的形成,即"市场"和"美国模式",这两种因素的影响不完全相同,也从侧面说明了在日本高等教育结构调整及整体运营过程中,政府并不起着主导作用。

最近十年的相关研究中,不少学者集中于如下几个领域:

其一,从一个国家或区域整体发展的视角探讨高等教育的发展及其结构问题。如英国学者贝奈戴托等(Benedetto Lepori, et al, 2015)以区域发展理论的视角探讨了高等教育结构的网络式发展问题,他们使用相互关联的数据对六个欧洲国家高等教育的结构进行了比较,通过分析这些国家高等教育持续的科研成果及影响、高等教育的扩张和迁移等因素,认为国家的高等教育系统显现出一个共同的"核心—边缘"结构;此外,他们证明了国家高等教育网络的中心地位与组织结构的特征有着紧密关联,反映了高等教育系统间的基于资源利用以及组织地位的相互联系动机,并认为国家的政策通过不平等的资源分配和组织地位对高等教育系统结构产生影响;最后,他们得出结论,基于高等教育系统及区域社会"核心—边缘"结构的效应,两个高校组织之间关系的强度在很大程度上取决于它们各自在高等教育系统中的组织地位,而它们之间空间距离的影响则不足以改变高等教育系统中通过组织特性所产生的网络结构。美国学者路易斯等(M. Louise, et al., 2009)从公平发展、结构平衡的视角探讨了发展中国家的高等教育结构问题,他们以加纳和坦桑尼亚为研究区域,重点探讨了区域政府和社会组织在高等教育领域扩大参与是有助于结构平衡还是加大分化的问题,认为目前较为缺乏对发展中国家的高等教育结构发展如何交融于区域社会文化发展之中的相关研究。他们还利用统计数据和访谈的方法,探讨了区域经济参与高等教育所产生的制约和促进作用。英国学者保罗·阿什温(Paul Ashwin, 2018)则专门探讨了

① 克拉克. 高等教育系统:学术组织的跨国研究 [M]. 王承绪,等译. 杭州:杭州大学出版社,1994:52.

② 天野郁夫. 高等教育的日本模式 [M]. 陈武元,译. 北京:教育科学出版社,2006:82.

研究、教学、学习和评估在高等教育结构和机构方面的影响，他认为，尽管在社会理论中结构问题和各种机构非常重要，深刻影响着高等教育的发展，但当前却很少研究讨论评估对于高等教育结构调整和机构发展的标准和质量，因此，应该开始注重从评估的视角，对高等教育的结构提出质量和标准。罗马尼亚布加勒斯特大学的卢米尼策等（Luminita, et al., 2012）通过实证分析的方式，认为随着作为博洛尼亚进程主要目标之一的新的学术组织计划于2005—2008年在罗马尼亚技术类院校实施，技术类院校的结构已经得到整体的改进和提升。他们通过对罗马尼亚28所技术类院校的发展成绩进行分析，证明一些研究型大学由于实施了新的学术组织计划已经取得了显著的进步，其他一些研究型大学也对新的学术组织设立进行了更为深刻的分析，以期在使其付诸实践时效率会更高。国际经济合作和发展组织（OECD, 2018）在其发展报告中也专门提到高等教育的结构问题，认为目前高等教育需要一个更加多元化的结构，以满足学生的不同需要，减少学习者的成本，根据市场经济的发展趋势为毕业生提供更综合的技能。他们通过实证的方式证明需要提供多样性教育的原因，尤其是扩大学生选择、增强学生成本效应、加强高等教育系统可持续性的必要性的原因。

其二，探讨区域经济发展与区域高等教育结构之间的关系。如英国谢菲尔德大学的帕梅拉（Pamela Lenton, 2018）比较了英国增加对高等教育课程等方面的投入所带来的成本及其效益问题，他们采用成本函数的计算方法，通过采集英格兰国内96所高校从2010—2015年5年间的面板数据，并与美国959所高校的样本随机分析结果进行对比，得出结论，认为大多数高等教育尤其是继续教育学院能够从规模经济中获益。英国学者斯考特等（A. J. Scott, et al., 2008）研究者通过分析美国及欧洲一些产业区的发展模式和路径，提出了"垂直分化的生产系统是导致出现新兴产业聚集的可能原因"的观点，并分析了其对区域高等教育结构发展的影响。此外，有学者从贸易理论与空间地理学理论结合的视角，通过分析区域贸易模式及专业化发展中的"历史相关（history matters）、路径依赖（path dependence）及循环累积效应（cumulative causation），来说明产业内贸易、产业群及技术专业化产生地理集聚效应的原因，以及区域内'核心—边缘'结构形成的主要原因，并进一步分析和研究包括高等教育在内的区域经济一体化和区域贸易所能带来的各种好处及优势，最终提出提升区域竞争力和增强产业发展优势的制度建设和贸易战略政策来促进高等教育结构平衡的具体策略"。美国学者克鲁格曼（Paul R. Krugman, 2005）基于新贸易理论及区位理论，也探讨过区域经济发展对高等教育结构的影响问题，他提出了几个影响较大的观点：

一是认为由于空间体系中市场的不完全竞争，国际贸易、高等教育结构调整不仅受外部经济和收益递增驱动，也受区位优势所驱动，弄清楚促成区域生产聚集过程的原因是真正理解贸易的基本前提；二是认为运输成本与外部规模经济之间的相互作用是形成区域"核心—边缘"结构及区域产业集聚效应的关键原因。美国学者马丁等人（Ron Martin, et al., 2008）则对区域经济与高等教育的合作与发展有较为深入系统的研究，他们认为区域经济体的形成和发展不仅依赖于本身的基础，也依赖于其他区域的增长轨迹，即区域经济系统是一个开放的体系，其中的各种物质和信息相互关联且相互影响。

其三，从制度主义、结构主义的视角探讨区域发展和高等教育发展问题。有学者更关注某一特定空间区域内的制度、文化及经济体系对本土企业、教育领域的互惠与协同、区域管制与网络联结、知识循环与累积效应、可持续发展等方面的研究。如英国学者托尔伯特（P. S. Tolbert, 2015）从两种理论相结合的视角来探讨公立和私立高校结构问题：一是从资源依赖的视角，认为稳定的结构需要确保外部资源来源和流动渠道的稳定；二是从制度的视角，认为高校间的共识、社会所认同的组织行为和结构影响着高校间的依存度。英国学者库克等（P. Cooke, et al., 2008）提出的"创新区域系统"（regional systems of innovation）概念，结合了新区域发展理论中的制度体系、文化氛围、组织行为等要素，并与新马克思主义等理论中的学习创新理念相结合，用于解释区域在系统化构建中的创新潜力及能力；美国学者摩根等（Kevin Morgan, et al., 2017）提出的"学习区域"（learning region）概念试图将制度创新与环境、特定技术、网络联结等加以联系，以厘清区域经济增长和教育发展及其结构调整的原因；美国学者斯托（R. R. Stough, 2008）和金（D. J. Jin, 2008）等提出的"学习能力"（learning capability）概念则试图将福特主义和后福特主义时代的国际竞争变化与产业组织加以整合，以探讨个体学习与组织学习、网络学习与交易学习等的特征和本质，进而分析教育结构问题；美国学者马丁等（Ron Martin, et al., 2008）融合了经济学中的新贸易理论与新增长理论、新经济地理学的区域发展理论，提出了"本土化发展"（indigenous development）和"内生区域增长"（endegenous regional development）等概念，试图构建区域高等教育与区域经济社会发展的一般模式、路径和机制；英国学者马斯科尔（Peter Maskell, 2008）等则提出了"地方化能力"（localized capabilities）的概念，认为地方化能力包括"制度禀赋、已有结构、自然资源、区域的知识及技能"等四个核心要素。

➡ 第三节 政策解读与概念界定

一、区域

本书所探讨的"区域"主要是指目前大陆地区所实行的以"省"为单位进行划分的行政区域。通常而言，"我国"不仅包括了中国大陆地区，也包括了香港、澳门和台湾地区。因此，本书主要以广东省为例，并对区域的范围进行了延伸，扩展至以粤港澳大湾区为研究背景，借鉴国际湾区的建设经验，结合目前粤港澳三地高等教育发展的现状，对广东省和粤港澳大湾区的高等教育结构现状、改革思路进行了探讨和分析。

自新中国成立以来，我国对高等教育管理体制有过几次较大的调整，经历了从中央集权到逐步分权，从三级管理、跨部门跨地区管理到现在的两级管理、以省为主进行管理的发展历程，总体而言，政府对高等教育的管理跨度渐小，高校的自主权逐渐加大。如 1985 年下发的《中共中央关于教育体制改革的决定》中，规定实行"中央、省（自治区、直辖市）、中心城市三级办学的体制，根据经济建设、社会发展和科技进步的需要，对高等教育的结构进行调整和改革"，这个制度的形成和实施基本明确了高等教育未来一段时间内的发展方向，成为改革开放以来对高等教育结构调整影响较大的制度之一。此外，中央政府于 2000 年将专科层次的办学权、审批权下放至省级地方政府，以顺应地方政府积极举办高等教育的趋势，同时，一批原来由各部委主管的高校逐步下放给地方省级政府管理或省部共建，使得地方对于高等教育管理的权限扩大，积极性提高，中央政府和省级政府两级管理体制基本形成。同时，2000 年，国务院进行了第三次部门（单位）所属学校管理体制改革，调整了铁道部等 49 个部门（或单位）所附属管理的 97 所成人高校、271 所中专学校、161 所普通高校、249 所技工学校的管理体制，总数近 800 所，这次调整标志着我国高等教育管理体制发生了深刻的、历史性的变化，即基本结束了原本部门办学的体制机制，转为中央和省级政府两级办学但以地方为主的管理体系格局。因此，本书主要是从宏观层面探讨高等教育结构的调整优化，所讨论的高等学校主要是指我国大陆地区国家各部委、侨办及各省级政府批准成立的本专科院校，以及港澳特区政府批准注册成立的各类型院校。做以上限定，三要是为了确保资料统计和数据收集的可控性与可行性，但这对研究的结果已有明显的限制，使得审视区域高等教育结构现状和发展脉络只能体现出相对合理性。

二、高等教育结构

综观已有的研究，由于角度的不同，研究者对于"高等教育结构"的理解也存在较大的差异，如有人认为高等教育结构是指'高等教育系统内部各要素、各单元间相互作用的形式和相互关联的方式，以及高等教育外部环境诸因素和内部诸要素之间的关系形式"①，有人认为是指"高等教育体系各组成部分之间的相互联结形式，即高等教育诸要素的组织形式"②，也有人将其理解为"高等教育体系内部构成的状态"③，或者是"高等教育体系内各组成部分之间的构成方式及其关系"④，或是"高等教育体系内各组成部分之间的比例关系和联系方式"⑤，或是"高等教育体系内诸要素间相对稳定的比例关系和联系方式"⑥，等等。潘懋元教授在综合各家观点的基础上，认为高等教育结构主要有四层涵义，一是指高等教育体系内诸因素，譬如部分、单位、子系统等之间相互作用、相互依存的联结方式；二是在高等教育系统内部，各部分的比例关系；三是由于高等教育体系具有开放系统的特性，因而其结构包含了高等教育系统内部诸因素与外部环境之间的关系；四是高等教育结构也是一种动态结构，随高等教育体系的内外部诸因素的变化而变化⑦。他进一步认为高等教育结构可以按内部和外部、宏观和微观、亚结构三种方法进行划分，具体表现为高等教育内部结构和外部结构，宏观结构和微观结构，高等教育布局结构、层次结构、形式结构和科类结构⑧。此外，也有其他一些学者提出了对高等教育结构的理解，如冯向东认为多年来区域高校与我国政府之间逐步形成了主与从、一与多的博弈关系，高等教育

① 齐亮祖，刘敬发. 高等教育结构学 ［M］. 哈尔滨：黑龙江教育出版社，1986：40.
② 周春华. 中国高等教育行政管理学 ［M］. 武汉：武汉大学出版社，1987：81.
③ 郝克明，汪永铨. 中国高等教育结构研究 ［M］. 北京：人民教育出版社，1987：3.
④ 孟明义. 高等教育经济学 ［M］. 北京：教育科学出版社，1991：266.
⑤ 郑启明，薛天祥. 高等教育学 ［M］. 上海：华东师范大学出版社，1988：10.
⑥ 胡建华，周川，陈列，等. 高等教育学新论 ［M］. 南京：江苏教育出版社，1995：246.
⑦ 潘懋元. 高等教育学讲座 ［M］. 北京：人民教育出版社，1993：77.
⑧ 潘懋元，吴玫. 高等学校分类与定位问题 ［J］. 复旦教育论坛，2003（3）：8－9.

系统内出现的无序、趋同和盲目攀高等现象，便是现行的管理体制和资源配置机制博弈的结果，而高等教育结构也是在高校与政府的博弈过程中发展和形成的①。陈厚丰等则把高等教育结构分为横向结构和纵向结构，横向结构即水平结构，包括科类、管理、对象及投资结构等；纵向结构则包括宏观、中观、微观结构。他同时也认为高等教育的主要结构包括层次结构、形式结构、布局结构、专业结构、学科结构和课程结构②。

区域高等教育结构，则是指在某一特定范围内高等教育系统的内部构成状态，即区域范围内高等教育体系内部不同单元、诸要素之间相互联结的方式和组织形式。根据已有的研究，人们大多认同区域高等教育结构包括微观和宏观两部分结构。宏观结构是指高等教育总体框架体系，它与区域经济社会的发展、文化创新等外部诸因素紧密关联，主要包括层次结构、布局结构、学科结构和形式结构等；微观结构则是高等教育组织内部诸要素之间进行任务分配、分工协调的过程，进而形成全方位的组织部门联结、上下联动的层次结构、职位结构及权力结构。或者说，组织结构是某一组织内的框架体系及各要素之间相互联结的方式，是组织中相对应的权力、职责及任务在群体和个人之间分工、协调、权衡及分配的过程。

本书着重研究区域高等教育的宏观结构，主要包括学科结构、层次结构、布局结构及形式结构。首先，学科结构，主要是指区域内各类高校按学科、专业进行划分的学科领域的组合关系及比例关系，是大学组织内部的院系部门设置及学科专业设置，主要涉及区域范围内各类高校不同学科和专业的数量、分布范围、比例关系等情况，它影响着大学日常教学及科研成果，属于核心结构。其次，层次结构，主要是指某一特定区域范围内高等教育系统内部不同层次的教育及其比例关系，具体反映为特定区域内各类高校的数量、各类高等教育在校学生数占高等教育系统总在校生数的比例等。再次，布局结构，主要是指在某一特定区域范围内高校的空间分布情况，以及不同高校在时间与空间位置上的分布范围及其相互关联方式，而高等教育布局结构主要涉及高校本身的规模问题和时空分布状况。最后，形式结构，主要是指不同体制的高等教育办学形式及其行政管理体制，譬如公办、民办、合作办学等形式的高校；或者指不同的高等教育类型及其内部管理体制，譬如普通教育、职业教育和专业教育等。

---

① 冯向东. 高等教育结构：博弈中的建构 [J]. 高等教育研究，2005，26（5）：1-5.
② 陈厚丰，吕敏. 扩招以来我国经济结构与高等教育结构的相关性分析 [J]. 高等工程教育研究，2007，55（1）：39-43.

三、调整机制

《现代汉语名词辞典》中认为"机制"是"对事物变化的枢纽关键起制衡的限制、协调作用的力量、机构和制度等"。而在《现代汉语词典》中，对"机制"有如下几种解释：一是有机体的功能、构造及其相互关系，如血液流通机制；二是机器的构造和工作原理，如发动机的机制；三是泛指某些自然现象和某一复杂工作系统的物理化学规律，如优选法中优化对象的机制，或叫机理；四是泛指某一工作系统不同部分间或内部组织间相互作用的方式和过程，如竞争机制，市场机制。

机制的建立和体现，一方面依靠主体（即机构）的推行，另一方面则依靠行动规则（即制度）的维护。因而，也可以将"机制"理解为由机构和制度所构成并对事物的发展变化发挥关键作用的力量。机构和制度成为构成机制的核心要素。其中，机构可以理解为部门、单位，它们是运用制度的主体；而制度则可以理解为规则。是机构行动所依据的法律和法规、规定和法则、规范和惯例等①。因此，"调整机制"可以理解为：调整机体运行、目标达成的各部分的运行方式及组成规则，主要由调整机构（主体）与调整制度（规则）两部分构成。

四、高等教育结构调整机制

综合高等教育结构、调整机制等内涵可知，高等教育结构调整机制即为调整优化高等教育层次、布局、学科专业等结构，使其按既定目标发展的运行方式及其规则体系。具体而言，就是为达到高等教育结构优化的目标而构建起来的宏观战略与政策、内部运行路径及结果保障等方面的运行方式和规则体系。其中，关于宏观战略与政策方面，主要关注的是高等教育结构调整目标的确立，即调整目标和调整理念；关于内部的吸收转化，主要关注的是高等教育结构调整的内容、方式及路径的确定，即调整内容、调整路径及运行体系；关于结果保障方面，主要关注的是高等教育结构调整的制度，即制度保障。

---

① 苏娜. 区域义务教育均衡发展保障机制研究：以广州市为例 [D]. 广州：中山大学. 2010：19-50.

五、"协同共生型"高等教育结构调整机制

区域高等教育结构调整机制的构建，至少涉及政府、高校、社会团体和教育中间组织等主体。其中，政府是政策、资源投入的主要主体，高校是过程运行的主要主体，教育中间组织是协调、监督、服务的主要主体，政府、高校、社会团体与教育中间组织共同构成了调整的效果及产出主体。

共生理念下区域高等教育结构调整是一个"政府统筹、高校为本、社会参与、教育中间组织协调缓冲"四位一体的运行过程，即区域高等教育结构调整的宏观目标有赖于互动中的政府、高校、教育中间组织及区域社会（市场）所构建的新型的"协同共生型"关系及其行动规则来推行和实现，其调整的主要目标是构建分类分层发展、分区分工发展、协同共生的区域高等教育结构生态体系；调整的核心理念是从关注规模发展过渡到重视高校间的可持续发展及互惠共生；调整主要动力是高校外部经济社会发展的驱动及高校内部本身有改革的主观意愿；调整的可行路径是结合区域经济发展战略及产业结构现状，以学科专业结构调整为基础和切入点，重点优化学科层次和学科布局结构，带动高等教育整体结构的优化；调整的保障基础是理论的先进性和适切性、政策的前瞻性和科学性、法制的完善性和严谨性、理念的创新性和可持续性。从本质上而言，"协同共生型"高等教育结构调整机制是"计划与市场融合调节机制"框架下的一种理念改革与创新，在调整目标、管理体制、调整路径、运行体系、总体意义等方面更为清晰、前瞻、科学。

第二章

区域高等教育结构调整的理论基础

高等教育结构是一个具有整体性、动态性、有序性、开放性、目的性的系统。高等教育作为区域社会的重要组成部分，一方面受经济社会发展水平的影响和制约，另一方面又对区域经济社会的发展起着重要的促进作用。无法否认，高等教育与区域经济社会之间有着紧密的关联，它们之间已经形成了"共生"关系。本书主要基于系统论、区域发展理论及共生理论，探讨高等教育的结构调整问题。

第一节　系统论与高等教育结构调整

一、系统论概述

（一）系统论的提出

较早提出并系统研究系统论的是美籍奥地利理论生物学家贝塔郎菲（Ludurig Von Bertalanffy），他认为系统是处于某种特定关联且与环境相互联动的各组成部分的总称，即相互作用、相互关联的不同要素或组成部分为达到某一特定目标而相互结合并具有某些特定功能的有机整体。20 世纪 20 年代以来，在生物学研究领域，相互剥离的机械论模式及因果系列方法论较为流行，贝塔郎菲认为这种研究方式无法解决生物学领域及现代科学技术的理论与实践问题，进而提出了生物学中的有机论概念，提倡应把有机体视为一个系统或整体来看待。1947 年在美国讲学时，贝塔郎菲开始阐述系统论的思想，随后发表的论文《物理学和生物学中的开放系统理论》（1950）及专著《一般系统论》（1955）是该领域的奠基性论著，标志着系统论的诞生，并在 20 世纪 60、70 年代，开始受到人们的关注和重视。贝塔郎菲随后又发表了《一般系统论的历史和现状》（1972），将一般系统论扩展至系统科学的范畴。其后，随着数学、物理学等现代科学的发展，系统论的应用得到迅速拓展和完善。系统论的基本观点、思路及其研究方法，反映了现代科学综合化、体系化、整体化的发展趋势，为解决当今社会中的经济、政治、教育、文化、军事等复杂问题及其组织结构提供了新的视角和方法论。

（二）系统论的发展

系统论的发展大概有三个重要阶段：一是 20 世纪 50 年代至 60 年代末，主要以信息论、一般系统论、控制论等为代表，较为重视分析系统内部诸要素间的结构、功能、关系等内容，认为系统是相对"静态"的过程；二是 20 世纪 70 年代初至 80 年代，主要以超循环论、耗散结构论、混沌理论、协同论等为代表，该时期将系统视作一种动态演变的机制，因而也称之为"系统演化论"的时期；三是 20 世纪 80 年代以后，以复杂系统的研究为主，探讨系统内部诸要素间的关联及系统间、系统与环境间相对动态、紊乱、复杂、有序及无序间相互转化等现象，因而也称之为"复杂性系统论"时期。[①]

（三）系统论的内容

系统论认为一切事物均可以被看作一个系统，世界是各种系统的集合，由于系统的复杂性衍生了世界的复杂性，因而对于世界各部分的研究，就是对系统与环境之间关联的研究。从这个视角而言，系统是普遍存在的，是一个由处于相互作用之中且与环境发生各种关联的各个部分组成的有机整体，它包含了结构、要素和功能。结构是系统内部诸要素间的组织形式及相互关联方式，要素是组成系统的各个元素、因子、单元和部分，功能是系统与环境相互关联和作用中所表现出来的能力和效果。系统论便是以系统为研究对

---

① 徐德香. 基于系统论的高职课程结构优化研究 [D]. 金华：浙江师范大学，2011：30 – 45.

象，探讨其结构、原理、模式和规律的科学的总称[①]。在这个过程中，研究者需分析系统中诸要素之间的关联、共同特征，并试图用数学的方法构建一般系统的原则及原理的数学模型，定量地描述不同系统的功能及其发展规律，因而，系统论是一门具有数学逻辑性质的科学。概括而言，系统论不是将系统视作相互孤立、剥离的机械聚集体，而是将研究对象视作一个整体和相互关联的体系[②]，并在研究过程中关注研究对象的关联性、整体性、动态性、目的性、能动性及有序性等基本特征。因而可以看出，系统论的核心思想就是将研究对象看作一个整体的体系，分析其功能和结构，探讨要素、系统、环境之间相互关联及其变化的规律。可以说，系统论不仅反映了事物的客观规律，也反映了科学的研究方法与思想，不仅探讨系统的规律与特点，也反映系统的结构、层次及其演化，并尤为关注系统结构的调整，通过协调各组成部分及要素之间的关系以达到系统优化的目标。

（四）系统的特征和原则

系统论思想认为系统一般包括如下原则：一是有序性原则。这种有序性既包括运动的有序性，也包括结构的有序性。前者是指系统诸要素会显现出明确的、有规则的运动状态，后者是指物质系统会显现出某种明确的整齐结构。二是整体性原则。系统论认为应从体系、整体上认识、解决问题，即构成整体的所有部分均与整体有着内部的关联，不能脱离整体而单独存在，这种整体性有如下几层含义：首先，系统是由不同但却相互关联和影响的要素所组成，以整体、统一的状态而存在；其次，系统的功能不能简单看作不同要素功能相互叠加之和，而是包括了各要素相互关联后所形成的新结构的功能之和，或者说，系统整体所表现出的功能及性质，与系统中各要素独立存在时所显现的功能及性质是有差异的，系统是一个体系，并不是要素的集合；最后，系统中诸要素功能的实现及相互关联的产生，只能在系统的整体当中协调完成和实现，若离开了整体，各单独要素不能具备系统整体所显现出来的功能。三是开放性原则。系统只有本身持续地、开放地与外界进行能量、物质、信息的交换，才能保持自身状态的稳定性和发展性。四是动态性原则。现代系统论对于系统的研究更强调在不断的运动中把握系统的性质，更关注它的变化和生成。应该说，系统的结构相对"静态"，而功能则显现

---

① 查有梁. 系统科学与教育 [M]. 北京：人民教育出版社，1993：184.

② 拉兹洛. 用系统论的观点看世界 [M]. 闵家胤，译. 北京：中国社会科学出版社，1985：10.

得更为"动态"，系统的不同元素、组成部分无时无刻均在发展变化之中，即任何系统一般都处于动态中，随着时间而改变。五是目的性原则。系统内部诸要素与外部环境始终是相互作用的状态，以达到保持结构的有序及稳定的目的。六是最优化原则。即在特定的条件下利用不同的方式和手段，促使系统达到最佳状态和目标，这种最佳状态，不仅是组成系统各要素的最优化，也是系统整体功能的最优化，系统的整体性原则决定了这一点。①

可以说，系统论是一种立足宏观、整体、全局的方法论，是从整体、系统的视角对系统中各要素、组成部分进行分析，进而归纳并得出其规律的科学思想。它提供了一种从宏观、整体去探索、分析和处理问题的角度、手段和方法，为分析和解决复杂社会和自然现象提供了新的视角和工具。

二、系统论与高等教育结构优化

系统论的主要研究方式，就是将研究对象看作一个统一、关联的体系或系统，分析其结构和功能，探讨系统、环境、要素三者之间的关系及其变化规律，得出优化的方案。高等教育系统包括外部体系、内部体系。内部体系是指高等教育运行过程中有机相连、相互作用、相互制约并具有地域性的系统整体；外部体系则主要是指区域经济体系，这个体系涵盖了农业、工业、文化、科技、交通、通信、教育、卫生、国家机关等国民经济的各个部门，包括了自然、经济、人文、环境等要素，组成了庞大的区域经济系统，并在运行中与自然环境、资源等产生复杂的关联，决定着社会资源的分配、生产、交换，是一个复合、开放的复杂系统。根据系统论的观点，高等教育结构本身具有整体性、动态性、有序性、开放性和目的性等基本特征，即高等教育体系是一个具有整体性、动态性、有序性、开放性和目的性的系统，在高等教育结构优化过程中，应充分考虑和重点分析这些特征。

（一）高等教育结构具有整体性

系统最为基本和鲜明的特征是整体性和统一性。区域高等教育结构与区域经济社会的发展和文化创新紧密相连，需要各级地方政府统筹规划和战略引领。从体系上看，高等教育结构作为高等教育系统的重要组成部分，只有在整体内才有其意义，才能实现良性和可持续发展；从功能上看，整体的功

---

① 徐德香. 基于系统论的高职课程结构优化研究 ［D］. 金华：浙江师范大学，2011：30－45.

能不是系统内各独立要素功能的叠加之和，而是会相互关联进而形成新的结构，并产生新的功能。因此，区域高等教育结构的优化，只有在整体的视角下才有意义。

（二）高等教育结构具有动态性

系统是一个由处于相互作用之中且与环境发生各种关联的各个部分组成的有机整体，它与外部环境不断发生能量、物质和信息的交换，即系统的不同元素、组成部分无时无刻均在发展变化之中。任何系统一般都处于动态中，随着时间而改变。区域高等教育结构会对国家宏观战略做出响应，也会对区域经济社会的转型和产业的升级做出调整，当外部环境发生变化时，系统的功能和稳定性会受到影响，因而高等教育结构的调整，要在不断的运动中把握系统的性质，更要关注其变化和生成。

（三）高等教育结构具有较强的目的性

系统内部诸要素与外部环境始终处于相互作用的状态，以保持结构的有序及稳定，最终达到预期的目的和完成预定的任务，这就是系统的针对性、方向性或指向性。系统的这种目的性不是系统内部某个组成要素的目标和任务，它是整体的、全局性的，需要系统诸要素以一定的方式相互联结和配合完成。高等教育结构也具有宏观性、整体性、全局性的特点，是为了达到某一特定目标或实现某些特定功能而谋划并逐渐成型的，并不是随意或盲目发展的，反映了历届省级政府和各级地方政府的宏观战略思路及其发展方向，也基本反映出不同区域经济社会的发展重点和方向，具有较强的目的性。

（四）高等教育结构具有相对稳定性和有序性

虽然系统始终处于运动之中，但在一定时期内，系统的结构会处于一种相对平衡的状态，即系统诸要素会显现出明确的、有规则的运动状态，物质系统也会显现出某种明确的整齐结构。就高等教育结构而言，在某一特定时期，会有一个相对稳定的状态，但这种结构的稳定性也是相对而言的，不可能永远不变。构成高等教育的基本要素受外部因素的制约和影响，但这些外部因素仅起到促进和助推作用，只有系统内部总量累积到一定程度的时候，结构才会发生质变，因而高等教育结构不可能处于经常变化之中，在一段时期内具有相对有序性和稳定性，这个特征是高等教育结构优化的前提。

（五）高等教育学科结构具有开放性

系统论认为，系统只有本身持续地、开放地与外界进行能量、物质、信息的交换，才能保持自身状态的稳定性和发展性。高等教育和高校本身便具有开放性的特征，其功能和价值的实现主要是在与外部环境持续的关联和作用中进行能量、物质和信息交换而逐步实现的。随着经济社会的发展，人们接受教育的意愿日益强烈，当现有高等教育资源无法满足人们需求的时候，国家政府和各级地方政府便会从战略的角度重新调整高等教育结构。可以认为，高等教育系统是开放的，高等教育的发展与经济社会的发展始终是相互联动、相互交融的，高等教育结构的优化也与区域社会的转型和产业的升级紧密相关。

⇨ 第二节 区域发展理论与高等教育结构调整

人们普遍认同区域发展理论最早始于欧洲大陆，该理论融合了地理学、区域科学、区域经济学、发展经济学及规划学的相关理论成果。追其来源，人们普遍认同德国经济学家廖什（August Losch）及德国地理学家克里斯托勒（Walter Christaller）的中心地学说、德国经济学家杜能（Johan Heinrich Von Thunnen）的农业区位论、德国经济学家韦伯（Alfred Weber）的工业区位论等较为早期的区位理论是其理论根源。研究者们认为其理论的发展脉络包括了早期的传统阶段、20 世 20—40 年代的近代阶段和 20 世纪 50 年代以后的现代阶段。本书将重点讨论现代区域发展理论及其对区域高等教育结构调整的借鉴作用和意义。

一、区域发展理论的发展阶段及主要观点

按时间发展顺序进行划分，可以将区域发展理论的发展历程分为四个主要的阶段，每个阶段都有其特点及主要研究领域：

（一）20 世纪初至 20 世纪 20 年代：早期的区域发展理论

早期传统的区域发展理论大多是从静态、均衡的视角去探讨某一特定范围内经济活动的区域分工问题。譬如英国经济学家大卫·李嘉图（David

Ricardo）和亚当·斯密（Adam Smith）等人提出的区域分工理论，主要探讨的便是某一特定区域空间内人们进行经济活动的内部运行机制等问题。亚当·斯密提出了"绝对利益"的理论，认为如果"每个国家都生产各自具有绝对优势的产品并进行交换，便可获得绝对好处"；大卫·李嘉图则进一步发展了斯密的理论，并在此基础上提出了"比较利益"理论，认为"任何国家均有它们相对有利的生产条件"①。区位理论得到较大发展的阶段是在20世纪初至20世纪20年代这近20年的时间，其中又以韦伯的工业区位论和杜能的农业区位论影响最为广泛。杜能提出了后来被人们所熟知的"杜能环"，其基础是他在理论上所假设的一个围绕中心城市并与外界所隔离的均衡平原——"独立国"，杜能对这个假设的均衡平原上的农业及生产进行了区域上的划分，并据此提出了农业区位理论。韦伯的研究则主要是集中在生产过程本身，他遵循最低成本原则，主要探讨如何使厂商获得最低的区位成本，他得出结论：影响工业区位的成本因素主要包括工资成本、运输费用及聚集效益等因素。

（二）20世纪20—40年代：近代区域发展理论的进展

自20世纪20年代以来，经济学的研究与区域空间理论结合日益紧密，区域空间经济学开始兴起并迅速发展，成为近代区域发展理论的重要研究领域。该时期较为著名的有代表性的理论包括美国经济学家弗兰克·费特尔（Frank A. Fetter）提出的"贸易区边界区位理论"、克里斯托勒提出的"中心地学说"以及廖什提出的"经济景观理论"等。费特尔在1924年提出了"贸易区边界区位理论"，主要研究了市场的形成，并重点剖析了其形成的经济过程；20世纪30年代，克里斯托勒以实证的方式，重点分析了德国乡村聚集市场的形成原因及其辐射范围，并在此基础上提出了"三角形聚落分布和六边形市场区的高效市场网理论"②，即后来被人们所熟知的"中心地学说"；20世纪40年代，廖什在前人研究的基础上，提出了工业区位理论和经济景观理论，这些理论都是以市场为中心展开的。综观该时期的区域发展理论，它们有一些明显的特征：一是扩大了研究视角，视角扩展到以市场为中心，而不再限于生产过程本身；二是思维方式更为多元，更关注利润的最大

---

① 窦文章. 区域发展理论的产生及演变［J］. 山西大学师范学院学报（哲学社会科学版），1996（2）：29－33.
② 杨开忠. 区域发展研究的兴起与演变：兼谈发展中国家区域发展［J］. 经济地理，1990（3）：7－14.

化而不再限于成本最低原则；三是拓宽了研究范围，开始分析整个产业群的区位优势，而不再限于研究单个厂商的区位问题。

（三）20 世纪 50 年代以来区域发展理论的进展

传统区域理论更多地从均衡、静态的视角研究区域发展问题，而现代区域理论则主要从非均衡、动态的视角去探讨区域发展问题。学界普遍认同在第二次世界大战以后人们开始了较为系统的区域发展理论研究，该时期各国均处于百废待兴的阶段，纷纷将精力集中于发展本国的经济，为区域发展理论的系统研究及迅速发展提供了动力和环境。区域发展理论属于多元融合理论，主要融合和吸收了经济学、地理学、社会学等学科的理论，因此自其系统构建以来，由于研究视角的差异，形成了众多不同的流派及思想。对于区域发展理论发展阶段的划分并没有较为严格的标准，因为这些理论之间都有或多或少的关联，但不同时期也有一些该时代较为独特的特征，概括起来大概经历了以工业化及城市化为核心的区域发展观阶段、综合发展观阶段及可持续发展观阶段。

1. 以工业化及城市化为核心的区域发展观阶段

该阶段大概为 20 世纪 50 年代至 70 年代，该时期经济学研究的迅速发展对区域发展理论的研究产生较大影响。该时期的区域发展理论认为制造业应优先得到发展，进而推进城市文明及工业文明，将"发展"理解为工业及城市地位逐渐上升、农业地位日益下降、国民生产总值不断增长的过程。该时期较为著名的理论包括法国经济学家弗朗索瓦·佩鲁（Fransois Peroux）等提出的"增长极理论"，美国经济学家艾萨德（Walter Isard）提出的极化经济思想及理论，瑞典经济学家缪尔达尔（Karl Gunnar Myrdal）提出的"循环累积因果理论"〔其中提出并解释了"扩散效应"（diffusion effect）及"回波效应"（backwash effect）现象，美国经济学家赫希曼（Albert Otto Hirschman）对应提出了"极化效应"（polarizing effect）和"涓流效应"（trickling-down effect）〕，等等。该时期的理论在发展区域经济、推进经济社会的发展过程中起到了一定的指导作用，但也留下了许多思考的空间，如许多积极推进工业化及城市化进程的国家和地区开始在国内落后区域大量引进和推行现代工业及制造业，虽然短期内带来了经济的发展，但理论上所预期的聚集效应及乘数效应却无法实现，反而面临着环境快速污染、贫富差距迅速扩大、产业发展遇到瓶颈需要转型升级等诸多问题，促使人们开始反思传统的区域发展理论对于实践的指导意义。

2. 综合、系统的区域发展观阶段

该阶段大概是 20 世纪 70 年代至 80 年代。这一时期，世界形势日益严峻，冷战思维仍是主导，工业化及城市化的大力推进带来了贫富差距日益加大、环境污染日益严重等问题，使全球经济的社会发展面临困境。在这种背景下，人们逐渐意识到单纯的"增长"毫无意义，经济的发展并不代表人民一定会获得幸福，"发展"的概念需要重新被理解和诠释。美国社会首先在 70 年代初开始发起了所谓的"社会指标运动"，对单一的以经济发展为终极目标的区域发展观提出质疑，认为区域发展观只有综合考虑众多的因素，才能真正体现社会的发展状态，提出应构建新的社会发展指标体系，并认为其至少应包括社会、经济、文化、生活、环境等指标在内。进入 20 世纪 80 年代以后，这种对于区域发展的讨论日益激烈，参与的人员及国家也日益增多，研究者们从经济、政治、社会、文化等诸多方面提出不同的观点，譬如佩鲁在《新发展观》一书中提出新的"发展"应具备几个核心观念，即"综合的""整体的""内生的"，他认为经济社会的发展并不是终极目标，它仅是区域发展的手段，区域中个人、群体和社会的需要才是发展的最终目的，这种需要不仅包括了基本需要或物质需要，也包括了与各国各区域各族人民的核心价值及传统紧密相连的系列精神、社会及文化需要①。这些思想和理论的出现标志着区域发展理论研究开始进入综合发展、系统思考的阶段。综观该时期的区域发展理论，研究者开始对传统的理念做出反思，区域发展理论开始从过度强调单纯的经济发展到关注社会的需要和人的幸福，开始从单一的评价发展方式过渡到综合、整体、多元的评价方式，开始从过于注重过程发展到注重后期的效果和持续的影响。总体而言，该时期区域发展理论有了较大的进步，但仍未形成较成体系、可持续的区域发展理论来引领和指导各国各地区社会经济发展的具体实践。该时期较有影响力的理论包括：

（1）区域均衡增长理论。该理论从供给的视角出发，认为区域经济的增长主要源于三个基本要素，即技术革新、劳动力及资本累积。其理论假设前提是规模、劳动力报酬及市场运营均有序良好运行，在此基础上，由于区域间的报酬率必然存在差异，使得劳动力将会从低工资的区域逐渐流向高工资的区域，相反资本则会从较高工资的区域逐渐流向低工资的区域，市场机制的这种自我调节能力将使得区域间的差异逐渐缩小并趋于平衡。譬如美国学者威廉姆森（J. G. Williamson）在 20 世纪 60 年代提出的倒"U"型相关假

---

① 佩鲁. 新发展观 [M]. 张宁，丰子义，译. 北京：华夏出版社，1987：1-10.

41

说，便是其中较有代表性的观点①。

（2）区域不均衡增长理论。20世纪70年代至80年代不少经济学家及地理学家通过观察和研究，提出了与区域均衡增长理论相反的观点，即认为区域之间的增长是不均衡的，认为"一旦区域的总体发展处于较低水平状态时，市场力量的自然作用就会提高国内或国际区域之间的不平等程度"②。基于此结论，研究者们认为若要促进落后区域经济社会的发展进而缩小区域间差距，就必须依赖于政府部门推行适当的经济制度和进行强有力的干预，譬如在落后区域打造"增长中心"或"增长极"，努力培育"元动力"，并通过市场的杠杆作用实现资本的原始累积，通过这些多元的方式带动这些区域的发展。区域不均衡增长理论代表性的观点主要包括佩鲁等提出的"增长极理论"，缪尔达尔提出的"循环累积因果理论"，赫希曼提出的"极化效应"和"涓流效应"等相关理论。譬如，缪尔达尔认为在区域空间中，经济社会的发展过程并不是均质扩散且同时发生的，由于某些区域原本就具有某些方面的优势，因而就会适度超前发展，且这些既得的优势和益处会逐渐累积，使得这些区域继续超前发展并循环累积。他认为这种循环的累积会产生两种相反的效应，一种是"回波效应"，具体表现为劳动力和资本从外围区域逐渐向中心区域进行流动，最终导致外围区域的经济日益衰竭；另一种是"扩散效应"，即当中心区域经济的发展达到较高水平状态时，劳动力、资本、相关技术从中心区域逐渐向外围区域进行流动，进而促进外围区域的经济社会向前发展，这就是后来被人们所熟知的"循环累积因果原理"。赫希曼则据此提出了"极化效应"和"涓流效应"。所谓"极化"，就是指经济的增长较为集中在某些优势区域，经济增长的动力较为集中于某些特定因素；"涓流"则是指由经济增长所带来的各种益处会进行扩散，会逐渐从少数受益的地区或受益的阶层逐步扩散至整个社会。赫希曼通过研究认为，在区域经济增长的最初阶段，"极化效应"最为明显且影响较大，最终会加剧区域间发展的不平衡，政府部门就应发挥其重要作用，通过适当的经济制度和强有力的行政干预等手段，将这种区域间发展不平衡的状态恢复至相对平衡的状态。

（3）区域阶段发展理论。早期的研究者们通过研究发现，在经济的发展

---

① WILLIAMSON J G. Regional inequalities and the process of national development [J]. Economic development and cultural change, 1965, 13 (4)：1 – 84.

② MYRDAL G. Economic theory and underdeveloped regions [M]. London：Duckworth, 1957：39 – 42.

过程中第二、第三产业的相对重要性会逐步上升，而第一产业的相对重要性则会逐渐下降，产业结构的这种相对重要性的变化会推动某一区域经济的增长。这种观点逐渐被研究者们认同，并发展成为区域的阶段发展理论。譬如，20 世纪 50 年代，美国经济学家费雪（Irving Fisher）及胡佛（Edgar Malone Hoover）提出了区域经济发展的 5 阶段论，包括"自给自足阶段、乡村工业崛起阶段、农业生产结构变迁阶段、工业化阶段和服务业为主导的输出阶段"；美国经济学家罗斯托（W. W. Rostow）在费雪及胡佛 5 阶段论的基础上，于 1960 年提出了区域经济发展的 6 阶段论，包括"传统社会阶段、准备起飞阶段、起飞阶段、成熟阶段、高额消费阶段和追求生活品质阶段"；美国经济学家弗里德曼（John Friedmann）则在 20 世纪 60 年代中期提出了"核心—边缘"模型，这个理论模型以经济地理学为基础，从区域空间发展的视角，认为区域经济发展主要包括 4 个阶段，即"区域中心相对独立且均衡分布的结构阶段、区域内大核心出现极化效应进而产生的'核心—边缘'结构阶段、外围副中心的迅速增长推动经济中心进行再分配的多核心结构阶段和城镇等级体系结构阶段"①。

（4）区域发展的一般理论模型。到了 20 世纪 70 年代，美国经济学家希伯特（H. Sicbert）开始重点探讨区域增长的外部及内部的决定因素，他一方面将用于分析国家层面经济发展的方法融入区域层面并进行分析，另一方面也整合了新古典理论的供给因素及凯恩斯理论的需求因素，最终提出和构建了一般性的区域发展理论模型，被广泛认可和应用。由于希伯特的区域发展理论模型忽视区域空间因素，加之没有能给出理论模型方程式中的具体函数关系，因而极大地限制了人们后期对理论的发展和创新。美国经济学家理查德森（H. W. Richardson）于 1973 年开始提出融合空间向度的区域增长理论模式，他通过融合区域不均衡增长以及由于区域间要素移动所导致的均衡增长这两种不同的增长过程，质疑了新古典增长理论中认为的规模报酬相对固定的假设，最终打破了这种假设，认为区域不均衡增长的原因主要在于原本的区位偏好、区域经济的集聚效应、形式各异的集聚变量，譬如区域资本存量的变异系数、中心城市的规模及人口等诸多因素的共同作用②。

3. 可持续的区域发展观阶段

该阶段大概是在 20 世纪 80、90 年代以后。随着冷战思维的日益淡化，

① FRIEDMANN J. Regional development policy：a case study of Venezuela ［M］. Cambridge，Mass and London：MIT Press，1966：52 – 53.

② RICHARDSON H W. Regional growth theory ［M］. London：Macmillan，1973：103 – 105.

世界各国迎来大发展、大调整、大变革时期，世界经济一体化、政治多极化、信息全球化的特征日益凸显。一方面科技进步日新月异，人才竞争日益激烈；另一方面由于资源的快速损耗造成的环境污染问题日益严峻，资源的有效有序开发利用、经济社会的可持续发展、生态环境的合理保护等问题成为重点热点。因此，该时期区域的发展，"可持续"成为其主要特征和关键词。1980 年，由世界自然保护联盟制订的《世界自然保护大纲》对"可持续发展"的概念进行了定义，认为是"生态系统在不超过支撑人类社会发展的最大负载能力的前提下改进和提高人类生活质量"；挪威前首相格罗·哈莱姆·布伦特兰（G. H. Brundtland）1987 年也在其报告《我们共同的未来》中对"可持续发展"的概念做出过定义，认为可持续发展是不仅能"满足当代人生产生活的需要，而且不对后代子孙满足他们生产生活需要的能力构成危害和威胁"，这个定义被人们广泛接受；此外，二十世纪八九十年代"生存经济学"开始逐渐兴起，该理论的核心观点是认为区域的发展应该建立在公民积极参与社会发展、促进社会公平正义及增强环境生态的可持续能力的基础之上，区域发展的最终目标是在满足人们各种需要的同时，个人得到协同发展，地球和人们所居住的生态环境得以保护①。综合而言，该时期区域发展理论进入了一个全新的发展阶段，"可持续发展"成了关键词和主旋律，人们的视野不再局限于当前的利益，而是日益关注区域社会的可持续发展；不再局限于本土的发展，而是日益融入国际社会；不再局限于满足当代人生产生活的需求，而是日益关注后代人生存生活的权益和条件。

20 世纪 80 年代以来，世界各国迎来大发展、大调整、大变革时期。一方面，西方一些主要的经济体发展速度开始放缓，城市化及工业化进程受到人们的质疑，并且由于工业化、城市化进程所带来的环境污染问题日益严峻，资源的有效有序开发利用、经济社会的可持续发展、生态环境的合理保护等问题成为重点热点；另一方面，一些新兴的经济体或原本处于边缘地位的、基于弹性生产的一些新兴产业区迅速崛起，成为推动世界经济发展的主要力量之一。在此背景下，研究者们开始将讨论的焦点转移至经济学与地理学的相互融合、区域科学的系统构建、区域经济的集聚效应等方面，逐渐形成了新的区域发展理论。新区域发展理论在研究领域上聚焦于各区域内部某些特定问题，即重点研究特定区域本身的问题，譬如新兴产业区的形成与发展、区域可持续发展、区域核心区的经济振兴等。在研究理念和技术手段上，更重视社会基础和区域内相关制度及区域发展的特定技术，更强调动态

---

① 赵媛. 区域发展理论与当代经济地理学的发展 [J]. 人文地理，1998（3）：30 - 34.

的区域发展过程，强调学习创新理论、马歇尔聚集经济原理和交易费用相关理论等在区域增长中的重要作用。综合而言，新区域发展理论在如下领域取得较大发展：新兴经济体和产业区的形成与发展、跨国公司的全球化战略与区域协同发展、区域环境与学习创新、区域发展的制度基础与区域管制、新贸易理论和经济地理学的交融以及区域的可持续发展问题等。[①]

（1）新产业区与产业集群理论。20世纪80年代后期以来，不少国家和地区尤其是发展中国家新兴产业区不断崛起，开始引起人们的关注。一些学者通过案例分析的方式对西方发达国家一些经济区的成功运作经验加以研究和总结，逐渐形成"新产业区"理论的雏形并成为该时期区域发展理论的前沿研究。譬如，有研究者通过对意大利国内艾米利亚－罗马涅区域内产业逐渐成熟并成功走向世界的经验加以总结，提出了人们所熟知的'弹性专业化'的概念[②]；英国学者斯考特等研究者通过分析美国及欧洲一些产业区的发展模式和路径，提出了"导致出现新兴产业聚集效应的可能原因是生产系统的垂直分化"的观点[③]。综合而言，经过一段时间的争论，研究者们普遍认为，导致新产业区产生的主要原因是弹性化的生产体系在某一地域、空间区位上产生的集聚效应。这些新产业区的理论后来逐渐成熟并趋于清晰，被一些发展中国家广泛接受和应用，新产业区的践行也为这些地区和国家的产业发展和技术转型奠定了制度基础和营造了文化氛围。目前对于新产业区的讨论集中在如何定义和识别新产业区，新产业区形成和发展的原因、路径、模式和动力机制，新产业区的结构特点，政府在新产业区形成中的作用等方面。到了20世纪90年代以后，产业集群的概念开始兴起，美国学者迈克·波特（Michael Porter）于1990年在其专著《国家竞争优势》一书中较早地使用了产业集群（industrial cluster）的概念。在书中，波特对比了10多个工业化发达的国家并认为产业集群是工业化过程中的常见现象，产业集群已经成为发达经济体的重要发展方式。通常而言，产业集群是指在某一特定国家或区域中，各种在区域内相对聚集，有合作和竞争关系又相互关联的企业、服务供应商、专业化供应商、厂商、金融机构、公共服务部门及其他相关联的机构组成的空间聚集体，它是一种介于等级制与市场间的全新的空间经济

---

① 苗长虹. 区域发展理论：回顾与展望［J］. 地理科学进展，1999，18（4）：296－305.

② GOODMAN E, BAMFORD J, SAYNOR P. Small firms and industrial districts in Italy［M］. New York：Routledge，1989：26－29.

③ SCOTT. New industrial spaces：flexible production organization and regional development in North America and Western Europe［M］. London：Pion，1988：98－103.

组织形式。产业集群在功能和意义上已经超越了一般产业范围，它成为在某一特定区域内诸多机构、众多产业相互联结和融合的区域共生体系，并成为区域经济发展主要的竞争优势所在，也是考察一个区域经济发展水平的重要指标。

（2）跨国公司的全球化战略与区域协同发展研究。当前，跨国公司的数量日益增多，规模迅速扩大，这一方面是由于世界范围内经济一体化、信息全球化的步伐逐渐加快，另一方面也是由于全球范围内通信、运输、卫星等技术的日益革新。跨国公司的产生和发展进一步推动了世界经济一体化的进程，也在其发展过程中给区域经济社会的发展提出了诸如"跨国公司全球性的生产经营网络与区域本地生产经营网络之间的冲突与关联"等新的挑战和问题。因此，在跨国公司与区域社会的互惠与冲突博弈中，如何缓解全球化战略与本土化发展的矛盾，如何妥善处理好当地企业与跨国公司之间的关系，探寻跨国公司与区域社会协同发展的策略、路径和模式，进而提升区域社会的整体竞争力，推动区域经济的发展，成为区域发展理论新的研究热点。

（3）区域发展的文化、制度基础与区域管制研究。随着经济社会的发展，人们日益认识到良好的制度对于区域发展的重要性。区域发展理论的研究者们也开始探讨区域管制的实施效果及区域发展的制度基础等问题，该问题的研究受制度经济学的影响较大。此外，20世纪80年代初开始崛起的新制度主义经济学对区域发展理论也产生了较为重要影响，新制度主义经济学尝试与新古典经济学进行互补和融合，继承了制度学派传统的进化主义和整体主义理论，成为西方经济学界的重要理论基础之一。应该说，自20世纪80年代以来，新的区域发展理论不再局限于追求数量化、抽象化、概念化的研究思路，而开始转为对区域发展的条件、环境、制度、基础及其特定技术的分析和研究。综合而言，由于研究者们在对于影响区域发展的主要因素的理解上受到当时经济学中"新制度主义"及经济地理学中"结构主义"的影响较大，因而区域文化、区域制度、区域环境及区域管制成为新区域发展理论的重点研究领域之一。如英国学者斯托波（M. Storper）和斯考特认为只有将区域制度与演化经济学、管制理论、新经济地理学三种理论工具进行综合，才能有力解释资本主义区域发展及工业化进程的具体模式；此外，不少新区域发展理论的研究者认为，特定的区域制度、区域环境及相关技术是区域空间地理结构及区域内所有生产组织萌芽、形成和发展的土壤，且这种特定的区域制度、环境、技术会随空间、时间的变化而变化。

（4）新贸易理论与经济地理学的相互交融。区域内的贸易问题与区域发展理论一直都有紧密联系。大卫·李嘉图和瑞典经济学家俄林（Bertil Ohlin）等人是在传统的区域发展理论中探讨区域内贸易问题的主要代表人物，但他们的理论也存在缺陷，因为他们的假设是建立在规模收益不变且市场充分竞争的基础之上的。自 20 世纪 80 年代以来，新贸易理论开始兴起并与地理学中的区位理论加以融合，经济地理学便由此产生。与传统的区域贸易理论不同的是，该理论的假设是建立在规模收益逐渐递增及市场不完全竞争的前提之上。这种新贸易理论与经济地理学的相互交融主要是借鉴了美国经济学家张伯伦（E. H. Chamberlin）的垄断竞争模型及英国经济学家马歇尔（A. Marshall）的外部经济理论，并通过分析专业化过程中的"历史相关、路径依赖、循环累积效应及区域贸易模式，来说明产业内贸易、产业集群及技术专业化产生地理集聚效应的主要原因，以及区域内'核心—边缘'结构形成的动力因素，并进一步分析和研究发展区域经济一体化和区域贸易所能带来的各种好处及优势，最终提出和探讨了提升区域竞争力和增强产业优势的制度基础、技术革新和贸易战略政策"①。克鲁格曼基于新贸易理论及区位理论在区域贸易与经济发展领域进行了较为深入的研究，他提出了几个影响较大的观点，一是认为由于空间体系中市场的不完全竞争，使得国际贸易不仅受外部经济和收益递增驱动，也受区位优势所驱动，弄清楚促成区域生产聚集过程的原因是真正理解贸易的基本前提；二是认为运输成本与外部规模经济之间的相互作用是形成区域"核心—边缘"结构及区域产业集聚效应的关键原因②。

（5）区域可持续发展研究。随着西方一些主要经济体发展速度放缓，城市化及工业化的理念开始遭到人们的质疑和挑战，同时由于资源的快速损耗造成的环境污染问题日益严峻，资源的有效有序开发利用、经济社会的可持续发展、生态环境的合理保护等成为重点热点，因此，该时期"环境保护、人口、资源、可持续性"成为区域发展理论的主要特征和关键词，人们对于"发展"的概念有了全新的认识。在这种背景下，区域发展理论研究与政府的可持续发展战略进行了紧密结合，为区域可持续发展的新研究领域创造了条件。与传统的区域发展理论研究相比，区域可持续发展理论更为关注资

---

① MARTIN R，SUNLEY P. Paul Krugman's geographical economics and its implications for regional development theory：a critical assessment ［J］. Economic Geography，1996，72（3）：259 – 292.

② KRUGMAN P R. Development，geography and economic theory ［M］. Cambridge：MIT Press，1995：258 – 263.

源、环境、生态、人口等问题，更为强调这些因素与区域社会之间的协同发展，更为强调发展过程的规划性、长远性、整体性及循序性，以期达到经济社会与自然环境之间的和谐、健康、可持续发展和均衡发展。近年来，该领域的研究主要集中在区域发展的哲学范式与价值观选择、区域发展的机理与影响因素、区域发展的动态过程检测与测度指标制定、区域整体规划与宏观调控等方面。

二、区域发展理论在高等教育结构调整中的应用

当前，随着运输、通信、卫星等技术的日益成熟，世界经济一体化、信息全球化的特征日益明显，社会处在大变革大调整大发展的时期，经济发展方式面临着转型，可持续发展的思想已经深入人心，这些背景使得区域发展理论的研究更具有重要意义。综观历史发展脉络，结合当前的社会发展形势，可以看出将来的区域发展理论研究至少将会呈现如下两个特点：一是不同领域研究方法之间的相互融合将会日益普遍，不同学科研究成果之间的共享和运用将会成为趋势；二是对于新兴产业、发达区域的案例研究和成功经验总结将会更具有理论性和实践指导性。在不同学科间研究方法与研究成果的共享和结合方面，随着制度主义、结构主义方法的引入和完善，研究者将更关注某一特定空间区域内的制度、文化及经济体系对本土企业及跨国公司的互惠与协同、区域管制与网络联结、知识循环与累积效应、可持续发展等方面的研究。同时，一些新的理念或概念将会在学科的融合中产生，如库克等提出的"创新区域系统"（regional systems of innovation）概念，结合了新区域发展理论中的制度体系、文化氛围、组织行为等要素，并与新马克思主义等理论中的学习创新理念相结合，用于解释区域在系统化构建中的创新潜力及能力[1]；摩根等提出的"学习区域"（learning region）概念试图将制度创新与环境、特定技术、网络联结等加以联系以厘清区域经济增长的原因[2]；斯托和金等提出的"学习能力"（learning capability）概念则试图将福特主义和后福特主义时代的国际竞争变化与产业组织加以整合，以探讨个体学习与

---

[1] COOKE P，URANGA M G，ETXEBARRIA G. Regional systems of innovation：an evolutionary perspective ［J］. Environment and planning A，1998，30（9）：1 563 - 1 584.

[2] MORGAN K. The learning region：institutions，innovation and regional renewal ［J］. Regional studies，1997，31（5）：491 - 503.

组织学习、网络学习与交易学习等的特征和本质①；马丁等融合了经济学中的新贸易理论与新增长理论、新经济地理学的区域发展理论，提出了本土化发展（indigenous development）和内生区域增长（endegenous regional development）等概念，试图构建区域经济社会发展的一般模式、路径和机制②；马斯科尔等则提出了"地方化能力"（localized capabilities）概念，认为地方化能力包括制度禀赋、已有结构、自然资源、区域的知识及技能四个核心要素③。其次，在对新兴产业、发达区域的案例研究和成功经验总结方面，开始转向分析产业区形成和发展的路径、模式和动力机制，欠发达区域的技术改进、落后区域政府在产业区形成中的作用等领域④。高校作为区域社会的重要组成部分，一方面受区域内各因素的影响和制约，另一方面又反作用于区域经济社会的发展。区域发展理论的发展方向和相关研究领域，对于引领和指导高等教育的结构调整，有重要的借鉴意义。

（一）新产业区与产业集群理论在高校学科结构调整、学科集群与聚集效应的形成等方面有重要的借鉴作用

高校的学科结构与区域经济社会的产业结构紧密相连，一是因为高校各学科专业培养的人才支撑着区域产业的形成和发展，二是因为高校各学科所转化的科研成果是区域产业核心竞争力的重要支撑，三是因为高校学科专业文化建设影响着区域产业文化的形成和发展。相反，区域经济和产业结构的发展趋势也深刻影响着高等教育的学科专业结构。因此产业结构的调整转型升级，必然带动学科专业结构的调整，这种调整体现在：第一，高校会努力扶持一批重点学科、重点专业，推动产学研合作，以帮助区域提升自主创新能力；第二，高校学科专业在建设过程中会努力通过与区域的民营经济体紧密结合，从而利用专业人才推动民营企业转型和产业升级；第三，高校会通

① JIN D J, Stough R R. Learning and learning capability in the Fordist and post-Fordist age：an integrative framework ［J］. Environment and planning A，1998，30（7）：1 255 – 1 278.

② MARTIN R, SUNLEY P. Slow convergence? The new endogenous growth theory and regional development ［J］. Economic geography，1998，74（3）：201 – 227.

③ MASKELL P, et al. Competitiveness, localised learning and regional development：specialisation and prosperity in small open economics ［M］. London：Routledge，1998：125 – 136.

④ 苗长虹. 区域发展理论：回顾与展望 ［J］. 地理科学进展，1999，18（4）：296 – 305.

过加强建设支撑区域传统优势产业的相关学科专业，以进一步提升区域影响力；等等。新产业区与产业集群理论正是研究某一特定国家或区域中，各种在区域内相对聚集，有合作和竞争关系又相互关联的企业、服务供应商、专业化供应商、厂商、金融机构、公共服务部门及其他相关联的机构组成的空间聚集体之间关系及其问题的理论，因而对于高等教育学科结构调整有重要的借鉴和指导意义。

（二）区域协同发展相关研究对于区域间高校分工协作、分类发展、分区发展有借鉴和指导作用

在一个国家或一个区域范围内，随着时间的推移，必然会以某种标准划分成或自然形成多个中心。譬如按照行政区位进行划分或以经济发展程度进行划分，每一个中心都是以多个城市共同组成的城市群，这些城市群有强有弱，发展速度有快有慢。当前区域高等教育发展过程中，主要呈现出几个问题：其一，单极化、分散式发展趋势较为明显。这体现为大部分高校的发展较为集中在省会城市或经济发达区域；不同层次、不同类型的高校之间联动较少，衔接不够，功能、任务、目标定位不够清晰，有些甚至相互重叠；低层次的高等院校盲目向高层次的高等院校看齐，单科性院校向综合性大学看齐，院校特色不明显，方向不明确。其二，高校集中区域的辐射力度有待加强。这体现为培养的人才仍然聚集于发达区域，流动性不够；高校集中区域与欠发达地区开展的产、学、研合作有限，科学研究成果向欠发达地区转化力度不够；高校集中区域与欠发达地区之间的人才交流、学生交换、智力支持、社会服务均有待加强。因此，在高等教育结构调整过程中，应转变观念，将政府宏观层面的理论引领、政策导向和经费支持多方面结合，从单极化、分散式发展路径向多中心协同发展的模式发展。区域协同发展相关理论正是研究如何缓解全球化战略与本土化发展的矛盾，如何妥善处理好当地企业与跨国公司之间的关系，探寻跨国公司与区域社会协同发展的策略、路径和模式，进而提升区域社会的整体竞争力，推动区域经济发展的相关理论，因而对于区域高等教育学科结构调整及其协同发展有重要的指导意义。

（三）区域发展的制度基础与区域管制相关研究对区域间高校学科专业建设有借鉴和指导意义

区域高等教育学科专业建设，必须以区域内的文化、制度作为基础，才能明确其调整的核心目标、主要内容及路径，才能在学科层次体系上形成层次清晰、分类发展、相互衔接的格局，在学科布局思路上践行多中心协同、

分区共生、网络式发展的路径。

综上所述，区域发展理论自 20 世纪 80 年代以来，开始对传统的区域理论进行彻底的反思，并在众多领域有了发展和创新：开始从过度强调单纯的经济发展到关注社会的需要和人的幸福，对"发展"的概念有了全新的诠释，认为经济的发展不是终极目标，它仅是区域发展的手段，区域中个人、群体和社会的需要才是发展的最终目的；开始从单一的评价发展方式过渡到综合、整体、多元的评价方式；开始从过于注重过程发展到注重后期的效果和持续的影响，更为关注环境、人口、资源的可持续发展；在研究领域上更为关注特定区域本身的问题、欠发达区域的改进问题，更注重多元学科的交融、不同学科研究方法的结合、不同学科研究成果的共享等方面。总体而言，区域发展理论无论在研究视角上和研究内容上均发生了质的转变，因而，对于高等教育的协同发展和结构调整问题有重要的借鉴和指导意义。

第三节　共生理论与高等教育结构调整

一、生物学中的共生理论

共生理论的研究最早源于生物学领域，而后才被其他学科借鉴和使用。最早对"共生"进行定义的是德国真菌学家德贝里（Anton De Bary），他在 1879 年对共生的概念进行了解释，认为共生即自然界中不同种属的生物体共同在一起生活的状态（living together）。当时，生物学界对于德贝里的这种宽泛定义争议颇大，认为应该更为详细和明确。因此，德贝里经过多年的研究后开始更为深入地论述共生的概念，认为共生是不同种属的生物体在漫长的进化发展过程中，彼此间为适应共同的外部条件和生存环境，开始逐渐建立一种联合及相生相养的关系或状态，相互之间均获得一定的利益。同时，德贝里拓宽了研究范围，探讨了生物间的多元共存方式，深入分析了共生与非共生、共生与寄生、腐生之间的关系等，使共生的概念得以逐步清晰，为人们后续研究提供了良好的理论基础。近现代以来，越来越多的生物学家或研究者开始对生物共生进行解释和定义，对共生的范围和理解也逐渐拓宽和多元。譬如，美国生物学家麦克杜戈尔（W. B. Mcdougall）于 1949 年提出并分析了离体共生与合体共生的概念；德国生物学家保罗·布克纳

（Paul Prototaxis）提出了内共生的概念，即两种不同生物体间规则且不受干扰的相互合作生活方式；德国生物学家柯乐瑞（Gaullery）于 1952 年严谨地界定了共生、互惠共生、寄生、同住现象等概念，为共生的理论研究提供了新的视角；英国生物学家斯科特（Scott）系统研究了共生双方的物质关联，他较为认同德贝里的观点，并进一步认为共生不是一种简单的相互依赖关系，而是不同的共生体间相互依存程度达到相对平衡的一种状态，这种共生关系不是短暂的合作，而是生物体生命周期的永恒标志；美国学者阿玛简（V. Ahmadjian）等认为可将共生理解为不同生物体间为了适应环境或生存的需要，必然按某种规则或生存方式相互依存及联结，进而形成的一种协同共生、合作共存的关系或状态，生物间的这种共生关系是一种自组织现象；英国生物学家道格拉斯（A. E. Douglas）也认为共生是生物体在长期的进化过程中为共同适应和应对外界环境，一方从共生伙伴中获得新的新陈代谢能力，各自获取一定利益并逐渐走向联合和相互依存的关系状态。总体而言，虽然有些生物学家将共生的概念加以拓展和扩大，如德国生物学家格瑞德（Gerald）于 1977 年将种间关系如捕食、互利共生、共栖、携播甚至寄生等现象均归入共生的范畴，但总体上欧洲的学术界大多都倾向于区分共生和寄生的概念，将共生的概念限于两个或多个有机体互相有利的范围。从以上研究者们对于共生的理解和定义中可以看出，生物学家或研究者们较为认同共生这种生物体间新的合作方式对共生个体而言是呈正相关关系的，有利于它们适应外界环境或增强新的生存能力。

综上所述，从生物学的视角而言，可以说共生是生物圈中普遍存在的一种生物现象。在《辞海》中共生的定义为"是生物体间普遍存在的一种种间关系，泛指两个或两个以上有机体生活在一起的相互关系，一般指一个生物在另一个生物体内或体外共同生活，形成互为有利的关系或状态"。通过上面的分析，可以将共生的基本定义理解为：不同种属的生物体在长期的进化发展过程中，为了共同适应外部环境或生存的需要，逐渐形成的一种协同相融、合作共存的关系或状态。这种关系或状态包括几个基本特征：一是共生不是一种简单的相互依赖关系，而是不同的共生体间相互依存程度达到一种相对平衡的状态；二是共生关系不是短暂的合作，而是生物体生命周期的永恒标志；三是共生对共生个体而言是呈正相关关系的，有利于它们适应外界环境或增强新的生存能力。共生的这些本质和特征，告诉了人们成功的本质在于个体（或群体）在这个生物群体中协同相融、合作共存的能力，而不是靠强势的一方压倒一切的行为或能力。

（一）共生的本质

共生理论的研究认为，物体间要形成共生关系、构建共生系统，必须有三个基本要素，即共生单元、共生模式和共生环境。这三个基本要素既相互影响又相互关联。其中，共生单元无疑是形成共生关系的基础，共生环境则是重要外部条件，而其中最关键的是共生模式，因为它不仅反映出共生单元对外部环境所做的贡献和产生的影响，也决定着共生单元间生产和交换的关系。

1. 共生单元

共生单元即组成共生关系的个体，不同共生体的共生单元特征和性质有较大的差异，它是共生系统中能量产生与交换的基本单位，也是共生关系形成与发展的基本物质条件。研究者认为，关联度和共生度是反映共生单元之间关联程度两个较为有效的指标。其中关联度是衡量共生单元相互之间整体的关联程度，而共生度则是反映不同的共生单元由于本身内在性质差异而造成相互影响的程度。生物学家通过研究后发现，在共生关系的形成过程中，任何共生单元都不是随机选择共生伙伴的，而是遵循一定的规律：它们会优先选择能力较强、匹配性好的共生单元作为共生的对象，即共生单元之间必定有一个相互联结的纽带，且这些共生单元之间的关联度也会高于某一个临界值。这个规律对实践者检验合作双方在区域合作过程中是否建立了持久、稳定的发展关系，进而形成了"共生"的关系或状态，观察和检验其"关联度"和"共生度"显得尤为重要和有效。

2. 共生模式

共生模式也可以称为共生关系，它是共生单元之间相互联结或相互作用的方式，决定着共生系统内不同共生单元间复杂的生产和交换关系，也具体反映了共生关系对共生环境和共生单元所产生的作用。张旭在其博士论文中认为对共生模式的划分大概有两种方式：第一，按共生单元行为方式进行划分，可以将共生关系分为寄生关系、偏利共生关系、非对称性互惠共生关系、对称性互惠共生关系等形式（见表 2 - 1）。从理论上而言，共生行为模式中最稳定、最高效、最佳的模式是对称互惠性共生模式，在这种共生关系下各共生单元可获取最大的共生能量，各种信息、物质和能量的产生和交换也都达到较高效的状态，可以高效率地促进各共生单元的发展和进化。然而，对称性互惠共生是一种较为理想的模式，在现实中影响较广且较常见的则是非对称性互惠共生关系。因而，在区域发展过程中，尽管对称性互惠共生是区域高校与区域社会最理想的合作模式，但由于共生环境的限制、共生单元的性质差异，在现实中非对称性互惠共生更为常见，其适用性、可行性、推广性更强。第二，按共生单元的组织程度进行划分，可以将共生关系分为点共生关系、间歇共生关系、连续共生关系、一体化共生关系等形式（见表 2 - 2）。

表 2 - 1　共生行为模式简介

项目	共生行为模式及其程度			
	寄生	偏利共生	非对称性互惠共生	对称性互惠共生
共生单元	1. 同类共生单元有较高的亲近度，而异类共生单元间只有单向关联； 2. 在形态上共生单元有较大差异	1. 同类共生单元亲近度较高； 2. 异类共生单元存在双向联系； 3. 共生单元之间形态方差较大	1. 同类共生单元亲近度存在较大不同； 2. 异类共生单元之间存在双向关联； 3. 共生单元之间有较小的形态方差	1. 同类共生单元亲近度较接近或相同； 2. 异类共生单元之间存在双向联系； 3. 共生单元形态方差趋于零
共生能量	1. 寄主向寄生者转移能量； 2. 不能产生新的能量	1. 新能量被一方收获，不存在新能量的广泛分配； 2. 有新能量产生	1. 有新能量产生； 2. 新能量会按非对称机制进行广泛分配	1. 有新能量产生； 2. 新能量会按对称机制进行广泛分配
共生作用	1. 寄主与寄生者存在双向单边交流的机制； 2. 寄生关系对寄主不一定都有害； 3. 不利于寄主的演化，但有利于寄生者的演化	1. 存在双向交流机制； 2. 只对一方有利； 3. 对获利一方进化创新有利，而对非获利方不利	1. 既有双向双边关联，也有多向多边关联； 2. 有进化作用； 3. 分析机制不对称，进化不同步	1. 既有双向双边关联，也有多向多边关联； 2. 有进化作用； 3. 共生单元进化同步

表2-2　共生组织模式简介

项目	共生组织模式及其程度			
	点共生	间歇共生	连续共生	一体化共生
基本概念	1. 共生单元之间只在某一方面发生作用，具有不稳定性及随机性； 2. 在某一特定时刻共生单元间存在一次相互作用	1. 共生单元间仅在小范围或某一方面发生作用，共生关系不稳定、随机性强； 2. 按某种时间间隔共生单元间有多次相互作用	1. 共生单元间有较大范围、多方面的关联，共生关系必然发生且较稳定； 2. 在某一时间段内共生单元之间存在连续的相互关联	1. 共生单元之间有全方位的相互关联，共生关系有内在必然性且很稳定； 2. 共生单元之间在某一时间段内形成了独立但交融的共生体
共生界面特点	1. 共生介质较单一，共生水平较低； 2. 共生界面的生成随机性大且不稳定	1. 包括多种介质，但共生介质较少； 2. 共生水平较低，共生界面的生成有必然性也有随机性； 3. 共生界面不稳定	1. 共生介质较多样，相互之间互补； 2. 共生水平较高； 3. 共生界面的生成有内在必然性及选择性且较稳定	1. 共生介质多元且存在特征介质； 2. 共生水平较高； 3. 共生界面的生成有必然性和方向性且较稳定
共生单元对环境的开放程度	1. 共生单元依赖于外部环境； 2. 共生关系与外部环境无明显边界	1. 共生单元有时依赖于共生关系，有时则依赖外部环境； 2. 共生关系与环境之间有不稳定的边界存在	1. 共生单元更多依赖于共生关系而不是外部环境； 2. 共生关系与环境之间有较稳定但并不清晰的边界存在	1. 共生单元主要依赖于共生关系； 2. 共生体整体对环境开放； 3. 共生体与环境之间有稳定且清晰的边界
阻力程度	共生界面阻力作用明显；与环境交流阻力和内部交流阻力都较接近	共生界面阻力作用较明显；与环境交流阻力大，而内部交流阻力较小	共生界面阻力作用低；与环境交流阻力大，而内部交流阻力小	共生界面阻力作用最低；与环境交流阻力大，而内部交流阻力很小

3. 共生环境

共生单元只有在某一特定的环境中才能产生某种关联，共生环境便是产生关联的共生单元以外的所有因素的总和。研究者通过研究发现，共生体与外部环境之间会相互影响和相互作用，譬如环境会通过信息、物质和能量之间的互换和交流对共生体产生影响，这种影响可能是正向的，也可能是中性或反向的，因此共生环境可分为中性环境、正向环境和反向环境。中性的共生环境对共生体无消极作用也无积极作用，正向的共生环境则对共生体起到积极的激励作用，而反向的共生环境则对共生体起到消极的抑制作用。同样的道理，共生体也会对共生环境产生正向、中性或反向的影响。共生体与外部环境之间的相互作用及表现可见表 2 - 3。研究者发现表 2 - 3 中所表现出的双向激励、双向反抗或激励中性的组合稳定性较好，即相互对称的组合稳定性较好。

表 2 - 3　外部环境与共生体的相互作用及表现

共生体对环境的影响	环境对共生体的影响		
	正向作用	中性作用	反向作用
正向作用	双向激励	共生激励	环境反抗共生激励
中性作用	环境激励	激励中性	环境反抗
反向作用	共生反抗环境激励	共生反抗	双向反抗

（二）共生的主要特征

共生的三个基本要素若要产生作用，需要有相应的媒介加以促成，这便是共生界面。共生界面是共生体形成共生关系的根基，也是共生单元间传导信息、物质和能量的媒介、载体和通道。共生界面是共生模式发展和形成的内在驱动，较为集中地反映共生单元间相互作用的基本原理。

共生系统则是指由共生单元按某种特定的共生模式所形成的共生体系。由于生物体的共生关系并不是固定不变的，而是随共生单元的内在属性及外部环境的变化而变化，也即是说，共生系统的变化主要体现在共生模式的变化上[①]。因此，根据上文提及的关于共生模式的两种划分方式，可以认为共生系统的进化主要表现为如下两个方面：一是由寄生向对称性互惠共生的方向发展，即经历了"寄生—偏利共生—非对称性互惠共生—对称性互惠共

---

① 冷志明，张合平. 基于共生理论的区域经济合作机理研究 [J]. 未来与发展，2007（6）：15 - 18，24.

生"的发展过程，越发展至后面，共生能量分配就有越高的对称性；二是由点共生向一体化共生的发展方向，即经历了"点共生—间歇共生—连续共生——一体化共生"的发展过程，越发展至后面，组织化程度就越高。研究者得出结论，在所有的共生系统中，最高效、最稳定、共生能量最大化的共生系统是对称性互惠共生。

综上所述，可以对共生关系的主要特征做一个简单概括：一是共生现象的本质不是相互干扰、抑制或排斥，而是一种有利于促进共生体的生长、发展和进化的合作；共生状态下的竞争不是某一方共生单元自身特征的消亡或共生单元间的简单替代，而是在传承、保留原有内在基本属性的基础上产生更为适应外部环境的状态和关系，这与通常意义上的竞争也有本质区别。二是共生过程是所有共生单元一起激活、共同适应、相互发展和一同超越的过程，这种发展、超越的过程或高水平的合作状态仅凭个体之力无法完成，需要相互间的协作和默契[①]。

二、共生理论在其他领域的拓展与延伸

由于系统的共生理论研究日益成熟，生物学领域也日益重视其研究和进展，重要的里程碑是 1997 年在美国成立的"国际共生协会"（International Symbiosis Society）。该协会的成立，不仅促进了各国相关研究人员更加紧密的科研合作，也加强了不同研究领域之间的成果共享和经验交流[②]。随着社会科学的迅速发展以及理论研究的日益深入，"共生"的概念和思想在二十世纪五六十年代开始从生物学领域迅速延展至其他领域，引起经济学、管理学、社会学、人类学等学科理论研究者的兴趣和关注，尤其在经济学、地理学、城市发展及空间规划学等领域应用最为广泛，理论研究者和实践者们将"共生"的理念和思想在各自的研究领域加以应用、借鉴、实践和推广，极大地拓宽了研究和实践的思路与视角。

（一）关于区域社会与区域经济共生发展的相关基本理论探讨

综观我国学者对共生理论的研究和借鉴，在经济学和社会学等领域较为

---

① 刘荣增. 共生理论及其在我国区域协调发展中的运用 [J]. 工业技术经济，2006
（3）：19 - 21.
② 杨玲丽. 共生理论在社会科学领域的应用 [J]. 社会科学论坛，2010（16）：149 - 157.

集中，尤其是在区域与经济发展、区域与城市发展、新兴产业区的形成与发展、区域可持续发展、区域核心区的经济振兴、经济学与地理学的结合等领域有较深入的研究，并逐渐形成体系。

不少学者将共生理论应用于区域经济协同发展问题研究，提出了创新见解。如陈四辉从共生理论的视角分析了"泛珠三角"区域经济合作的共生体系、共生系统的进化规律以及共生能量的产生原理等问题，提出了一些增强"泛珠三角"经济合作程度的具体措施与建议①。刘荣增将共生理论运用于我国区域协同发展问题研究，认为区域经济自改革开放以来虽有较大发展，但东部、中部及西部地区差距较大，因此应结合区域经济社会的发展现状以及地区产业格局的发展趋势，选择适当的共生组织机制和共生模式，完善东、中、西部区域的共生系统，促进三大区域经济协调发展②；他还基于共生理论对河南、山东和江苏的城乡统筹度进行了比较研究，选择城乡之间的共生协调、共生关联及共生界面作为城乡统筹的一级指标，并提出了城乡统筹度评价的相关指标体系，提出了推进河南省城乡统筹发展的若干建议③。冷志明等从一个较新的视角分析了共生理论在城市圈经济一体化研究中的适用性问题，他们在研究中将城市圈经济一体化发展的各合作主体作为有机种群，通过分析其共生环境、共生模式、共生单元等，探讨城市圈经济一体化发展的对策及运行机制④。朱俊成则运用共生理论，从多中心层级结构、多中心主体等方面探讨了区域共生的模式、结构与机理，提出了多中心区域嵌套共生的结构模式⑤，并运用共生思想，探讨了武汉城市圈发展的共生模式、共生机制、共生战略以及区域共生的空间结构等问题⑥。陈晓春等基于共生理论对区域行政的发展问题进行了研究，认为区域行政系统具有开放性、多元性、独立性、互惠性、共同发展等特点，其本质上是一个共生体系，并认

① 陈四辉."泛珠三角"区域经济合作研究：基于共生理论的视角［J］.云南民族大学学报（哲学社会科学版），2012，29（2）：115－123.

② 刘荣增.共生理论及其在我国区域协调发展中的运用［J］.工业技术经济，2006（3）：19－21.

③ 刘荣增，齐建文.豫鲁苏城乡统筹度比较研究：基于共生理论的视角［J］.城市问题，2009（8）：53－58.

④ 冷志明，易夫.基于共生理论的城市圈经济一体化机理［J］.经济地理，2008（3）：433－436.

⑤ 朱俊成.基于共生理论的区域多中心协同发展研究［J］.经济地理，2010，30（8）：1272－1277.

⑥ 朱俊成.基于共生理论的区域合作研究：以武汉城市圈为例［J］.华中科技大学学报（社会科学版），2010，24（3）：92－97.

为共生理论对促进区域经济一体化发展、实现区域经济社会的协同发展等有重要借鉴和指导意义①。李强等基于共生理论从一个较新的视角研究了城市群的合作问题，分析了长三角城市群及江淮城市群合作的共生环境、共生模式及共生单元②。程大涛在其博士论文中，以共生理论为基础，从微观的视域较为系统地分析了企业集群问题，认为企业的集群共生不仅有助于减少内部管理控制成本，也可以减少集群企业的市场交易成本，进而提升集群企业的整体竞争力③。吴飞驰也对经济学领域借鉴共生理论有过较为深入的研究，他指出经济学家亚当·斯密所謂的市场经济中"看不见的手"的本质就是共生律，而共生律是人类社会发展和进化过程中所必须遵守的基本生存规律④。袁纯清将共生理论与我国经济体制改革过程中碰到的现实问题进行了较为紧密的结合，为我国小型经济的发展与改革提供了新视角、新思路和新方法。他较早将生物学领域的"共生理论"运用于经济学领域的研究，并构建起较为系统的理论分析框架。他将共生理论与经济领域的具体实践进行结合，分析了共生的具体影响因素，并将研究结果应用于指导小型经济发展的具体实践中，认为共生发生的基本条件包括必要条件、充分条件、均衡条件、一般条件和稳定条件等，并通过数理分析的方式，概括了共生的本质，分析了共生关系的基本状态，认为共生的本质是共生单元、共生环境和共生模式三个基本要素。此外，他在后续的研究中应用共生理论探讨了国内的小型经济发展模式，也比较和分析了德国、日本、美国、韩国等国家的小型经济发展模式和路径。除此之外，袁纯清也将共生理论延伸至金融经济领域的研究，探讨了中国城市商业银行的发展模式和改革状况⑤。

（二）关于区域合作问题的探讨与实践

近几十年来，国内外许多学者对区域、区域发展及区域合作有过深入系统的研究，由于研究视角的不同，学者们对区域、区域合作的理解呈多元化趋势。如胡佛认为区域是"以管理、叙述、分析、规划或政策制定等为基本目的，根据内部矛盾的同质性或功能的同一性加以划分，作为某种有效实体

① 陈晓春，谭娟，胡扬名. 基于共生理论的区域行政发展研究［J］. 财经理论与实践，2007（6）：115-118.
② 李强，魏巍. 江淮城市群和长三角城市群合作研究：基于共生理论的视角［J］. 襄樊学院学报，2010，31（11）：74-77.
③ 程大涛. 基于共生理论的企业集群组织研究［D］. 杭州：浙江大学，2003：8-43.
④ 吴飞驰. 关于共生理念的思考［J］. 哲学动态，2000（6）：21-24.
⑤ 袁纯清. 共生理论：兼论小型经济［M］. 北京：经济科学出版社，1998：5-18.

而加以考虑的地区"①；马丁等人则对区域经济的合作与发展有较为深入系统的研究，他们认为区域经济体的形成和发展不仅依赖于本身的基础，也依赖于其他区域的增长轨迹，即区域经济系统是一个开放的体系，其中的各种物质和信息相互关联且相互影响②；不少学者将区域理解成是一个多维度、多向度及多元化的复合体，它是由物、人、事及线、点、面等通过场、链、流综合而成的有效的时空集合实体。这种复合体或有效的时空集合实体的结构、要素及主体呈现出动态性、多元性及差异性，它们是显现国家软实力及核心竞争力的重要载体③。综合而言，从学术研究层面上看，近20多年来我国不少学者围绕区域合作等问题进行了诸多探索，在区域协同发展、区域均衡发展等方面形成了许多诸如产业区位与政策评价、区域趋同、要素投入、内生性增长等创新性的概念或理念，为解决区域差异及区域协作等实践问题提供了宝贵的经验④；从国家和政府层面上看，我国也日益重视区域的协同发展问题，并将其纳入重要议题，从政策引领到划定众多试验区域，再到经费支持及具体的实践等方面，均有明确而具体的行动。因而，在当前改革开放的试验逐渐进入深水区、社会的发展逐渐进入转型提升期的阶段，"开放、特色、包容、协同及质量"就成了关键词，而区域间的一体化、板块化、集群化、多中心发展就成了主流。共生理论以其"一体化共生"及"多中心协同发展"的独特视角，在区域发展和区域协作过程中起到重要的指导作用。

（三）关于区域协同共生条件、发展模式、机制构建的相关研究

1. 关于区域协同共生条件的相关研究

所谓区域共生，是指区域内各合作主体、各要素及各单元间相互联结、相互促进和相互影响，通过优势互补达到共赢的效果，最终推动区域经济社会的发展。区域内各单元、各组成部分只有具备了一定的条件才能实现协同共生，也即是说，各共生单元之间信息、物质和能量的交流渠道应通顺，共生单元对环境的开放程度应较高，共生界面应较为稳定，共生度应逐渐提

① HOOVER E，GIARRATANI F. An introduction to regional economics［M］. 2nd ed. New York：Alfred A Knopf Inc.，1975：26－29.

② MARTIN R，SUNLEY P. Slow convergence? The new endogenous growth theory and regional development［J］. Economic geography，2008，74（3）：201－227.

③ 朱俊成. 基于共生理论的区域多中心协同发展研究［J］. 经济地理，2010，30（8）：1 272－1 277.

④ 杨开忠. 中国区域经济差异变动研究［J］. 经济研究，1994（12）：28－33，12.

高。具体而言，区域协同共生应至少要包括如下几个条件：一是区域内政府机构、各种社会组织等不同合作主体的内在属性应具有一定程度的相融性；二是区域内存在促成和助推各共生单元进行合作的诸如政府机构、社会市场、中介组织等共生媒介，进而形成共生界面，并通过共生界面建立某种时空的联结，最终构建一种稳定、高效的合作关系或状态；三是区域内共生单元间的信息、物质和能量的交流和互换是由各共生单元的亲疏度、关联度、同质度等内在属性来决定的①；四是这些合作的区域应具备良好的共生环境和共生系统，为区域协同共生创造良好的基础条件。

2. 关于区域协同共生发展模式的相关研究

对于区域协同共生的发展模式，不少学者从不同的角度提出了各自的见解。如马永俊等在探讨浙江金华市的区域发展模式时提出了共生共荣模式②。冷志明等对行政区域边缘经济的发展模式进行探讨，认为一体化共生模式是发展行政区边缘经济的较好模式③。袁纯清在探讨小型经济的改革与发展路径时，探讨了小型经济发展的非对称性互惠共生与对称性互惠共生模式④。朱俊成对区域多中心协同发展有过深入探讨，认为区域是由诸多不同层次等级的区域通过要素流、链等相互联结而成的共生系统，是一个多重嵌套结构的复杂体系。这些不同层次等级的区域体系完整且各自独立，在纵向上显现为区域间的多重嵌套关系，而在横向上则显现为同层次间的联动和制约关系。朱俊成据此提出了区域协同共生的"一枝独秀""双心联动""众心捧月""多中心群心璀璨"等模式⑤。本书认为多中心协同共生的发展模式是区域发展的较佳模式之一。所谓区域多中心共生，是指以一个或多个中心城市为发展中心，通过集聚效应、产业集群、联动效应、辐射效应等方式将不同层次等级、功能、性质的多区域进行联结，从而构成一个复杂的、跨地域的、开放的时空集合实体。多中心协同共生有几个基本特征：一是区域内多

① 李刚，周加来. 共生理论视角下的区域合作研究：以成渝综合试验区为例 [J]. 兰州商学院学报，2008（3）：39 – 45.

② 马永俊，胡希军. 城镇群的共生发展研究：以浙中金华城镇群为例 [J]. 经济地理，2006（2）：237 – 240.

③ 冷志明，张合平. 基于共生理论的区域经济合作机理研究 [J]. 未来与发展，2007（6）：15 – 18，24.

④ 袁纯清. 共生理论及其对小型经济的应用研究：上 [J]. 改革，1998（2）：100 – 104.

⑤ 朱俊成. 基于共生理论的区域多中心协同发展研究 [J]. 经济地理，2010，30（8）：1 272 – 1 277.

中心抑或称为共生单元，呈现出主中心与副中心层级式、分类式的共生结构体系，其中主中心区域扮演着引领、创新、引擎等角色和功能，而副中心、外围区域、边缘城市则扮演着服务中心、助推器和战略腹地等角色和功能，不同的区域中心之间通过共生媒介、共生界面、共生系统、共生环境等形成共生体，它们之间定位不同、各有特色、结构分层、任务明确、分类发展，最终实现共同发展；二是区域多中心协同共生的发展方向是多主体、多类别、多层次及多元化，发展原则是优势互补、共生共赢、共担共享和独立自主，发展路径是集聚效应、产业集群、辐射扩散和相互联动等，推动多中心彼此间在政治、文化、经济、体制、机制等层面联动，进而实现优势互补、求同存异和协同共生；三是存在促成和助推不同层次中心进行合作的诸如政府机构、市场、中间组织等共生媒介统筹协调，进而形成共生界面，使不同中心之间能够通过共生界面建立某种时空的联结，最终构建一种稳定、高效的合作关系或状态，实现多中心的协同共生和一体化发展；四是区域多中心合作竞争的基础是区域内不同合作主体间存在的不均衡性、差异性、非对称性以及区域共生体系的复杂性，通过共生界面和共生机制的构建，激活不同中心的潜能，使不同区域中心通过优势互补、分类发展，最终实现协同共生及一体化共赢。

3. 关于区域协同共生机制构建的相关研究

所谓共生机制，也即是共生单元间相互作用、相互影响的动态联结方式。区域内各合作主体如果要协同发展，构建合理的共生机制尤为关键。对于区域发展过程中的共生机制构建，不少学者有过探讨。概括起来，以下几方面的探讨较多：一是市场主导机制，即在市场为主导的根基上形成的合作机制。依据市场经济理论，当发达区域的人力成本、自然资源等价格日益上涨而相应的收益却不断下降的时候，人力、资源、资金等就会逐渐从价格较高的区域逐渐流向价格相对较低的落后区域，使这些区域的经济社会得以发展，即通过市场机制能使收益和价格渐趋均衡。事实上，由于历史累积、区位优势、政治立场、经济条件等各方面的原因，区域间的发展是不可能完全均衡的，因而不少学者认为区域各共生单元的合作应建立在市场主导的基础上。二是区域间的合作联动机制。在区域社会的形成和发展过程中，由于综合的因素，区域内不同地区的人才储备、资源存量、发展速度和发展条件等方面会存在差异，互有优劣。区域间的合作联动机制便是在区域间形成全方位、多渠道、高水平和制度化的合作方式，构建共生共赢、优势互补、协同发展的联动机制，促进区域的一体化发展。三是互助共生与相互调节机制。共生单元之间的互助、协同和合作是共生的基本特征之一。在区域发展过程中，区域政府应在宏观统筹和政策引领方面发挥重要作用，从前期调查、方案制定、政策实施、效果评估、后期调整等方面入手，通过完善管理体制、构建协同平台、提供优质服务、加大公共基础建设投入、营造良好区域环境和氛围等途径，促进区域间的合作①。

三、共生理论在区域高等教育结构调整研究中的适用性分析

在现有的研究中，也有个别学者将共生理论应用于高校合作方面，如刘建生基于共生理论，探讨了产学研的合作模式问题，认为任何合作均可归纳为间歇共生、点共生、连续共生以及一体化共生等几种形式，这几种高校的产学研合作机制不存在绝对的优劣之分，但它们演化的总体方向则是从简单发展至复杂的，具有一定的创新②；周金其在其博士论文中以共生理论为基础，结合实证的方式，探讨了母体高校与独立学院之间的共生关系问题，并提出了"逆生退化"以及"蜕变再生"两种基本的独立学院演变的模式③。本书则尝试以共生理论为基础，从调整的目标、内容、动力、管理体制、运行机制等方面探讨区域高等教育结构的调整问题。

（一）区域高等教育结构调整过程中的共生基本要素

一是共生单元。根据共生理论，共生单元即组成共生关系的个体。对于区域高等教育的发展而言，共生单元包括与区域高等教育发展密切相关的各组成部分。组成区域高等教育共生系统的各共生单元之间通过特定的相互联结纽带，遵循一定的规律，形成共生体。共生体之间的相互联结形成了区域内高等教育的层次结构、不同层次的学校布局结构、不同层次学校的学科专业结构等。

二是共生模式。共生理论认为，共生模式也是共生关系，是共生单元之间相互联结或相互作用的方式。按共生单元行为方式进行划分，可以将共生关系分为寄生关系、偏利共生关系、非对称性互惠共生关系、对称性互惠共生等形式关系，其中对称性互惠共生模式是理论上的最稳定、最高效、最佳

① 刘荣增. 共生理论及其在我国区域协调发展中的运用 [J]. 工业技术经济，2006（3）：19－21.

② 刘建生. 产学研合作模式再探讨：基于共生理论的视角 [J]. 北京交通大学学报（社会科学版），2012，11（1）：102－106.

③ 周金其. 基于共生理论的高校独立学院演变研究 [D]. 杭州：浙江大学，2007：23－56.

模式，但现实生活中非对称性互惠共生是最常见的模式；按共生单元的组织程度进行划分，可以将共生关系分为点共生关系、间歇共生关系、连续共生关系、一体化共生关系等。共生模式既反映了共生单元间相互作用的强度和方式，也反映出它们之间的信息、物质及能量相互关系。从共生理论的视角探讨区域高等教育结构的调整，应积极构建"区域政府统筹—区域高校为本—区域社会参与—教育中间组织缓冲"四位一体的运行机制。其中区域政府的主要任务是统筹协调、完善法制、经费支持、理念渗透、技术保障等，区域高等学校的主要任务是落实政策、明确定位、突出特色以及分工合作等，区域社会则主要在文化支撑、融入参与、示范效应等方面发挥作用，教育中间组织的主要任务是研究与咨询、沟通与协调、监督与评估、服务与助推发展等。

三是共生环境。一方面，区域内高校的协同发展问题是一个系统工程，涉及诸多方面的内容，具有复杂性、地域性、系统性和联动性等特征，在区域高等教育结构调整过程中，需要创建区域高校协同发展的共生环境和共生系统。共生理论是种群生态学领域的重要核心理论之一，主要研究复杂种群间物质交换、信息交流、能量传输以及共生合作的环境和模式，对区域高校的协作发展问题具有较好的适用性和借鉴性。另一方面，对于生物种群间共生而言，其较高的层次便是互惠性一体化共生；而相对于区域高等教育合作而言，其核心内容及发展方向之一便是区域高校的互惠性一体化发展。因而，区域高校协同发展的目标、内容、路径等方面，与共生理论有较强的适用性和一致性。

（二）区域高等教育多中心协同共生的理念及意义

综合而言，从区域未来的发展方向看，在经济全球化及一体化的背景下，以城市为标杆的多中心经济体间的相互联动性日益增强，区域发展的重要模式之一便是多中心经济体集群式的发展路径。也就是说，由于区域的多中心发展模式有助于大区域概念的形成和方案的整体推进，使不同中心间通过特定的联结方式构建合作关系，一方面可以促进多中心的联动及协同发展，另一方面也可以实现多区域间的差别化崛起、共同崛起以及包容性发展等多重目标，因而多中心协同发展路径和模式是未来区域发展的主趋势，也是区域经济社会发展的必然方向。高校作为推动区域经济发展的重要力量和载体，也必然呈现多中心的发展趋势。从时空结构上看，区域高校已经呈现出由若干不同层次等级、不同区位分布的多中心结构，不同等级的高校具有相对的完整性及独立性，它们之间相互影响、竞争和制约，形成了一种既合作又竞争的复杂关系。通常情况下，区域的空间结构是从单中心发展至双中心，进而再发展至多中心的，其总体演进方式是由简单到复杂，逐渐形成多层次、多类别、多域面、多中心的复杂系统，最终具体表现为政治多中心、文化多中心、教育多中心、经济多中心等多重嵌套的格局，高等教育作为其中重要的组成部分，也遵循这样的发展规律。从多中心共生的视角看，区域内不同层次的高校（共生单元）通过政府部门、社会组织、中间机构等共生媒介形成的共生界面，最终会形成多中心协同共生关系，进而促进区域高等教育向共生共赢、互惠一体化的方向发展。区域高等教育形成多中心协同共生的目的，是为了通过政府宏观层面的理论引领、政策导向和经费支持等多方面结合，避免不同地区间高等教育的单极化、分散式发展，避免不同地区、不同层次高等教育的独立发展、盲目发展、路径趋同发展，最终形成结构分层、分类发展、布局合理的结构体系。此外，在区域范围内，城市经济的模块化发展与多中心化发展已经成为区域经济社会发展重要的方向和模式，如何实现多中心联动、共生共赢成为未来各省综合实力及核心竞争力提升的重要内容，也是推动区域经济社会持续发展的重要思路。

概括起来，区域多中心协同共生发展的意义主要有如下几个方面：一是它可以完善信息沟通平台、交流反馈渠道、激励约束机制和调控监督机制等，可以促使区域间各合作主体快速、高效获取信息，保持沟通畅通和快速联动，这对区域的多主体问题，区域经济社会发展的模式、路径、结构等问题有积极作用；二是区域多中心协同发展理念主要以各共生主体的协同发展为基础，在保证各共生单元的特色、个性的同时，通过共生系统来实现集聚效应，进而显现和提升整体优势与实力，并在优化整合的过程中实现多中心的良性发展；三是推动区域间各资源、各要素的合理流动，有利于提高绩效及资源使用效率，有利于区域间形成定位合理、分工明确、分类发展、配套完善的合作关系，使不同共生单元根据自身的条件走特色发展、错位发展、互补发展的路径，减少相互间发展路径的趋同性，降低发展成本；四是区域多中心协同共生的发展思路顺应了当前社会转型升级、推动区域间快速联动、缩小地区间差异的主潮流与主趋势，对于解决区域经济社会发展过程中出现的行政过度干预、环境污染、资源浪费、恶性竞争及区域隔阂等问题有较为重要的实践指导意义。

⇒ 第四节 "协同共生型"高等教育结构调整机制理论模型

一、"协同共生型"高等教育结构调整机制提出的基础

通过上文的探讨可知，高等教育结构具有整体性、动态性和开放性。整体性，即区域高等教育结构调整机制的构建只有在高等教育整体发展的视角下才有其价值。动态性，即高等教育结构是发展的，会对国家宏观战略作出响应，也会对区域经济社会的转型和产业的升级作出调整，当外部环境发生变化时，系统的功能和稳定性会受到影响。因而高等教育结构调整机制的构建，要在不断的运动中把握系统的性质，关注其变化和生成。开放性，即其功能和价值主要是在与外部环境持续的关联和作用中进行能量、物质和信息的交换过程中逐步实现的。随着经济社会的发展，人们受教育的意愿日益强烈，当现有高等教育资源无法满足人们需求的时候，国家政府和各级地方政府便会从战略的角度，重新调整高等教育结构。可以认为，高等教育系统是开放的，高等教育的发展与经济社会的发展始终是相互联动、相互交融的，高等教育结构调整机制的构建，也与区域经济结构调整机制紧密相关。

此外，高等教育是区域社会发展过程中重要的组成部分，高校的学科专业结构与区域经济社会及其产业结构紧密相连。第一，高校各学科专业培养的人才支撑着区域产业的形成和发展；第二，高校各学科所转化的科研成果是区域产业核心竞争力的重要支撑；第三，高校学科专业文化建设影响着区域产业文化的形成和发展。相应地，区域经济和产业结构的发展趋势也深刻影响着高等教育的学科专业结构，不仅影响高等教育的学科布局、层次及类型，也影响高校内各学科所制定的培养目标、定位、内容和方式。因此产业结构的调整转型升级，必然带动学科专业结构的调整，区域内高校需要适时调整学科的布局和层次，以助推区域经济产业发展战略的实施及产业结构的转型升级；需要适时调整学科的总体目标、内容及人才培养模式，以适应各行业对人才供求结构、质量、规模、标准等的变化趋势；需要前瞻性地构建学科动态调整机制，以适应区域经济社会发展变化的总体趋势。

无可否认，高等教育的发展与区域经济发展之间有着紧密的关联，它们之间已经形成了"共生"关系。这种区域高校与区域经济体形成共生关系的

典型案例便是我们所熟知的美国斯坦福大学与其周围的区域社会形成的"硅谷"，以麻省理工学院和哈佛大学为基础和依托形成的芝加哥—波士顿128路线高新技术产业区，以我国北京海淀区的高校群为依托形成的中关村信息产业集群等。可以看出，在当前经济全球化及知识经济的时代，高等教育发展与区域经济发展之间的依赖程度日益加强，这种相互促进的"共生体系"已经逐步形成并不断巩固。从时空结构上看，区域高校已经呈现出若干不同层次等级、不同区位分布的多中心结构，不同等级的高校具有相对的完整性及独立性，它们之间相互影响、竞争和制约，形成了一种既合作又竞争的复杂关系；从多中心共生的视角看，区域内不同层次的高校通过政府部门、社会组织、中间机构等共生媒介所形成的共生界面，最终会形成多中心协同共生关系，进而促进区域高等教育向共生共赢、互惠一体化的方向发展。

在梳理过程中我们发现，在高等教育结构调整过程中，以政府行政命令为主导的计划调控机制逐渐显现出发展动力不足、运行成本过高、组织效率较低等问题；而以单纯的市场为导向的市场自发调节机制也存在缺陷，即随着经济社会的快速发展，市场的自由竞争受到冲击，逐渐转变为有限自由竞争的市场资源配置方式。同时，在一些关乎国计民生的基础设施建设、公共产品等领域，由于建设的耗资大、回报慢，仅靠市场的自发调节已无法满足社会发展的要求，供需矛盾日益加大，经济危机频繁爆发，这让人们意识到市场机制本身并不是万能的，是存在缺陷的。单纯的市场自动调节并不能解决所有的经济问题，必须寻求一种使计划调控和市场调节逐渐走向融合的平衡机制，协调它们之间的比例关系，并减少指令性的主观因素，在必须引入指令性因素的地方寻求一种对市场运行产生最小干预和妨碍的方式，实现指令性因素的最小化。基于此背景，本书提出了构建"协同共生型"高等教育结构调整机制。

二、"协同共生型"高等教育结构调整机制的内涵及要素

"协同共生型"区域高等教育结构调整机制的构建，涉及互动中的政府、高校、社会团体和教育中间组织等主体。其中，政府是政策、资源投入的主要主体，高校是过程运行的主要主体，教育中间组织是协调、监督、服务的主要主体，政府、高校、社会团体与教育中间组织共同构成了结构调整的效果及产出主体。共生理念下区域高等教育结构调整是一个政府统筹、高校为本、社会参与、教育中间组织协调缓冲四位一体的运行过程，即区域高等教育结构调整的宏观目标有赖于区域政府、高校、教育中间组织及区域社会所

构建的新型的"协同共生型"关系及其制度规则来推行和实现，如图 2 - 1 所示。

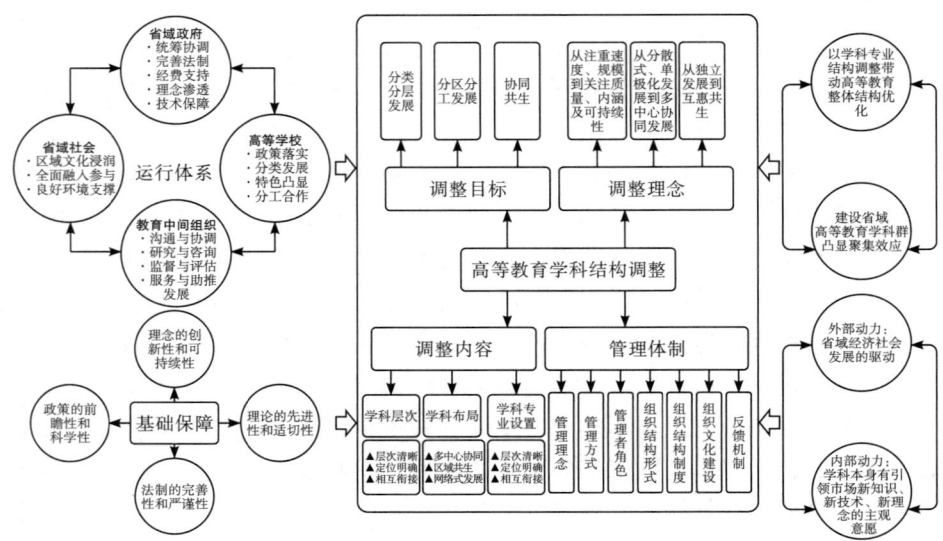

图 2 - 1　"协同共生型"区域高等教育结构调整机制模型初构

在该理论模型下，调整的主要目标是构建分类分层发展、分区分工发展、协同共生的区域高等教育结构生态体系；调整的核心理念是从关注规模发展过渡到重视高校间的可持续发展及互惠共生；调整的主要动力是高校外部经济社会发展的驱动及高校内部本身有改革的主观意愿；调整的可行路径是结合区域经济发展战略及产业结构现状，以学科专业结构调整为基础和切入点，重点优化学科层次和学科布局结构，带动高等教育整体结构的优化；调整的保障基础是理论的先进性和适切性、政策的前瞻性和科学性、法制的完善性和严谨性、理念的创新性和可持续性。从本质上而言，"协同共生型"高等教育结构调整机制是"计划与市场融合调节机制"框架下的一种理念改革与创新，在调整目标、管理体制、调整路径、运行体系、总体意义等方面更为系统、清晰、前瞻和科学。

第三章

以政府为主导的计划调控机制及其在高等教育结构调整中的运行特点

➡ 第一节 计划调控机制的产生背景

以政府为主导的计划调控机制的产生背景主要是基于历史规律的延续及优先发展重工业和国防工业的现实选择。计划调控机制是计划经济体制下的重要组成部分，即通过各种计划的制定和实施，调整机体运行、目标达成的各部分的运行方式及组成规则。其功能主要体现在如下三个方面：一是调节总量平衡。总量平衡是从社会供给和需求的角度而言的，即一方面调控总供给，防止过快增长，另一方面调控总需求，防止需求疲软，使两者达到相对平衡。二是调节宏观结构。通常而言，结构决定着比例关系。结构如果合理，比例就相对协调；如果不合理，比例就会失调。三是调节各方利益关系。复杂的利益关系影响着结构的合理，进而影响总量的平衡。计划调控机制的功能之一，就是协调各方利益及其关系，使结构趋于合理。计划调控机制产生作用的形式，主要包括指令性计划、指导性计划和政策性计划。指令性计划，主要是指国家和行政主管部门按照行政隶属关系而直接下发的具有行政约束和法律效应的计划。指令性计划从性质上而言属于刚性调控，具有直接性和强制性的特征。指令性计划的性质决定了政府必须把控好计划调节的度和范围，否则会导致干预过多，使计划与实际产生脱节。指导性计划，主要是指相应的机构利用其所制定的政策，对不同利益关系进行协调，以促进目标的达成。指导性计划从性质上而言不具有强制性，但具有协调性、引导性和灵活性的特点，并具有一定的约束力，属于弹性调控。指导性计划的制定和实施，有一些必要条件：一是计划应当具有前瞻性和科学性，指导性计划的制定要在充分调查研究及科学预测的基础上完成，否则就失去其指导意义；二是应有相应的监控、评价、反馈机制对实施过程和结果进行调整，以保障目标的达成。政策性计划，主要是指为实现某些具体的、特定的目标而制定的一系列宏观战略、政策和原则。譬如国家为了优先发展某类高校或某些专业，在特定时期制定了相关倾斜性的优惠政策计划，以达到结构优化的目标。政策性计划的制定，同样需要兼顾科学性和前瞻性，并保证其在某一时期内的连续性和稳定性。

按照经济发展理论，各落后国家开启现代化的进程中，一些起步、累积和起飞等关键步骤是较为相似的。就中国而言，我国经历了新中国成立初期的起步阶段后，其后的近30年可以概括为累积阶段，在这个阶段，以指令性计划为主且高度集权的计划调控机制成为主导，以保障工业优先发展战略的实施。应该说，在当时中国采取政府主导的计划调控体制，是多重制约条件下经济发展方式的现实选择。一方面，为了快速恢复国民经济及社会生产，需要构建起统一集中的经济体制；另一方面，优先发展工业战略的实施及工业化体系的构建，需要集中的计划体制以明确重点投资领域和项目。因而，计划调控是在当时特殊的历史条件和社会多种制约下逐渐形成的①。但不可否认，随着时间的推移和国内外环境的改变，这种计划调控机制逐渐表现出行政化色彩过浓、持续性和稳定性不强、科学性和前瞻性不够、理论的先进性和适切性欠缺等问题，甚至与市场的运行处于冲突和对立之中，导致市场功能由于受到无规则传统计划的干预而无法正常发挥和运行，市场的自由度、竞争性被一些主观的、人为的附加条件所改变。

从历史发展视角看，总体而言，我国政府主导下的计划调控机制根植于中国传统历史文化。我国20世纪50年代至70年代的体制与革命根据地时期的体制有着较为明显的相似性和继承性，一方面体现为强调自给自足与自力更生以及中央政府高度集中的计划调控，另一方面则表现为强调精神激励和政治运动，这些特征也成为计划调控机制的主要特点之一②。实际上，在新中国成立初期，我国便开始构建计划体制，《共同纲领》中便规定了"中央政府应制定和发展各主要部门的总体计划"，"建立中央及地方分工，统一

---

① 陈甬军. 中国为什么在50年代选择了计划经济体制［J］. 中国经济史研究，2004（3）：48－53.

② 程又中. 苏联模式的兴衰［M］. 武汉：湖北人民出版社，2000：129.

调配中央各部门和地方各部门的联系体系"。中央财政经济委员会 1951 年下发了《关于编制 1952 年国民经济计划程序的通知》，1952 年发布了《关于加强计划工作大纲》及《国民经济计划编制暂行办法》。此外，1953 年中共中央下发了《中共中央关于建立计划机构的通知》，并试行《关于编制国民经济年度计划暂行办法（草案）》，1956 年国务院批准《地方各级人民委员会计划委员会暂行组织通则》，1957 年国务院下发了《关于各部负责综合平衡和编制各该管生产、事业、基建和劳动计划的规定》，至此，我国逐步形成和构建了政府主导的计划调控机制。

从经济学视角看我国计划调控机制的形成及发展，不少学者有独特的见解。陈少晖指出，新中国成立之初我国确定了国防工业、重工业优先发展的强国战略，必然决定了要在政权制度上有特定的安排，形成了以政府为主导的行政命令型机制及资源配置高度集中的机制①。刘国光指出，新中国成立后选择计划经济体制的原因一是革命根据地实践经验的延续，二是受苏联经济体制的影响，三是当时领导集团的信念中，几乎认为计划机制便是社会主义的本质特征②。林毅夫等人的观点产生了较大的影响，他们从制度经济学的视角认为新中国不是因为采用了社会主义制度就必然要实行计划经济体制，即计划经济体制并不是社会主义制度的特征本质。新中国成立初期是因为推行了优先发展重工业的强国战略才不得已舍弃市场经济而改为推行计划调控机制。他们认为，重工业优先战略的选定决定了新中国必然形成价格逐渐扭曲的宏观政策环境，同时也必然形成缺乏自主权的微观经营制度和以指令性计划为基本手段的资源配置方式③。从这个角度而言，可以认为计划调控机制的选择受制于国家的整体战略④。曹远征指出，我国计划调控机制的构建，由当时社会所存在的经济发展性短缺的矛盾所决定。新中国成立后我国属于发展中农业大国，急迫地需要实现工业化，但由于体制的欠成熟性和结构的二元性，资源供给严重不足，经济发展的短缺现象普遍，因而无法按照西方一些工业化国家的发展模式构建体系，另辟蹊径成为必然，而高度集

① 陈少晖. 赶超型工业化战略与传统计划经济体制的形成 [J]. 福建师范大学学报（哲学社会科学版），2000（1）：35 – 40.
② 刘国光. 改革开放前的中国的经济发展和经济体制 [J]. 中共党史研究，2002（4）：16 – 19.
③ 林毅夫，蔡昉，李周. 论中国经济改革的渐进式道路 [J]. 经济研究，1993（9）：3 – 11.
④ 贾国维. 中国计划经济体制的形成与变迁研究 [D]. 成都：西南财经大学，2010：17 – 59.

中的计划调控机制正好适合当时中国发展性短缺所约束下的工业化道路，一是可以实现对经济的统制，二是可以有选择地发展重点项目和领域，三是可以限制消费进而扩大累积比重[①]。

对上述观点进行总结概括可知，一方面，在传统的计划调控机制形成过程中，中国国内构建计划调控机制相对较低的成本以及国际严酷的外部竞争环境是当时中国政府考虑经济制度方式的重要影响因素。另一方面，在当时国家市场经济极度欠发达以及强大的外部竞争和暴力环境下，国家将强国优先作为价值目标，而国家主导型的、集权式的计划调控机制是实行强国优先发展战略最迅捷有效的制度。高度集权的计划调控机制是国家权力机构强制性推行制度变迁的结果，主要目的是集中社会生产剩余，强制分配到优先发展的国防工业和重工业领域中去，迅速实现强国目标。

⇨ 第二节　计划调控机制的主要特征

以政府为主导的计划调控机制有鲜明的时代特征，主要体现为政府的主导性、计划的指令性及管理的垂直性。

一、强调政府的主导性

传统的计划调控机制本质上是国家主导型且以行政干预为主的模式，追溯起来，其理论基础主要源于德国经济学家马克思及恩格斯的计划经济思想，此外，德国经济学家李斯特等人所提倡的国家层面的干预主义也影响着计划体制。传统计划调控机制的构建者是政府，即计划调控机制的逻辑起点是政府。计划调控机制是以国家主导和生产资料公有制为基础的一种制度，其首要前提和特征是有一个强有力的中央政府来统筹国家资源的整体配置，同时通过国家权力机构和行政管理单位行使强制性、权威性、指令性的计划，逐步减少私人对生产资料的占有分量，进而增加政府的占有额度。新中国成立以后，在政府的主导下我国逐渐形成和构建了计划调控机制，在这个过程中，政府既是体制的构建者，又是实践者和计划主体。从逻辑主线看，

①　曹远征. 中国经济现代化进程中的体制变革分析［J］. 管理世界，1989（3）：68－76，223.

中国传统计划调控机制是排斥市场机制的，因为政府要确立其计划主体的地位，必然要排斥所谓的非政府机制。但从西方国家的经验及改革开放后我国计划与市场相互结合的实践看，计划机制和市场机制其实并不是相互对立的，而是可以相互融合的。此外，政府对于高等教育的管理也是根据计划展开的，但由于计划更为注重国家的调控性和统一性，往往无法兼顾区域间的差异性和多样性，因而管理方式较为僵化、机械，束缚高等教育的发展。

二、以指令性计划为主

政府主导下的计划调控机制是在具体实践过程中不断探索并逐渐成型的，其中所提及的"计划"，更多的是指指令性计划，体现为行政命令为主、政府直接干预为主，行政化、指令性是其基本特征。随着 1956 年三大改造的基本完成，公有制成为主体，与之相应的指令性计划模式也逐渐成为经济社会发展的主要调控方式，并被视作社会主义经济体制的本质特征。虽然在一定范围内仍然存在市场活动或介于计划和市场之间的行为，但这些活动被视作自发力量，并在主流意识中被认为是与计划性和自觉性相互对立的。在当时，从中央至省、市、县等行政单位均设置了庞大的计划制定机构和管理部门，以实行指令性计划。因而，从中央至地方就形成了一个完整的由各级政府部门组成和管理的传统计划调控机制。在具体操作中，先由中央制定计划，然后将计划下达至各部委和省、市地方政府，再由这些机构将计划指标下派分配给下属机构，在这个过程中，行政命令及指令性计划日益成为调控的主要手段。该时期高等教育的发展也主要依靠政府的指令性计划，其主要载体和形式便是指标、指令、批示、指示等，强调实施和服从，缺乏较好的反馈机制，导致高校发展路径较为单一、趋同，不同高校的特色无法凸显，人才培养的差异性得不到很好的体现。

三、高度集权的垂直管理体系

在计划调控机制下，社会单位组织按行业分布、职能及级别高低的差异，被行政力量划分成不同的、自上而下的管理领域，并呈现伞状结构。这种伞状结构把基于行政力量而逐渐形成的等级机构与基于社会分工差异所组成的行业结构进行了有机关联与结合。从横向看，各单位的属性及构成具有同一性，但从纵向看，这些单位则分散于平行林立的伞状结构中，因而在计划调控机制下，单位处于最中心的位置，成为国家与民众间紧密联结的纽带。我国的计划调控机制便是依靠此伞状结构中的等级体系来实现资源的配置和计划的贯彻推行。此外，我国的计划调控机制是以国民经济的整体体系为根基的，这种整体的国民经济组织有两个主要特征：一是按行政关系所组成，二是按行政区划和行政管理部门所组成。与之对应的计划管理机构也按此两个体系构建，即国家的行政计划按照这两个系统并按行政隶属关系给各基层单位配置资源和下达相应指标。计划的力量最终实际呈现在计划职能机构及单位内部之中，整个国民经济体系便是通过计划的力量进行自上而下的贯连，将基层单位串联在国家的主流体系当中。传统的计划调控机制的本质就是通过人为的供给与安排解决日常问题。在计划调控体系中的各单位需要承担由于计划而产生和下达的各项任务，并且其各项功能必须服从服务于国家的宏观计划。因而，各单位内部的机构设置、职能职责也服务和服从于国家整体计划体系的需要。高校组织在传统的计划调控机制下，也属于其中一个组成单位，概括起来，它们有与各基层单位共同的特征：一是高校不仅是一个社会组织，也是一个经济或政治组织，它们具备大部分的社会职能，并担当着相当一部分的政治功能。在计划调控机制下，高校处于一系列社会关系和政治关联之中，因而必须完成社会和政府赋予的社会和政治职能。二是各单位包括高校成为社会资源整合与国家控制的联结点，个人对单位具有的全面依附关系，实质上是对国家的全面依附关系。国家实现了对单位的有效控制，整体社会的秩序维持及资源的整合就可以按既定计划推行，即在计划调控体系下，个人是以"单位人"的身份与国家对话，而不是"自然人"。三是所有单位包括高校组织均呈现均质化和同质化倾向，即所有单位不仅在组织结构上十分类似，且内部的员工职能、待遇、管理方式等各方面都较为接近。

可以说，政府主导下的计划调控机制是一个较为完整的逻辑结构，政府既是逻辑起点，也是归属，因而政府与这种高度集中的计划调控机制形成了不可分割的共生关系，也决定了只有政府本身的改革，才能推动这种机制的革新。同时，政府又必然会想方设法自觉保护这种机制，以达成既定的战略目标，这种关系成了我国经济社会发展和演变的特征及轨迹。

第三节　计划调控机制在高等教育结构调整中的具体运行

回顾我国高等教育结构调整的历史，可以大概分为 1949—1977 年奠基时期、1978—1998 年调整与改革时期和 1999 年以后规模扩张与快速发展时期，每个阶段均有重要的政策和制度指引着结构调整的方向和路径。以政府为主导的计划调控机制是改革开放之前高等教育结构调整的主要模式，主要通过调整目标、内容、路径的制定，来达到调整成效，为特殊过渡时期的高等教育结构奠定了基础，可以说是成效与问题并存。

一、调整目标

计划调控为主时期高等教育结构调整的总体目标可以概括为"调整、巩固、充实、提高，尽快恢复生产，培养新中国建设所需的各类人才"。新中国成立初期，受旧社会高校已有基础的影响及传统思维的延续，国家较为重视文科院校及文科类专业的发展，理工科、师范、农林类院校的发展未能提上日程，较为落后。直至 1952 年，中央政府及各地方政府开始加大力度兴办教师专修学校，中小学教师的教学水平得以提升。同时，由于该时期理工科人才匮乏，无法满足社会需求，因而理工科院校和专业开始得到重视和发展，使得"文重理轻"的高等教育结构状况有所改善。但是，随着 1958 年"大跃进"思维及"超英赶美"等口号的提出，高等教育的发展开始逐渐脱离当时的实际情况，高等教育结构严重失衡。譬如 1958 年《关于教育工作的指示》中提到争取"在 15 年左右的时间内，基本做到使青年和成年均可接受高等教育"，并提出将"以 15 年左右的时间普及高等教育，然后再以 15 年左右的时间从事提高工作"①。这些目标和计划与当时的国力及国民总体素质状况差距甚远，使得盲目发展和浮躁气息开始蔓延。此外，当时的政府规定除少数综合大学、部分专业学院和中等技术学校仍由高等教育部或者

---

① 中央教育科学研究所. 中华人民共和国教育大事记：1949—1982 ［M］. 北京：教育科学出版社，1984：232.

中央有关部门直管外，其余均可下放归各省、市、自治区进行领导①，随后便付诸行动，将中央直管的 229 所高校中的 180 多所先后下放归地方政府管理。实践证明，在当时规则、制度、政策并未完善的情况下，这些举措使高等教育的发展显得随意和盲目，急功近利和浮躁氛围明显，造成的结果是不同层次和类型的高校开始盲目扩大招生数量，脱离了当时的经济能力和现实状况，违背了教育发展的客观规律，影响了高等教育结构的良性发展。1960 年以后，"大跃进"思维所带来的负面影响逐步显现，迫使中央政府开始逐步调整高等教育结构，1961 年提出的"调整、巩固、充实、提高"方针便是一个初步信号，此后，八字方针成为该时期高校结构调整的主要目标和指导方向。

二、调整内容

计划调控为主时期，高等教育结构调整的主要内容是改善"文重理轻"结构，压减专科层次院校，整改本科层次高校。一方面，压减了一批专科院校，本科层次高校的整改同步进行，研究生教育开始得以起步；另一方面，"文重理轻"的结构逐渐改善，一些特殊专业、国家急需专业得到快速起步和发展。

随着 1961 年"调整、巩固、充实、提高"八字方针的提出，高等教育结构调整的目标和内容逐步清晰。概括起来，该时期的调整内容和调整成效主要体现在三个方面：首先，高等教育的层次结构得以调整。一是压减了一批专科院校，撤销了"大跃进"期间盲目跟风建立的一批专科学校，仅保留了少部分条件具备且社会急需的学校，并将它们改制为中专学校，同时规定专科学校招生规模不超过当年总招生数的 20%；二是本科层次高校的整改同步进行，仅在 1961—1962 年的一年多时间里，本科高校的数量就从 509 所压减至 362 所；三是研究生教育开始起步，如 1963 年下发的《高等学校培养研究生工作暂行条例（草案）》明确规定了研究生教育的培养目标、质量标准、导师遴选标准、管理制度等。其次，基于当时特殊的国情，高等教育的学科结构也逐步改变，在逐渐改善"文重理轻"结构的同时，一些特殊专业、国家急需专业得到快速起步和发展。如 1963 年的《高等学校通用专业目录》及《高等学校绝密和机密专业目录》增加了诸如航天航空、原子能

---

① 中央教育科学研究所. 中华人民共和国教育大事记：1949—1982 ［Z］. 北京：教育科学出版社，1984：220 – 221.

技术、火箭技术、核能技术、无线电等方面的专业，以巩固国防。此外，按照"宽窄并存、以宽为主"的原则，开始逐渐调整专业定位，明确专业范围，规范专业名称。综合而言，在高等教育的学科结构方面，1963 年的调整，基本遏制了高校学科专业盲目、过快发展的趋势，学科专业发展开始从关注数量转向注重质量，并且逐渐过渡到规范发展的道路。最后，高等教育的形式结构也得以丰富。如从 1960 年开始，广播电视大学逐渐兴起，这种特定的高等教育形式渐成规模并在当时发挥了重要作用。

三、调整路径

计划调控为主时期，高等教育结构调整的主要路径是以行政手段和高等教育相关制度推动高等教育系统的内部建设和结构优化。新中国成立初期，国家面临战后的恢复与重建，工业尤其落后，各种专业技术人才匮乏，高等教育亟待发展。在当时特殊的国情下，为尽快恢复生产，培养新中国建设所需的各类人才，国家在高等教育领域陆续出台了若干有针对性的政策和措施，对高等教育结构进行调整，对高等教育事业加以促进。这些政策和制度于特定的时期提出，服务于当时特殊的国情，成为该时期高等教育结构调整的重要手段。表 3－1 便梳理了该时期对我国高等教育结构产生较大影响的政策或制度。

表 3－1　1949—1978 年影响我国高等教育结构的重要政策或制度

时间	名　　称	对高等教育结构的影响
1949	教育部《关于中国人民大学实施计划的决定》	夜校开始成为高等教育办学形式之一
1951	《关于改革学制的决定》	明确了层次结构，确立了研究生、本科、专科三个层次及其相应的修业年限
1951	《关于全国工学院调整方案的报告》	明确了院校调整的基本原则，对全国高等教育科类、层次、布局结构均产生了重要影响
1953	《高等学校培养研究生暂行办法（草案）》	明确了研究生教育的目的、修业年限及应具备的基本技能

续上表

时间	名　称	对高等教育结构的影响
1953	《关于修订高等学校领导关系的决定》	明确了高等学校院系调整的方向、重点及原则
1954	《高等学校专业目录分类设置（草案）》	规范了课程设置，课程的重要性得到提升
1955	高等教育部《1954 年的工作总结和 1955 年的工作要点》	缩小高校招生规模，专科停办
1955	《关于 1955—1957 年高等学校院系调整有关事项的通知》	财经、政法等学科门类开始整顿削减，工科专业门类得以增加
1956	《关于今年招收 4 年制研究生的几点意见》	对研究生培养提出了高要求，明确了研究生的培养质量与培养标准
1956	《一九五六年高等学校招收副博士研究生暂行方法》	提出了副博士的入学资格、学习年限、培养路径、毕业要求等
1956	高等教育部《关于综合大学开办函授教育的通知》	高等教育形式结构得以丰富，规定了函授教育的办学形式、内容及修业年限
1958	《关于教育工作的指示》	涉及高等教育的发展方向、原则、路径等内容，对高等教育的布局、层次、形式、科类结构均产生了较大影响
1958	《关于高等学校和中等技术学校下放问题的意见》	探讨了高校的管理问题，逐步明确高校的主管部门，逐步改变各地高校的布局结构
1958	刘少奇《我国应有两种教育制度、两种劳动制度》	丰富了高等教育形式结构，半工半读的制度开始得以确立
1961	全国高等学校和中等专业技术学校调整工作会议	影响了高校的数量和规模，本、专科学校数量开始压缩，研究生的培养年限逐渐转为 3 年制

续上表

时间	名　　称	对高等教育结构的影响
1963	《高等学校培养研究生工作暂行条例（草案）》	影响了研究生层次的高等教育，明确规定了研究生教育的培养目标、质量标准、导师遴选标准、管理制度等
1963	《高等学校通用专业目录》《高等学校绝密和机密专业目录》	影响了科类结构，根据国家建设需要新增航天航空、新兴能源等学科专业
1971	《关于高等院校调整问题的报告》	影响了布局结构，通过撤销、下放与新建学校的方式，调整和改变了各类学校布局结构

注：朱艳的博士论文《制度视角下中国高等教育结构研究》对此问题有研究，本书作者重新进行了全面梳理。

综观计划调控为主时期高等教育的政策和制度，具有鲜明的时代特点，对高等教育的发展及其结构的形成产生了积极影响，但也遗存了许多问题：一是政治色彩较强，以用行政手段推动高等教育系统的内部建设和结构优化为主基调。如 1951 年《关于改革学制的决定》、1958 年《关于教育工作的指示》、1954 年《高等学校专业目录分类设置（草案）》等，明确了院校调整的基本原则，对全国高等教育科类、层次、布局、形式结构均产生了重要影响，行政手段的推动成为高校结构调整的主旋律。二是部分政策和制度连贯性不强，随意性较大，缺乏实证和依据。新中国成立初期，百业待兴，高等教育的发展及结构调整也试图与社会经济的发展加强关联，譬如 1951 年《关于全国工学院调整方案的报告》、1955 年《关于 1955—1957 年高等学校院系调整有关事项的通知》等；但部分政策和制度连贯性不强，对于有些院校及专业的设置或撤销随意性较大，缺乏预测和实证数据，对后续的高等教育整体结构等方面均产生较大影响。

四、调整成效

计划调控为主时期高等教育结构的调整虽然留存诸多问题，但基本奠定了高等教育结构的基础和方向：一是奠定了高等教育的层次、布局、学科等结构基础。1949 年至 1979 年的近 30 年间，我国在高等教育领域制定并实施了一系列影响重大的制度，这些制度引领着新中国成立后我国高等教育的发展方向、模式和路径，奠定了我国高等教育的布局、层次、学科、形式等结构基础，对高等教育整体结构的稳定和成型产生了重要影响。二是明确了研究生教育、本科教育、专科教育的三层次结构。如 1951 年《关于改革学制的决定》规定了研究生、本科、专科三个层次及其相应的修业年限，三层次结构已见雏形；1956 年《关于今年招收 4 年制研究生的几点意见》《一九五六年高等学校招收副博士研究生暂行方法》等制度开始巩固研究生培养的地位，推动了高等教育结构的变化。应该说，该时期的这些重要制度明确了研究生、本科、专科教育的三层次发展方向，使高等教育的层次结构渐趋成型并逐步明朗。三是与当时的社会境况和经济发展水平联系逐渐紧密。该时期的重要制度反映了当时的特殊国情和社会经济发展总体情况，如新中国成立初期，人民总体素质普遍不高，接受教育程度较低，而相应的教育机构又极其匮乏，1949 年教育部颁布的《关于中国人民大学实施计划的决定》、1956 年高等教育部发布的《关于综合大学开办函授教育的通知》、1958 年刘少奇提出的《我国应有两种教育制度、两种劳动制度》等，就规定夜校、函授教育、广播电视大学等可以成为高等教育办学形式之一，并形成了半工半读的特殊形式。这些方式和手段，在不影响当时社会生产的情况下，逐步提升了国民素质。

综上所述，在新中国成立后的近 30 年间，虽然高等教育制度政治色彩明显，许多政策的推行缺乏实证和预测，尤其在"文革"期间的 10 年时间，对高等教育体系产生了严重的破坏，但与新中国成立前相比仍然进步较大，基本奠定了高等教育整体的结构和基础，使得高等教育的层次、布局、形式、学科结构雏形已显，巩固了研究生、本科、专科教育的三层次结构，基本满足了当时社会经济发展的需要。总体而言，这个时期的高等教育系统，受苏联影响的痕迹较为明显，还没有形成符合我国国情的高等教育结构体系，高等教育的发展仍然处于起步阶段。

五、主要局限

传统的、以政府为主导的计划调控机制主要依靠行政的强制力量来实现目标，用行政手段和国家权力直接控制宏观及微观领域的经济活动，并将"计划"等同于"指令性计划"，在实践中逐渐暴露出诸多问题，导致发展路径的趋同性，并制约生产的积极性。

（一）发展动力不足

计划调控机制主要以精神激励和行政权力为基本动力，在特殊的阶段有其作用，但通常情况下，人们追求经济利益的行为仍然是不可避免的，因而主要依靠精神激励的计划调控机制会与人们的本性欲望相互背离，造成生产者的动力不足，积极性受到制约，经济社会发展受到束缚。此外，在传统的计划调控机制下，各单位包括高校缺乏自主权，成为政府部门的附属机构，加之激励机制、反馈机制不完善，监督评价机制又较为落后，导致发展动力不足，特色无法凸显，缺乏社会竞争力。

（二）运行成本过高

运行成本是运行效率的主要决定因素和标志。计划调控机制的运行成本随着体制的实行而产生，总体而言，我国计划调控机制的运行效率呈短期内高效但长期看低效的状态。这种较高的运行成本，一方面来自于信息的收集成本，另一方面则来自于对单位成员的监督和激励成本。首先，信息不对称会产生较高的运行成本。计划调控机制有效运行的基础是充分的信息保障，这本身需要耗费大量的人力、物力及财力成本。计划调控机制的运行主要依靠庞大的、内部有着复杂代理委托关系的政府科层组织机构来完成，在实践中出现了收集信息困难、滞后且不对称等问题，决策的失误时有发生，有效的资源配置、监督较为困难，产生极高的运行成本。其次，对单位成员的监督和激励会产生高成本。体制效率的高低，重要的指标之一就是能否充分调动组织内成员的积极性。在计划调控机制下，激励机制较为单一，精神激励是主要手段，因而造成日常生活的泛政治化倾向，政府通常需要持续的政治运动来维系机构的正常运转，成本较为高昂。

（三）组织效率较低

在传统的计划调控机制下，国家的治理以指令性计划为主且采用高度集权的管理模式，因而通常情况下人们对于政治的参与是被动的、消极的，导致深层次问题的产生，一方面体现为中央与地方利益之间的冲突和博弈，另一方面则体现为计划的失灵。传统的集权式的计划调控机制是以"理性社会"为理论基础的，它有两个基本前提：一是通过权力的集中，中央政府能准确了解社会总供给、总需求、社会资源现状等差异；二是中央政府能全面搜集、处理各种经济社会发展的信息，进而制定全面发展的计划，达到资源的最优配置。但在实践中，由于区域间、行业间的巨大差距以及信息的严重滞后、缺失、扭曲等因素，政府很难兼顾地区间的差异及发展水平的不平衡，导致计划与现状有着较大的差距，计划逐渐失灵。此外，计划调控机制还表现出经济社会运行及资源配置的低效率问题。在计划调控机制下，国民经济体系运行的高效率取决于计划的科学性和前瞻性，但由于前文所提及的动力不足、信息搜集的缺失和扭曲、竞争机制的缺乏等问题，计划的科学性是较难保证的，经济社会的运行无可避免地陷入低效状态。

对于高等教育而言，政府直接干预的计划调控机制带来了许多问题，主要体现为：一是束缚着高校的发展。行政性命令、指令性计划对于高校的发展产生着有形或无形的影响，高校的定位、任务、发展方向在很大程度上受行政的干预，办学自主权不够，导致高校的办学滞后于社会发展或市场需求。二是部分高校的发展方向发生偏离。高校所面临的不单是自由市场化的信息导向，而是市场及计划的双重信息，在政府直接干预为主的计划调控机制下，这两套资源配置体系大部分情况下是相互独立的。由于政府对于资源的配置有着直接或重要的决策权，就导致高校为了获取更多的资源分配而向行政权力部门靠拢，当政府的指令性计划或评价指标缺乏前瞻性和科学性的时候，就会使高校的发展产生偏离，导致行为的扭曲。三是导致高校与政府权力部门有较强的依存关系。在当时市场竞争环境并不完善而政府及其部门的行政权力又过大的情况下，政府对于关键资源的分配有着较大的决策权，导致高校与政府权力部门有着较强的依存关系。

传统的、高度集权的计划调控机制由于其本身的缺陷及外部环境的改变，必然逐渐走向改革和转型。首先，从计划调控调控机制的运行机理看，过度强调计划的调控及资源配置作用而排斥市场的价值规律，必然导致经济走向衰退。一方面，单一的公有制形式导致竞争和约束机制的缺失，导致资源的浪费，阻碍社会生产力发展；另一方面，以指令性计划为主的决策体系造成各级组织自主权、决策权的缺失，导致它们发展路径的单一性和盲目趋同性，特色无法形成。其次，从计划调控机制的运行过程和调节方式看，片面强调计划的作用而排斥市场的功效，忽视价值规律的自行调节及市场的资源配置作用，其过于宏观且宽泛的调控范围导致政府对生产、流通等环节管得过严过死，市场的供求关系不能真正反映现实的需求状况，无法适应经济社会的发展。再次，从信息传递方式看，计划调控机制信息的传递是垂直式、纵向化的，中间环节较多。上级的计划和决策需要层级传递，而信息的反馈也需要逐级汇报，这导致信息的缺失、滞后和失真，往往演变成决策的失误。最后，从激励和约束机制看，传统的计划调控机制缺乏有效的激励方式和约束手段，导致"大锅饭""铁饭碗"长期存在，并出现普遍的官僚主义和腐败现象，不利于经济社会的发展。此外，传统的计划调控机制在资源配置上存在着较大的主观性和盲目性。上面提到，计划调控机制科学性的基础是信息的全面性、客观性和准确性，但在以指令性为主的计划调控机制下，中央政府对于信息的搜集是层级式、纵向化的，实际上决策层很难在微观层面做出合理、详尽的计划，因而只能将一些具体的计划下放给地方政府完成；相应地，地方政府由于并不了解全国的整体情况和总体形势，也很难做出正确的战略规划，导致政府资源配置的主观性和盲目性①。

随着改革开放的逐步深入，市场的概念逐渐清晰，以政府为主导的计划调控机制过渡到以市场为主的市场调节机制的改革方向也日益明确。现代意义上的市场，通常被理解为具有公平、自由、开放、竞争等特点。市场的自由受法律法规和相关政策所保护和规制，在这些由市场本身决定的法律法规和政策下，市场实现公平竞争和开放自由，提倡在竞争面前人人平等。在自由市场的理念下，许多传统的观念得到改革和更新：一是变"唯官""唯上"为"顾客导向"。以往的观念中，指令性因素和行政性命令比较明显，在公平自由的市场理念下，我国引入市场调节机制，倡导在开放公平的秩序规则下进行自由竞争，在获得最佳价值利益的同时满足社会需求，改变以往唯上级命令和上级领导是瞻的理念，转而以顾客至上和服务导向为指引。二是变"唯制""唯书""唯计划"为"需求至上"。市场调节机制促使以往唯制度、计划是瞻的管理理念发生转变，市场需求成为重要的努力方向。在这些理念的引领下，教育管理体制也逐渐完善。一方面，评价机构更为重视教育的效益，且中立性的立场更为明显，更注重教育的实际市场效益；另一方面，政府部门或社会评价机构对教育市场的变化及其效应的评价更为综合、动态。综合而言，在后期的改革过程中，我国政府在如下方面做出了较大的努力：一是提倡创新，实现产业结构转型升级。创新是科技发展的动力和根基，而科技又是国家竞争力的重要标志，因而我国政府通过制定系列利好政策、完善法律法规来鼓励创新，促进新兴产业、高新技术产业的发展壮大，助推产业的转型升级。这种趋势在改革开放以来更为明显，各级政府逐步设立了一些经济特区、经济技术开发区和高新技术产业区等，通过倾斜性政策促进高科技的产业化，通过完善竞争环境优化产业结构。二是提倡公平竞争，完善竞争秩序。市场自发调节的基础和前提便是竞争，它是促进社会资源合理配置的重要手段。各级政府努力通过完善政策、制度及法律法规来维

---

① 夏兴园，田东山. 论计划经济体制的兴起与衰落［J］. 经济学情报，2000（5）：4－10.

护竞争过程的公平性，减少不正当竞争行为及垄断行为，维护良好的竞争秩序。三是保护和扶持幼稚及新兴产业。通常情况下幼稚及新兴产业对于国家的战略发展有着重要意义，而由于这些产业在起步之初的竞争力并不强，需要国家和政府予以扶持。但如何在国际框架和规则范围内对这些新兴产业进行保护，以防止将这种扶持演变为过度的地方保护主义和过宽的干预范围等问题，成为矛盾解决的关键点。因而，新的调整思路体现为这些保护政策更多的是功能性的，更强调培育这些产业未来的发展能力，更注重其本身核心竞争力的可持续发展，而不是强调地方贸易保护主义及单纯的产业优惠政策。

第四章

以需求为导向的市场调节机制及其在高等教育结构调整中的实践路径

⇨ 第一节　市场调节机制产生的背景

　　发展为以市场需求为导向的市场调节机制，是国际竞争环境变化及国内经济社会发展的必然规律。由于以政府为主导的计划调控机制本身存在的不完善及不稳定的问题，经济社会发展过程中逐渐显现出发展动力不足、运行成本过高、组织效率较低等问题，改革势在必行。当国内的国防工业和重工业体系逐步完善以后，原来处于次要地位但民众迫切需求的领域开始得到优先发展考虑。同时，在经济一体化、全球化的新形势下，市场调节提高了市场机制的效率，降低了其运行成本，而计划调控机制却始终无法解决其持续运行的高成本及较低效率的问题，也为经济体制的改革转型提供了契机。因此，中央政府开始重新考量新的经济制度安排，试图将高度集权的计划调控机制过渡为中央和地方适度分权的体制，将单一的指令性计划过渡为指导性和指令性计划相结合的模式。但实际上，内部简单的修补并不能解决生产力发展动力不足及资源配置扭曲等问题，随着经济社会的发展，以政府为主导的计划调控机制所带来的结构性矛盾日益增大，市场的概念被逐步引入。

　　然而，从国际经济社会发展历程看，20世纪初，西方资本主义社会的高失业率和生产过剩之间的矛盾引发了经济大萧条，这让人们意识到市场规律本身并不是万能的，是存在缺陷的，单纯的市场自动调节并不能解决所有的经济问题。根据经济学理论，市场自发调节的前提是有充分的自由竞争。但从国际环境看，随着经济社会的快速发展，大企业兼并中小企业、跨行业及企业间的垄断合并、垄断型跨国集团兴起等现象日益普遍，使市场的自由竞争受到冲击，逐渐转变为不完全自由竞争的市场资源配置方式。同时，在一些关乎国计民生的基础设施建设、公共产品等领域，由于耗资大、回报慢，仅靠市场的自发调节已无法满足社会发展，矛盾日益加大，经济危机频繁爆发。回顾历史，在 20 世纪 60 年代，当时的西方发达国家普遍开始出现高失业率和经济低迷问题，政府开始通过财政政策加大购买政府债券的力度，同时开始增加银行储备金；到了 70 年代，政府的规制和干预范围开始扩大，采用的主要方式便是增强公共基础设施建设投入力度，并在土地购买和出售等方面进行制衡；80 年代，由于西方社会经济普遍出现滞胀甚至负增长，经济学理论又开始主张和呼吁政府减少对市场的干预，但由于市场出现了高汇率、高利率以及较高的贸易逆差，迫使政府不得不对经济发展进行必要干预。因而综观 20 世纪 70、80 年代世界主要经济体发生的经济滞胀、经济负增长以及波及全球的通货膨胀，可见依靠政府的规制虽然并不能解决资本主义的经济危机，却是必要且可行的。因而经济学家开始思考如何在市场理论中吸收政府调控理论，进而将英国经济学家凯恩斯（Keynes）所提倡的政府干预机制与市场自动调节机制融合起来。从市场规制和政府调控所占的比重看，进入 20 世纪以来，后者的占比是逐渐扩大的。一方面，政府不仅在宏观层面调控经济结构、产业结构以及社会收入分配结构，以解决失业、贫困、垄断等问题，提供更多的基础服务和公共产品；另一方面，政府也在微观层面对民众的投资与消费等方面进行必要的制衡，以通过市场自发调节实现对生产要素及流通环节的必要调控。

➡ 第二节　计划调控与市场调节的相互融合

综观各经济学流派的主要观点，可以发现，虽然大部分崇尚经济自由主义的观点极力反对政府干预经济的发展，但他们也普遍认同政府作为"守夜人"的角色，认为政府担当着"维护社会经济及商业发展、促进公共基础设施建设、建立公平公正的司法机构"等责任[①]。他们认为许多服务是市场自

---

① 斯密. 国民财富的性质和原因的研究：下卷［M］. 郭大力，王亚南，译. 北京：商务印书馆，1974：39 – 51.

发秩序所无法提供的，让政府来统筹某一部分资源，进而为普遍民众服务，是符合社会发展规律的。因而可以理解为，市场调节与计划调控之间并不是一种相互替代或对立关系，而是可以相互融合的，问题的根本是"协调它们之间的比例关系，并减少指令性的主观因素"，同时"在必须引入指令性因素的地方，寻求一种最小可能对市场运行产生干预和妨碍的方式，实现指令性因素的最小化"。① 在此背景下，人们开始思考导致政府与市场失灵的深层次原因，探讨如何将政府的计划干预与市场的自发调节更好融合。从我国改革开放以后经济体制改革历程看，初始阶段是将市场机制定位为计划经济体制的有益补充，即"计划经济为主，市场调节为辅"；随后在较短的时间内，市场机制便开始发挥重要作用，在政府的文件中开始出现"市场调节与计划经济相互结合"的提法；此后随着社会转型逐步深入，市场调节机制在资源配置过程中逐渐成为主导，我国计划调控机制的转型方向也逐步清晰。

一是从政府过度干预的计划调控机制转变为计划调控与市场自发调节融合调控机制。首先，这种融合调控机制强调市场调节和计划调控在形式上的一致性，即计划调控机制和市场调节机制是一种形式的两种调节手段。经济学理论认为，一方面，市场机制具有计划的功能，即市场的运行维持着经济社会运行中自发而和谐的某些秩序，并指引那些只考虑自身利益的主体更多考虑与全社会相关的利益；另一方面，计划中包含着市场，即需根据市场运行基本规律和客观要求去制定相关竞争规则，并制裁违反规则的主体，维护市场的良好秩序。对于高等教育结构的调整而言，这两种调节手段虽然表面上具有差异性，但其目的和性质是相同的，都是为了实现高等教育资源配置效率的最大化。其次，这种融合调控机制强调市场调节与计划调节在时间、步调上的一致性，并无先后顺序之分。即在高等教育结构调整过程中，市场调节与计划调控是系统性、关联性、一致性的，而不是阶段性、独立性的。如果认为市场解决不了的问题才用计划进行干预，必然使计划与市场相互脱离，造成经济社会发展的秩序混乱，无法达成调整目标。

二是从直接干预为主的行政命令转变为间接管理为主的宏观引领，注重直接控制与间接控制的相互结合。直接的、指令性的计划调节，在某种程度上可以提高效率，但当计划的前瞻性、科学性缺失的时候，就会使目标发生偏离和扭曲。政府的调控方式，应倾向于创造更多间接的、服务性的渠道和途径，譬如平台搭建、信息公开、法规完善、氛围营造、数据预测和战略引

---

① 弗里德曼. 弗里德曼文萃［M］. 高榕，范恒山，译. 北京：北京经济学院出版社，1991：69-73.

领等方面。传统的计划调控机制由于在宏观上没有形成有效的、符合价值规律发展的制衡机制，且高度集中的指令性计划贯穿整个运行过程，在评价和考核的方式上又追求指标化，注重表面的数据，因而导致经济社会的发展过程出现较大的起落。随着改革的深入，计划调控机制在调控方式和手段上有所转变，一方面从直接干预为主的行政命令过渡到间接管理为主的宏观引领，注重直接控制和间接控制的结合，使国家经济的发展较为稳定和可持续；另一方面更重视计划的前瞻性和科学性，更多地运用现代科学技术对数据进行调研和收集，对发展趋势进行预测和评估，重点加强计划的科学性、战略性和指导性。

⇨ 第三节 市场调节机制在高等教育结构调整中的实践路径

新中国成立后至改革开放前，计划经济体制是资源配置的唯一途径，政府直接干预的计划调控机制是主要方式，行政性、指令性较为明显；改革开放后，政府开始推动宏观经济体制改革，提出让计划与市场共同来配置社会资源；1992 年，中共十四大明确了我国经济体制改革的目标是建立社会主义市场经济体制，将市场定位为配置资源的主要手段，此后，市场化改革逐步深入，市场经济体制逐渐成型。21 世纪初中国加入 WTO，促使国内市场化的改革力度进一步加大，并对中国这种转型中国家的政府计划调控机制的调控范围、力度、方式提出了更高的要求，从指令性、行政性计划逐渐转变为通过宏观政策进行引领，通过中长期战略加以指导，通过政府规制和计划干预营造更良好、公平、开放的市场竞争环境。总之，改革开放后，政府的计划干预与市场的自发调节逐渐走向融合，成为高等教育结构调整的主要方式，使高等教育整体结构得以逐步优化。

一、调整目标

在调整目标上，主要表现为国家宏观调控，区域凸显特色。

（一）国家调整目标：结合经济社会发展及市场需求，不同阶段有所侧重

区域经济与高等教育之间有着紧密的关联。区域经济的发展水平影响着高等教育的改革和发展，区域经济结构及其发展趋势也深刻影响着高等教育结构。因而，区域经济对于高等教育的影响是多方面、全方位的，不仅提供了高等教育改革和发展的动力，也影响着高等教育发展的方式；不仅影响着高等教育的规模，也影响着高等教育的结构。总之，高等教育的发展不能离开经济的支撑和保障，高等教育与经济社会只有协同发展才能达到双赢。

首先，在 1978—1998 年的调整与改革时期，"恢复、调整和改革"是关键词。随着十年"文革"动乱的结束及改革开放的开始，我国各项事业迎来转折点，高等教育也不例外，开始了恢复、调整和改革的时代。我国于 1977 年开始恢复高考制度，并且为应对即将到来的挑战，于 1978 年、1979 年相继召开高等学校文科教学工作座谈会及全国高等财经教育工作会议，会上提到了几个重要观点，包括努力改变"文重理轻"的错误偏见，扩招经济类、管理类、法律类的学生比例等。此后，教育部连续两次召开"教育部属综合大学理科专业调整会议"和"教育部属工科院校专业调整会议"，明确了高等学校学科专业调整的指导思想、原则、保障机制，探讨了专业的增减、如何增设急需专业、如何改变专业重复设置及划分过细等问题，为后期的高等教育学科结构调整与改革奠定了良好的基础。概括起来，该时期高等教育结构调整的主要目标，就是在逐渐恢复高等教育秩序的基础上，立足经济社会发展的现状和趋势，改革和优化高等教育结构，完善高等教育立法，全面提升高等教育质量。

其次，1999 年以来，规模扩张、质量提升、内涵发展、东西部均衡发展是高等教育发展和结构调整的主方向。一方面，随着经济社会的快速发展，人们接受高等教育的意愿日益强烈，与当时高等教育资源相对紧缺的现状存在矛盾；另一方面，社会的快速发展需要高层次人才及核心科技的支撑，高校作为人才培养的最重要场所，理应承担更大的责任。在此背景下，1999 年教育部做出大幅度扩大高等学校招生规模的决定，高等教育的总体规模逐年扩大，这不仅开启了全面调整高等教育结构的序幕，也为高等教育未来十多年的发展奠定了基调。但是随着时间的推移，规模扩张带来的管理问题、基础设置不足问题、师资力量缺乏问题、质量下滑问题等也日益显露，因而高等教育质量的全面提升、走内涵式发展道路成为后期调整的重点和热点。此外，1998 年的《面向 21 世纪教育振兴行动计划》、2004 年的《2003—2007

年教育振兴行动计划》、2010 年的《国家中长期教育改革和发展规划纲要（2010—2020 年）》等文件均为各层次的高等教育结构调整提供方向指引。概括而言，该时期高等教育结构的调整，"规模扩张、质量提升、内涵发展、东西部均衡发展"是关键词，该调整力图使高校的发展满足并适度超前于经济社会发展的需要，为社会发展提供人才、知识、科技的保障。

（二）区域调整目标：践行国家宏观战略并凸显地方特色

总体而言，各省、自治区、直辖市作为我国经济社会的重要组成部分，在高等教育发展和结构调整的目标上，一方面努力践行国家的宏观战略，另一方面也力图凸显地方特色。以广东省为例，其地处改革开放的前沿，从总体上看，经济发展水平一直以来均排在全国前列，经济较为发达；但从局部看，珠江三角洲地区（简称"珠三角地区"）与粤东、粤西、粤北地区的发展水平极不平衡，体现为珠三角地区经济较为发达，而粤东、粤西、粤北地区相对落后，高等教育的发展现状也类似。由于经济发展水平的差距，各区域面临的机遇和挑战也各不相同。在省政府的宏观统筹下，明确不同区域的调整目标和方向成为高等教育结构优化的基础。1983 年，广东省委、省政府公布《关于努力开创我省教育事业新局面的决定》，提出要以改革精神开创全省高等教育新局面：一是广开学路，多层次、多种形式办学；二是改革招生和分配制度，试图通过招考途径的改革优化高等教育结构。此外，广东省1994 年提出高等教育的改革思路和调整目标：一是大力发展职业教育、成人教育，继续推进城乡教育综合改革，二是努力提高各级各类学校的教育教学质量和办学效益。1995 年广东省政府颁发《关于广东省普通高等学校布局调整有关问题的通知》，使得教育的均衡发展问题得到关注。同时，对于成人教育的发展，广东省明确提出了"治理整顿、深化改革、稳定规模、调整结构、提高质量"的调整目标，对高等教育的总体发展提出了"多层次、多形式、多学科"的发展目标。概括而言，该时期广东省的高等教育开始全面恢复：一方面，高校数量趋于稳定并稳步增加，布局扩大，主管部门对高等教育学科、层次、布局、形式结构提出了明确的规划和目标，粤东、粤西、粤北高等教育得到重视；另一方面，地方性大学、艺术类高校、农业类高校得到发展，并力图凸显岭南特色。1999 年高校扩招以来，高等教育进入了新一轮的发展快车道，"规模扩张、质量提升、内涵发展、均衡发展"成为该时期高等教育发展和结构调整的主方向，广东省高等教育规模得到迅速扩大，高等教育毛入学率得到大幅提升，各层次的高等教育质量问题成为重点热点。该时期，为了顺应广东省经济社会新一轮发展的需要，省委省政府提出了一系列长远规划。如 2000 年，广东省利用国家管理体制调整的契机，根据区域经济社会发展规划，遵循"讲布局、讲需要、讲条件"的原则，推动地方高校调整，在部分地级市将一所或若干所专科高校调整为适应当地经济社会发展需要的本科高校，通过合并，减少了高校数量，改善了部分区域单科性学校过多、高校专业重复设置、办学规模效益较低的状况；2002 年，在教育部《关于做好普通高等学校本科学科专业结构调整工作的若干原则意见》基础上，学科专业结构调整全面展开，广东省部分高校获批自主设置专业权，本科高校学科专业结构调整力度加大，民办高等教育发展迅速，高校类型逐渐丰富；2010 年公布的《广东省中长期教育改革和发展规划纲要（2010—2020 年）》明确提出了"建设现代职业教育体系、推进职业教育战略性结构调整、促进区域高等职业教育合理发展、建设我国南方重要的职业教育基地"，"实行对高等学校科学定位和分类指导，形成各类型院校定位明确、特色鲜明、优势突出的分类发展格局；优化结构办出特色，合理确定层次结构，调整优化学科专业布局，积极调整本科教育与专科教育比例"等调整目标。概括而言，该时期在高等教育结构调整方向上，一方面珠三角与粤东、粤西、粤北高等教育的均衡发展及布局结构调整问题得到重视，使高等教育的布局和形式结构得到进一步优化和完善，并初步构建了学科专业调整机制；另一方面，加大了高校层次结构的调整力度，高等职业教育得到快速发展，创建了如深圳职业技术学院、顺德职业技术学院等，凸显了区域特色。

二、调整内容

在调整内容上，主要表现为国家整体战略推进，区域结合产业结构及市场需求各有侧重。

（一）国家宏观调整内容：高校布局、层次、学科、类型结构的全面优化

1. 1978—1998 年调整与改革时期

概括起来，该时期高等教育结构调整的内容主要包括如下几个方面。

一是扭转"重文轻理"的观念，加大理工科类院校及学科专业的发展力度。新中国成立初期至改革开放前，"重文轻理"现象仍较为普遍，尽管随着社会建设的需要，理工科类的专业逐步得到重视和强调，但理工科人才仍然极为匮乏，与社会形势间的矛盾日益加大。在此背景下，中央和地方政府

相继召开了一系列会议，出台了相关制度，如 1978 年召开高等学校文科教学工作座谈会，1979 年召开部属综合大学理科专业调整会议等，明确了专业调整的指导思想、原则、制度等内容，试图改变这种现状，为改革开放初期的社会进步和经济发展奠定了基础。

二是加强学科与社会经济及市场需求的联系，加快发展政法、财经类等学科专业。在此期间，教育部对高等学校的专业设置、学科发展几经论证和调整，改革方向是高校的专业设置要既能满足社会市场发展的需要，又有前瞻性，能为社会主义当前和未来的建设提供人才、知识、科技的保障。如 1979 年召开全国高等财经教育工作会议，提出了调整学科结构，加大经济管理、财务会计类人才培养的力度；1997 年国家教育委员会全面修订了《普通高等学校本科专业目录》，对专业进行归类、调整，并最终将所有学科划分为 11 大门类；1998 年下发的《教育部关于加强专业结构调整力度　尽快缓解部分科类本专科毕业生供求矛盾的通知》则从就业市场和社会需求的视角，重点改革专业调整机制，为高校的学科及专业发展进行导航。

三是进一步调整和优化高等教育的层次结构。该时期，调整高等教育的层次结构成为重中之重，教育部在保障本科层次教育有序发展的同时，也重点发展专科层次和研究生层次的高等教育。如 1982 年召开的全国高等工程专科教育会议明确了专科学校的办学方向及指导思想，量化了其在层次结构中所占的比重；1985 年下发的《关于教育体制改革的决定》基本明确了高等教育未来一段时间内的发展方向，成为改革开放以来对高等教育结构调整影响较大的制度之一；此外，1986 年下发的《关于改进和加强研究生工作的通知》对研究生层次的教育加以规范，明确了其发展方向；1993 年实施的《中国教育改革和发展纲要》对专科层次、本科层次、研究生层次的教育提出了具体的建设要求；1995 年提出的《关于进一步改进和加强研究生工作的若干意见》、1998 年提出的"共建、调整、合并、合作"的八字方针以及《实施科教兴国战略，迎接二十一世纪挑战》专题报告，均对高等教育的层次结构产生重要影响。

四是有计划地发展和建设一批高水平大学。该时期"211 工程""985 工程"的实施开启了我国高等教育有计划、有目的地建设一批高水平大学的序幕，一批在国内原本有较好基础和影响力的高校开始在国家政策和市场需求的引领下，分别朝着成为国际一流、国内领先高校等的目标迈进，对高等学校的快速发展起到推动作用，一批重点学科和重点大学逐步形成，对高等教育的层次、布局、学科结构均产生重要影响。

五是进一步明确优化夜大、函授和自考等高等教育形式。在此期间，高等教育的形式结构更为合理，人们接受高等教育的形式渐趋多样化，多种形式办学的理念进一步明确。如1980年下发的《教育部关于大力发展高等学校函授教育和夜大学的意见》及1981年发布的《高等教育自学考试试行办法》，巩固和明确了夜大、函授及自考三种办学形式在高教体系中的合法性地位，并通过这些形式培养了一大批社会需要的人才，提升了国民整体素质。

2. 1999年以来规模扩张与快速发展时期

总结起来，该时期高等教育结构调整的内容主要包括如下几个方面。

一是与市场需求接轨的学科专业结构动态调整机制雏形已显。1999年以来，由于高校扩招及市场供求矛盾，针对学科专业结构的调整也日益频繁。首先，高校招生规模大幅扩张所造成的市场供求矛盾迫使学科专业进行调整。高校在校生人数迅速增加，而实际上大部分高校并没有做好相应的准备，不仅体现在日常基础设施的配置不足，更体现在学科专业建设的资源和师资力量的匮乏。因此，大部分高校专业的增减并不是取决于社会的发展趋势，而是很大程度上取决于政策的导向和现有的可用资源，造成与社会和市场的需求矛盾日益加剧，学科调整迫在眉睫。其次，高校专业设置自主权扩大，高校进行主动调整。随着高校专业设置自主权的扩大，学科专业结构发生较大变化，专业重复设置、过度设置、盲目跟风的状况有所改善。最后，政府一系列制度、政策的宏观调控引领高校学科专业改革调整。如2000年第三次国务院部门（单位）所属学校管理体制改革及2001年《关于做好普通高等学校本科学科专业结构调整工作的若干原则意见》等政策，在对原有学科进行改造的基础上，规定优先增设一些新的学科专业，为社会经济发展输送了大批人才；2002年《关于加强和改进专业学位教育工作的若干意见》对于改善高等教育人才培养结构、促进学科专业结构的调整有重要作用；2007年下发的《关于进一步加强国家重点领域紧缺人才培养工作的意见》特别强调要加强紧缺人才的培养，如农林畜牧、水利等专业的人才，力图改变不合理的人才结构，促进学科结构的调整优化；此外，2012年教育部公布的《普通高等学校本科专业目录（2012年）》进一步使高校的学科专业设置与国家和区域经济社会发展需要密切关联起来，学科专业结构得以进一步优化。实践证明，高校学科专业新目录及新规定的印发和实施促进了我国高等教育的改革与发展，也密切关联着教育资源的配置和优化，对于提升高校人才培养质量、促进高等教育与经济社会的紧密结合，均具有重要意义。

二是重视高等教育的均衡发展及布局调整问题。在市场调节和政府宏观调控相互作用下，高等教育均衡发展问题得到重视。首先，高等教育管理体制改革是实现布局调整的重要手段。中央政府于 2000 年将专科层次的办学权、审批权下放至省级政府，以顺应地方政府积极举办高等教育的趋势，同时，一批原来由各部委主管的高校逐步下放给地方管理或省部共建，使得地方对于高等教育管理的权限扩大，积极性提高，中央政府和省级政府两级管理体制基本形成。此外，2000 年国务院进行了第三次部门或单位所属学校管理体制改革，调整了铁道部等 49 个部门或单位所附属管理的 97 所成人高校、271 所中专学校、161 所普通高校、249 所技工学校的管理体制，总数近 800 所。这次高等教育管理体制的调整是深刻且历史性的，由原本部门办学的模式转为省级政府和中央两级办学但以地方为主的管理体系格局。国家相关部门还利用此次调整高校管理体制的契机，优化了高校布局结构，合并了一些重点高校，综合类高校数量得以增加。据统计，2000 年前后 62 所高校合并成为 24 所高校，形成了一批新的多科性或综合性大学，综合办学实力得以加强。其次，西部高校在政策引领下迎来发展机遇。由于历史、政治、经济等综合因素影响，我国高等教育区域布局结构不尽合理，西部高校数量少，层次低，发展相对缓慢。1999 年以来，国家通过政策的宏观引领，大力促进西部高等教育的发展，使得布局结构调整效果初显。如 1999 年《关于加快高等教育管理体制改革和布局结构调整工作的意见》探讨了当时高等教育结构布局不合理的主要问题，提出改善措施并实施；2000 年教育部采取十项举措支持西部大开发，以政策支持的方式促进西部高等教育的发展；2001 年教育部"对口支援西部地区高等学校计划"进一步推进了西部高等教育发展；2004 年教育部关于《2004—2010 年西部地区教育事业发展规划》的通知促进了结构的均衡发展，改善了西部高等教育的布局。

三是提升不同层次高等教育的质量。随着我国人才市场的发展日益成熟，对人才的质量要求也日益提高，高校所培养的人才质量问题成为重点热点。首先，研究生层次的教育质量问题得到重视。进入 21 世纪以来，我国社会各领域均快速发展，国家明确提出要培养大量高素质的拔尖创新型人才，以适应经济一体化、国际化、全球化的快速发展。同时，随着该时期"211 工程""985 工程"的实施，研究生教育的发展被赋予新的时代使命，教育质量也得到提升和发展，研究生教育成为培养拔尖创新型人才、卓越人才的主要来源，因而有关研究生培养目标、质量监控的制度相继出台。如2000 年《关于加强和改进研究生培养工作的几点意见》、2004 年《2003—2007 年教育振兴行动计划》、2005 年《教育部关于实施研究生教育创新计划 加强研究生创新能力培养 进一步提高培养质量的若干意见》等文件均提到要促进研究生层次的发展，并对研究生教育的培养方式、学分学制、毕业条件等进行了规定，对研究生教育质量提升提出了具体建议，促进了研究生教育的较快发展。其次，本科层次的教育质量问题得到重视。在该时期内，本科层次的学生数量增长是最快的，本科教学质量问题成为高等教育领域重点讨论的议题，中央和地方政府也出台了系列文件，召开了系列会议，探讨提升本科教学质量的问题，如 2001 年《关于加强高等学校本科教学工作提高教学质量的若干意见》、教育部 2003 年启动实施的普通高等学校本科教学水平评估、2005 年《关于进一步加强高等学校本科教学工作的若干意见》等，均对本科层次的教育质量提升进行了深入探讨，提出了具体的意见和建议，并对本科层次的高校教学水平进行全面的评估，对理顺各高校的本科教学管理、提升本科教学质量、巩固本科教学的核心地位起到积极作用。最后，专科层次的教育质量问题得到重视。自 21 世纪以来，社会的快速发展使得各类技术性人才紧缺，人才培养的重心下移成为高等教育结构调整的重要方向，我国政府在相应的政策和制度中也给出了导向性的意见，如 2003 年《关于规范并加强普通高校以新的机制和模式试办独立学院管理的若干意见》、2005 年《教育部关于进一步推进高职高专院校人才培养工作水平评估的若干意见》及《国务院关于大力发展职业教育的决定》、2007 年《民办高等学校办学管理若干规定》等，使高职高专、民办院校的教育质量问题得到重视，明确规定政府将"高等职业教育纳入现代国民教育体系"，确立并巩固了高等职业教育在高教体系中的基础地位，推动了高职院校的较快发展，使人才培养的重心逐渐下移，高等教育层次结构金字塔形的模式初显。

四是进一步丰富和完善高等教育形式。在此期间，高等教育的形式不断丰富，体现在独立学院地位得到认可和巩固、网络远程教育得到发展和规范、职业教育得到进一步巩固和提升、民办教育的办学环境得到较大改善等方面。如 1999 年《试行按新的管理模式和运行机制举办高等职业技术教育的实施意见》、2002 年《关于现代远程教育校外学习中心（点）建设和管理的原则意见（试行）》以及 2007 年《教育部关于做好 2007 年现代远程教育试点高校网络高等学历教育招生工作的通知》，完善了相关管理制度，使原本管理相对松散的远程教育得以逐步规范；此外，2003 年《关于规范并加强普通高校以新的机制和模式试办独立学院管理的若干意见》以及 2008 年《独立学院设置与管理办法》等提出"有条件的区域要利用高校资源吸引社会闲散资金，大胆探索试办独立学院"，使独立学院地位得到巩固及发展，丰富了高等教育的类型，使得高等教育的开放程度加深，社会和市场的作用日益明显；另外，2002 年及 2004 年相继公布的《中华人民共和国民办教育促进法》《中华人民共和国民办教育促进法实施条例》，以及 2007 年《民办高等学校办学管理若干规定》等明确规定"民办教育是社会主义事业的重要组成部分"，改善了民办教育的办学环境，规范了民办院校办学行为，促进民办教育质量提升。

（二）区域高等教育结构调整内容：结合区域经济发展战略目标，重点优化高校层次及学科布局

在高等教育结构调整过程中，不同区域在国家宏观政策引领下试图结合本区域经济发展战略目标、产业结构现状及市场发展趋势，逐步优化结构。以广东省为例，广东省作为国家经济改革的先行先试区域，经济自改革开放以来便飞速发展，GDP 总量自 1989 年以来一直保持龙头地位。多年来，广东经济发展模式主要是靠产业的聚集成本优势进行外向带动以及资源、劳动力的低成本效应外延拓展相结合。但广东省的经济在经过了 30 多年的高速增长后，发展遇到了瓶颈，面临区域间产业结构不合理，经济差异悬殊，核心技术产业缺乏，经济增长后继乏力，人口、资源、环境不可持续等问题。作为与区域经济紧密相连的高等教育，其发展过程中也显现出区域布局不均衡、学生分布过度集中和局部不足并存的矛盾。表 4 - 1 对比了珠江三角洲地区与粤东、粤西、粤北地区的土地面积比例、人口比例、生产总值比例、高校在校生比例等，从中可以看出高等教育区域间的发展差距。

表 4 - 1　珠江三角洲地区与粤东、粤西、粤北地区社会发展与高等教育发展情况比较

%

地区	土地面积比例	人口所占比例	生产总值比例	高校比例	高中生比例	高校在校生比例
珠三角	30.46	53.75	78.96	85.40	39.12	83.90
粤东	8.63	16.16	6.80	4.40	22.02	3.20
粤北	38.43	13.17	5.99	3.60	15.19	4.70
粤西	22.48	16.92	8.25	6.60	23.67	8.20

资料来源：《广东教育改革发展研究报告：理论战略政策研究卷》（上册），广东高等教育出版社 2013 年版，第 349 - 393 页。

为进一步分析具体区域之间的发展差距，表 4 - 2 列出了广东省各地级市高等教育与区域经济社会发展的基本情况。

表4-2　广东省各地级市高等教育与区域经济社会发展概况

%

地区	土地面积比例	人口所占比例	生产总值比例	高校比例	高中生比例	高校在校生比例
广州市	4.06	12.14	22.53	56.90	11.48	60.20
深圳市	1.09	9.96	20.08	3.60	3.56	3.90
珠海市	0.92	1.49	2.53	5.10	1.44	6.10
惠州市	6.32	4.41	3.63	2.20	4.34	1.40
东莞市	1.38	7.86	8.90	4.40	3.19	2.80
中山市	1.00	2.99	3.88	2.20	1.96	1.70
江门市	5.31	4.25	3.29	2.20	3.61	1.60
佛山市	2.14	6.88	11.84	5.10	5.18	3.30
肇庆市	8.25	3.76	2.28	3.60	4.37	2.80
汕头市	1.25	5.16	2.53	1.50	6.86	1.20
汕尾市	2.73	2.81	0.97	0.70	4.24	0.30
潮州市	1.73	2.55	1.17	0.70	2.72	1.10
揭阳市	2.93	5.63	2.12	1.50	8.20	0.50
韶关市	8.83	4.06	1.28	0.70	5.47	1.40
河源市	10.23	2.71	1.43	1.50	2.86	2.00
清远市	8.70	2.84	1.00	0.70	3.08	0.70
梅州市	10.66	3.56	2.28	0.70	3.77	0.50
阳江市	4.43	2.33	1.34	0.70	2.73	0.40
湛江市	7.36	6.73	2.94	3.60	8.75	5.60
茂名市	6.36	5.60	3.13	1.50	9.47	1.80
云浮市	4.33	2.26	0.84	0.70	2.72	0.40

资料来源：《广东教育改革发展研究报告：理论战略政策研究卷》（上册），广东高等教育出版社2013年版，第349-393页。

从以上两个表的数据可以看出，广东省高等教育与区域经济发展水平之间有较大关联，经济较为发达的区域，高校也相对集中。从统计数据可以看出，珠三角地区虽然土地面积仅占全省的30.46%，但生产总值却占了全省的近80%，这种经济结构的不平衡也影响着高等教育的分布。珠三角地区的高校数量占了全省总数的85.4%，尤其是广州市聚集了近六成的高校；而面积占了全省70%左右的粤东、粤西、粤北地区高校数量仅占15%左右。这种局面的形成有两个主要原因：一是历史原有的基础。由于珠三角地区尤其是广州地区有政策和区位的优势，高等教育历来发达。二是政策的支持和经济发展速度。自改革开放以来，国家及省级政府出台的一系列利好政策以及外资的大量涌入，使珠三角地区的经济发展进入快车道。为支撑经济社会快速发展对人才的需求，珠三角地区的高等教育也随之进入快车道。相反，地处广东省偏远山区及欠发达地区的粤东、粤西、粤北区域，由于经济发展速度较缓，对教育的投入不足，高等教育的发展明显滞后于珠三角地区。广东省委、省政府也意识到区域间均衡发展的重要战略意义，开始从政策、资金等方面对经济落后地区予以支持。譬如，广东省政府公布了粤东、粤西、粤北三个区域的"十二五"经济社会发展规划纲要，明确提出要使这三个地区成为全省新的经济增长极，并根据规划纲要的总体计划提出了调整各区域空间布局的思路。这一系列行动对于缩小广东省区域间的发展差异，促进区域间高等教育的均衡发展有重要的意义。

改革开放以后，国家逐步出台一系列影响高等教育发展的制度，探讨高等教育发展和结构调整的重要会议频繁召开，一系列关于高等教育结构调整的方案有序推行，市场对于高等教育发展的促进作用明显加强。为逐步改变粤东、粤西、粤北等地高等教育大幅落后的局面，广东省委、省政府开始加大力度发展落后区域的高等教育，在提升原有高校水平和质量的同时也新办了一批高校。此外，对珠三角地区的高等教育的层次、布局及学科专业进行逐步调整，高等教育的整体结构得以逐步优化。总结起来，该时期广东省高等教育结构调整在以下几方面取得较大成效：

一是高等教育层次逐渐清晰。广东省委、省政府一方面加大对高层次综合性大学的支持力度；另一方面将一批办学质量合格、在当地发挥重要作用的学校进行转型升级，对办学情况不佳的学校进行停办，对性质类似的学校进行合并调整，如将广东机械学院等进行合并组建成广东工业大学，将佛山农牧高等专科学校、佛山大学进行合并组建成佛山科学技术学院，将广州对外贸易学院与广州外国语学院进行合并组建成广东外语外贸大学，将深圳师范专科学校并入深圳大学组建成深圳大学师范学院，将广东电力专科学校并入华南理工大学电力学院。这一系列高校的调整与合并动作在提升高等教育整体办学质量、规范高校办学的同时，也进一步优化了高校的层次结构。同时，新建了一批本专科层次的学校。如汕头大学、广州中医药大学、东莞理工学院等，使高校数量增加的同时，层次也进一步清晰。

二是高校学科专业建设与市场需求及社会经济发展联系逐渐紧密。改革开放以后，社会的快速发展与高层次人才的过度缺乏矛盾加大，在此期间，教育部对高等学校的专业设置、学科发展几经论证和调整，力图使高校学科专业的设置既能满足市场发展的需要，又具有前瞻性，能为社会主义当前和未来的建设提供人才、知识、科技的保障。但由于该时期的专业设置带有较强的行政干预色彩，主观随意性较大，导致部分专业人才过剩和部分专业人才紧缺的矛盾并存，专业结构的调整成为必然。在这种背景下，国家教育委员会于 1997 年根据社会发展情况全面修订了《普通高等学校本科专业目录》，对专业进行归类、调整，最终将所有学科划分为 11 大门类。1998 年下发的《教育部关于加强专业结构调整力度　尽快缓解部分科类本专科毕业生供求矛盾的通知》则从就业市场和社会需求的视角，重点改革专业调整机制，为高校的学科及专业发展提供指导。此外，2012 年教育部公布了《普通高等学校本科专业目录（2012 年）》，学科门类由原来的 11 个增至 12 个，优化了学科专业结构。广东省地处改革开放的前沿，在高校专业设置上一方面遵循国家和教育部的总体方针和政策，另一方面也结合区域经济发展特色培养社会所需人才，与市场需求及区域经济社会的发展联系逐渐紧密。

三是理工科类院校的发展力度加大。一方面，新增了一批专门的理工类院校，如东莞理工学院、广东工业大学等；另一方面，在原有的综合性大学里加强对理工类学院或学科的建设力度，如中山大学、暨南大学、华南师范大学等综合性大学里均加大力度建设理工科学院或学科专业，使理工科得到快速发展，在为区域社会的发展培养大批紧缺人才的同时也优化了高等教育学科层次和学科布局。

四是民办教育得到较快发展。随着国家开始鼓励并逐步放开社会力量进入教育领域，社会力量参与高等教育办学的力度和程度开始逐渐加大，许多民办院校、独立学院迅速崛起，并成为推动高等教育发展的一股重要力量。广东省的民办教育在该时期也得到快速发展，如 1993 年广州市首家由社会力量创办的广州华南职业技术学院成立，1994 年私立华联学院成立等。这些民办教育的发展，一方面缓解了民众接受高等教育的需求，另一方面也丰富了高等教育的形式，完善了高等教育结构，为社会经济发展做出了卓越贡献。

三、调整路径

在调整路径上，主要表现为以制度建设及管理体制改革为基础，加强政府宏观政策引领。

（一）国家宏观调整路径：政策引领、制度保障及管理体制改革

首先，在 1978—1998 年调整与改革时期，国家宏观政策引领及制度保障是主要调整路径。改革开放使高等教育逐渐走上了恢复、调整与改革的良性发展道路，一系列影响高等教育发展和结构调整的制度逐步出台，重要会议频繁召开，高等教育的层次、布局、学科、形式结构调整优化的计划和方案有序推行，有关高等教育发展的法律法规得以颁布实施，教育立法得到重视、规范和完善等，这些举措均是高等教育快速发展和结构调整的重要信号和具体行动，高等教育结构调整与改革迎来了重大历史机遇。总体而言，在1978 至 1998 年近 20 年的时间里，中央政府及地方政府出台了一系列针对高等教育改革的政策和制度，对高等教育的结构加以调整，明确了未来的发展方向，表 4 - 3 便是对该时期影响较大的政策制度的简单梳理。综观该时期高等教育结构的调整，可以发现有两个重要特点：一是社会力量参与办学的形式得到认可，并迅速成为高教系统的重要组成部分。上文提到，新中国成立以来民办教育一直处于萌芽阶段或弱势地位，到了 20 世纪 80 年代中期以后，国家和地方政府开始鼓励社会力量参与办学，民办教育得以发展，并迅速成为高等教育领域的重要力量。如 1993 年《民办高等学校设置暂行规定》审批通过了 4 所具备学历教育资格的民办高校，标志着实施学历教育的民办高等教育机构正式出现。但这一时期有关民办教育的法律法规还有待完善，民办高校水平参差不齐，办学方式和培养途径千差万别，人才培养质量堪忧；1997 年公布的《社会力量办学条例》使社会力量参与高等教育办学的力度和程度逐渐加大，许多民办院校、独立学院迅速崛起，并成为推动高等教育发展的一股重要力量，一定程度上满足了民众接受高等教育的需求。随着 2002 年《中华人民共和国民办教育促进法》颁布，这种情况才得以逐渐规范和好转。二是教育立法得到重视、规范和完善。在高等教育领域，许多重要的教育法律法规均是在该时期酝酿、形成、颁布和实施的，如 1981 年的《中华人民共和国学位条例斩行实施办法》、1995 年的《中华人民共和国教育法》、1998 年的《中华人民共和国高等教育法》等，这些法律法规在规范高等教育的办学环境、促进高等教育的科学发展、协调高等教育的结构调整等方面提供了法律依据和基本保障。

表 4 - 3　改革开放以来影响我国高等教育结构的重要政策和事项梳理

时间/年	重要政策及事项	对高等教育结构产生的影响
1978	召开高等学校文科教学工作座谈会	调整学科结构，"重文轻理"的观念开始扭转，加大理工科的发展力度
1979	召开全国高等财经教育工作会议	调整学科结构，经管类、财会类人才得到重视，培养力度加大
1979	召开教育部属综合大学理科专业调整会议、教育部属工科院校专业调整会议	明确专业调整的指导思想、原则、制度、保障机制等，对学科结构影响较大
1980	《教育部关于大力发展高等学校函授教育和夜大学的意见》	影响形式结构，进一步明确了夜大、函授和自考三种办学形式在高等教育体系中的合法性地位
1981	《高等教育自学考试试行办法》	
1981	《中华人民共和国学位条例暂行实施办法》	规定研究生、本科学位授予的资格、条件和方式等内容，规范了学位管理
1982	召开全国高等工程专科教育会议	重点探讨了专科学校的办学方向、指导思想等内容，明确了其在层次结构中所占的比重
1983	《关于加速发展高等教育的报告》	强调了高等教育的重要地位，为高等教育快速发展和结构调整提供依据
1983	《关于成立管理干部学院问题的请示》	管理干部学院作为一种院校类型得到认可并开始迅速发展
1985	《关于教育体制改革的决定》	对高等教育结构调整产生重大影响，明确了高等教育未来的发展方向、路径与方式
1986	《关于改进和加强研究生工作的通知》	规范了研究生教育的内容和方式，明确了研究生教育的层次及类型

续上表

时间/年	重要政策及事项	对高等教育结构产生的影响
1987	《关于社会力量办学的若干暂行规定》	影响并改变了高等教育结构，使社会力量参与高等教育办学的形式得到承认并迅速成为高等教育系统的重要组成部分
1990	召开新中国成立以来第一次关于高等专科教育的工作会议	专门探讨了专科层次院校的发展问题，确立了专科院校内涵式、重质量的发展道路
1993	《中国教育改革和发展纲要》	迈出新一轮布局结构调整的步伐，明确了高等教育的发展方向，重视专科院校的发展
1993	《民办高等学校设置暂行规定》	影响了布局、形式、学科等结构，实施学历教育的民办高等教育机构开始正式出现
1994	《积极推进高等教育体制改革——在全国高等教育体制改革座谈会上的报告》	进一步明确高等教育管理体制改革的基本思想、原则及结构调整的总体方向
1995	《中华人民共和国教育法》	教育的地位得以进一步强调和巩固，职业教育的地位及合法性得到认可，职业教育得到快速发展
1995	《关于进一步改进和加强研究生工作的若干意见》	研究生层次教育得到重视和规范，注重培养质量，重点完善评估体制机制，以培养高层次人才
1995	启动重点建设100所大学的计划，即"211工程"	对高等教育的层次、布局、学科结构均产生重要影响，开始有计划、有重点地建设一批重点学科和重点大学
1996	《全国教育事业"九五"计划和2010年发展规划》《中华人民共和国职业教育法》	明确高等教育的发展方向，以法规形式规范高职院校的办学行为、方式和路径，注重质量及内涵发展

续上表

时间/年	重要政策及事项	对高等教育结构产生的影响
1997	《社会力量办学条例》	社会力量办学及民办高校经历了从鼓励参与到规范参与的过程，国家制定与完善了法律法规，改善了社会力量办学环境
1997	国家教育委员会全面修订《普通高等学校本科专业目录》	对学科结构进行改革，将所有学科调整为11大门类，确定了学科发展的方向
1998	《中华人民共和国高等教育法》	巩固了高等教育的地位，明确了高等教育结构调整的法律依据，使高等教育的发展和调整更具有方向性、科学性
1998	《教育部关于加强专业结构调整力度 尽快缓解部分科类本专科毕业生供求矛盾的通知》	从就业市场的视角，重点调整专业结构，对学科结构产生影响
1998	原国家主席江泽民在庆祝北京大学建校一百周年大会上的讲话	影响了高等教育的层次、布局、学科、形式等结构，开始有步骤地加强对重点学科和高水平大学的建设力度，尤其是对层次结构产生较大影响
1998	《实施科教兴国战略，迎接二十一世纪挑战》报告	对高等教育的层次、布局、学科、形式结构等均提出发展目标、指导思想、发展路径等，对各类结构均产生了影响
1998	《面向21世纪教育振兴行动计划》	为高等教育结构调整提供了方向指引、理论指导及制度保障
1999	《试行按新的管理模式和运行机制举办高等职业技术教育的实施意见》	明确高职高专类高校改革的方向和发展模式，对质量提出新的要求
1999	做出了大幅度扩大高等学校招生规模的决定	高等学校数量和在校生规模开始逐年扩大，对高等教育的布局、层次、学科、形式等结构均产生重要影响

续上表

时间/年	重要政策及事项	对高等教育结构产生的影响
1999	《关于深化教育改革全面推进素质教育的决定》	在促进高等教育各结构调整优化的过程中，也提及要推动其质量和内涵式发展
2000	《关于调整国务院部门（单位）所属学校管理体制和布局结构实施意见》	重点探讨了当时高等教育结构布局不合理的问题，提出改善措施并实施
2000	《关于加强和改进研究生培养工作的几点意见》	促进层次结构的调整，协调研究生教育的发展
2000	教育部采取十项举措支持西部大开发	调整布局结构，关注和促进西部地区高等教育的发展
2000	进行第三次国务院部门（单位）所属学校管理体制改革	开始合并若干重点院校，学科门类齐全的综合性大学得以增加，调整并影响高等教育整体结构
2001	《关于加强高等学校本科教学工作提高教学质量的若干意见》	强调本科层次高校的教育质量需提升
2001	《关于做好普通高等学校本科学科专业结构调整工作的若干原则意见》	影响学科结构，增设了一批新兴学科及专业
2001	教育部"对口支援西部地区高等学校计划"	调整布局结构，进一步推进西部高等教育发展
2002	《关于现代远程教育校外学习中心（点）建设和管理的原则意见》（试行）	影响形式结构，规范远程教育形式，完善相关管理制度
2002	《关于加强和改进专业学位教育工作的若干意见》	影响层次结构，注重研究生教育的质量，研究生类型结构得到改善
2002	《中华人民共和国民办教育促进法》	民办教育的地位得以以法律的形式确认，规范了民办高校的办学模式，办学环境有所改善

续上表

时间/年	重要政策及事项	对高等教育结构产生的影响
2003	《关于规范并加强普通高校以新的机制和模式试办独立学院管理的若干意见》	丰富了形式结构，规范了独立学院的办学形式
2003	教育部开始实施首轮普通高等学校本科教学水平评估	影响高等教育结构的调整和优化，影响学科结构，促进本科教学水平提升
2003	召开了新中国成立以来首次人才工作会议	更重视人才的社会适应性，要求各高校注重学科专业人才培养的质量
2004	《2003—2007年教育振兴行动计划》	明确调整方向和目标，促进高等教育各结构的调整
2004	《中华人民共和国民办教育促进法实施条例》	改善民办教育的办学环境，明确了若干重要问题，加快了民办教育的发展
2004	教育部关于印发《2004—2010年西部地区教育事业发展规划》的通知	促进高等教育的均衡发展，进一步调整西部高校的布局结构
2005	《教育部关于进一步推进高职高专院校人才培养工作水平评估的若干意见》	影响层次结构，专科层次的高校质量再度得到重视
2005	《国务院关于大力发展职业教育的决定》	丰富了形式、层次结构，职业教育得到规范发展，质量得到提升
2005	《教育部关于实施研究生教育创新计划 加强研究生创新能力培养 进一步提高培养质量的若干意见》	影响层次结构，研究生层次的高等教育质量得到重视和提升
2005	《关于进一步加强高等学校本科教学工作的若干意见》	对本科层次高校人才培养质量提出更明确的要求
2007	《民办高等学校办学管理若干规定》	规范民办院校办学行为，促进民办教育质量提升

续上表

时间/年	重要政策及事项	对高等教育结构产生的影响
2007	教育部《关于做好 2007 年现代远程教育试点高校网络高等学历教育招生工作的通知》	完善形式结构，规范网络教育办学方式，促进网络教育的发展
2007	教育部、财政部《关于实施高等学校本科教学质量与教学改革工程的意见》	本科层次的教学改革与教学质量再度成为重点热点
2007	《关于进一步加强国家重点领域紧缺人才培养工作的意见》	完善学科结构，强调加强水利、农林等紧缺人才的培养
2008	《独立学院设置与管理办法》	规范了独立学院的办学形式，独立学院的地位得到巩固
2010	《国家中长期教育改革和发展规划纲要（2010—2020 年）》	区域的概念日益明确并得到重视，促进区域学科专业、类型、层次、布局结构优化，注重创新型人才的培养
2012	教育部公布《普通高等学校本科专业目录》（2012 年）	优化学科专业结构，学科门类由原来的 11 个增至 12 个，新增艺术学门类；专业类由原来的 73 个增至 92 个；专业由原来的 635 种调减至 506 种，其中基本专业 352 种，特设专业 154 种
2015	国务院印发《统筹推进世界一流大学和一流学科建设总体方案》	对新时期高等教育重点建设做出新部署，将"211 工程""985 工程""优势学科创新平台"等重点建设项目统一纳入世界一流大学和一流学科建设；同年 11 月，由国务院印发，决定统筹推进建设世界一流大学和一流学科

续上表

时间/年	重要政策及事项	对高等教育结构产生的影响
2017	教育部、财政部、国家发展和改革委员会印发《统筹推进世界一流大学和一流学科建设实施办法（暂行）》	提出全面优化高等教育布局、层次和学科结构，目的在于提升中国高等教育综合实力和国际竞争力，为实现"两个一百年"奋斗目标和实现中华民族伟大复兴的中国梦提供有力支撑。公布了世界一流大学和世界一流学科建设高校及建设学科名单，首批"双一流"建设高校共计137所，其中世界一流大学建设高校42所（A类36所，B类6所），世界一流学科建设高校95所，双一流建设学科共计465个（其中自定学科44个）
2018	教育部召开新时代全国高等学校本科教育工作会议	提出推动高等教育内涵式发展、提升本科教学质量；提出了新时代高等教育改革发展"四个回归"的基本遵循、"以本为本"的时代命题以及"3个不合格""8个首先"的基本要求。提出大力发展"4个新"（新文科、新农科、新工科、新医科），目的是要推动形成覆盖全部学科门类的中国特色、世界水平的一流本科专业集群；发布《普通高等学校本科专业类教学质量国家标准》，实施了涵盖全部92个本科专业类、587个专业的标准

续上表

时间/年	重要政策及事项	对高等教育结构产生的影响
2018	教育部《关于加快建设高水平本科教育 全面提高人才培养能力的意见》（简称"新时代高教40条"）	提出调整专业结构，大力推进一流专业建设。具体包括：一是实施一流专业建设"双万计划"，建设1万个国家级一流专业点和1万个省级一流专业点，引领支撑高水平本科教育，"双一流"高校要率先建成一流专业，应用型本科高校要结合办学特色努力建设一流专业；二是动态调整专业结构；三是优化区域专业布局，围绕落实国家主体功能区规划和区域经济社会发展需求，加强省级统筹，建立完善专业区域布局优化机制

注：经作者综合整理而成，朱艳的博士论文《制度视角下中国高等教育结构研究》对此问题有基础研究。

　　其次，在1999年以后规模扩张与快速发展时期，高等教育管理体制改革是实现结构调整的重要手段。通过表4-3对该时期影响高等教育结构的政策和制度的分析，可以看出自1999年以来的10多年间是我国高等教育发生重大改变的阶段。这段时期，高等教育的发展进入快车道，影响高等教育及其结构的相关政策和制度密集出台，高等教育规模得到迅速扩大，毛入学率得到大幅提升，高校在校生人数大幅增加，高等教育进入所谓大众化阶段，高等教育供需之间的矛盾得到逐步缓解。从高等教育形式结构上看，高校类型进一步丰富和完善，社会力量和市场力量成为高等教育领域的重要组成部分，民办教育的地位得到认可和巩固，独立学院得到承认和快速发展，网络教育逐渐规范和丰富；从学科专业结构上看，随着高校人数的增加及高等教育管理体制的改革，高校的自主权日益增强，与社会经济发展现状及市场需求趋势的结合渐趋紧密；从高等教育布局结构上看，整体调整和优化效果初显，尤其是西部高校在政策的扶持下得到较快发展；从高等教育层次结构上看，整体结构更趋合理，拔尖创新型人才得到重视和培养，本科层次总体质量得以提升，人才培养的重心逐步下移，专业教育得到较快发展，金字塔形的层次结构初步显现。

总体而言，自改革开放以来，尤其是党的十四大明确提出要朝着社会主义市场经济的改革目标发展以来，我国的政治、经济、社会文化及环境建设均逐步进入正轨。政治经济体制的改革促进了其他领域的发展和完善，高等教育领域的改革和发展环境也日益宽松和民主。一方面，相关法律法规的陆续颁布和实施，使高等教育的发展和调整更具有方向性、科学性和可操作性；另一方面，夜大、函授和自考等形式结构的进一步完善以及民办高校的异军突起，使得市场机制在高等教育发展中的杠杆作用日益凸显。此外，"世界一流大学和一流学科"建设方案的实施拉开了高水平大学建设的序幕，对高等教育整体结构的优化产生重要影响。但是，不可否认，这一时期的高等教育发展仍然有诸多矛盾，不少政策和制度过于宏观，缺乏具体实施方案，导致高等教育后续发展中遇到一系列瓶颈问题。譬如，高等学校学科专业的发展滞后于经济社会的发展，对地方经济的促进作用有限；限制民办院校发展的不公平条例较多、形式结构不尽合理等问题已较为明显。应该说，该时期高等教育迎来了改革的机遇，但在快速发展的过程中，也遗留了高等教育布局不尽合理、层次有待优化、学科专业需要调整等巨大挑战，需要在后续的改革中从调整理念、内容、路径、管理制度、基础保障等方面加以通盘思考，以形成一体化，协同共生发展。

（二）区域调整路径：以产业结构转型升级为契机，不同区域差异化发展

经济社会的发展和产业结构的转型离不开高等教育的支撑，同时也要求高等教育本身不断改革。随着经济发展方式的改变以及产业结构转型升级步伐的加快，区域高等教育必须厘清发展方向和改革思路，明确调整策略，以发挥其应有的作用。以广东省为例，高等教育结构的调整主要是在政府的宏观统筹下逐步推行：一方面，结合全省整体发展战略，明确高等教育的总体发展方向，并根据不同地区经济社会发展现状和特点，走差异化发展道路；另一方面，以学科专业结构的调整为主，力图使所培养的人才适应市场需求及产业结构转型升级的需要。

1. 结合不同区域经济发展现状及发展战略，提出高等教育差异化发展路径

首先，对于珠三角地区而言，高等教育的发展思路主要是结合该地区经济社会及市场需求的发展趋势，重点在现代服务业、高新技术产业、现代农业等领域有所创新，并试图通过学科专业结构的优化促进产业结构升级，构建现代产业体系，形成聚集效应，增强产业竞争力。同时，在与港澳地区深

入合作的同时，借鉴其先进经验，创新体制机制，继续保持珠三角地区经济中心的地位。

其次，对于粤东地区而言，高等教育的发展思路主要是认真解读政府对于区域经济社会发展的宏观规划，结合区域产业结构的现状和发展趋势，在专业建设、学科发展方面适度超前于市场的发展需求，进而为区域经济社会发展所需的创新型人才、核心技术、先进理念等方面提供强有力的支撑，为助推粤东地区新一轮的发展奠定良好的基础。

再次，对于粤西地区而言，一方面努力加强对该区域高校学科专业建设的统筹指导，以促进粤西地区形成特色凸显、相互联动、协同发展的学科专业结构；另一方面，努力通过对现有学科专业的优化调整，增强各高校服务区域社会的整体能力，进而全面提升现有高校的人才培养质量及明确其未来的发展定位。

最后，对于粤北地区而言，一方面试图通过政策优惠从发达区域引进一批人才，帮助该区域实现经济社会的快速发展；另一方面，努力利用区位优势，重点发展具有山区特色的现代服务业以及生态型加工制造业，凸显区域特色。

2. 以区域产业结构的转型升级为契机，优化学科专业结构

（1）珠三角地区。

①结合区域的战略地位、现有优势、发展目标等，重点发展与现代服务业相关的学科专业。珠三角地区在我国改革开放过程中有着重要的作用，未来仍然会继续在市场经济体制改革、现代产业体系构建等领域先行先试，积累宝贵经验。在这种背景下，珠三角地区的高校重点结合区域的战略地位、现有优势、发展目标等，对学科专业结构进行调整，重点在现代服务业领域相关学科专业有所突破和创新，譬如培养一批符合市场需求的金融、会展、物流、科技服务、信息服务、文化创意等产业和领域的高层次人才。这些举措，首先，帮助珠三角地区提升服务业的整体水平，支持产业的转型升级，帮助将广州、深圳等地建设成区域的金融中心，完善该区域的综合金融服务体系，构建层次清晰、特色突出的现代市场体系。其次，帮助将珠三角地区打造成辐射亚太地区、有重要国际影响力的现代金融产业配套服务基地。珠三角地区在专业会展方面已经有较高的知名度，如广州进出口商品交易会、珠海国际航空航天博览会、深圳国际高新技术成果交易会等，未来需要进一步扩大全球范围影响力，形成国际一流的会展品牌。再次，在现有航空、海港的基础上，帮助珠三角地区建设一批现代化、枢纽式的现代物流园区，使广东省成为世界一流的物流基地、电子商务中心。最后，培养一批营销策

划、研究设计、文化创意、动漫等领域的人才，促进珠三角地区商务服务业和科技服务业的发展，形成创意产业的集群效应，完善珠三角地区国家级动漫产业和软件基地。

②重点发展与先进制造业相关的学科专业。目前，珠三角地区的汽车、现代装备、钢铁、石化、船舶制造等产业已经有较好的基础，走新型工业化的发展道路目标较为明确。但综观珠三角地区的高等学校的学科专业设置及人才培养，在现代装备、大型船舶制造、风电设备、核电设备、海洋工程等领域的高层次人才不足，难以支撑行业产业转型升级的发展需要，缺乏核心创新技术，市场的竞争力有待加强。因此，一直以来，区域政府和高校重点优化与现有制造业相关的学科专业，通过政府的统筹，扩大各高校的自主权，使不同层次的高校在学科专业上形成相互补充发展、错位发展、特色发展的模式，努力形成特色鲜明、院校互动、动态调整的专业结构，为珠三角地区的汽车、大型船舶修造、石化产业形成核心技术和自主品牌提供支撑，助推珠三角地区形成汽车产业集群效应及世界级的修造船基地，加快经济结构调整。

③重点发展与高新技术相关的学科专业。改革开放以来，珠三角地区的经济社会发展取得了重要成就，但随着国际金融危机的持续扩散，以往廉价劳动力及自然资源依赖型的传统发展模式已不可持续。未来珠三角地区需要在提升产业整体水平、提高产品附加值、掌握核心引领技术等方面有所创新和突破。高等教育一直在顺应这种发展趋势，调整现有的学科专业结构，重点发展与高新技术相关的学科或专业，譬如新材料、电子信息、新能源、环保、生物工程、海洋工程等学科领域或专业，为珠三角地区培养大量高层次人才。发展相关学科专业，一是帮助珠三角地区培育和发展一批新兴产业，在突出产业自主创新的基础上，重点强调原始创新，提高创新成果的转化率，形成有国际影响力的高新技术产业聚集区，使产业技术得到较快发展；二是帮助珠三角地区提升高新技术产业的核心竞争力，使其进入产业链的高端环节，加快发展高端产业，进而形成配套体系完善、特色鲜明的高新技术产业聚集区和产业群；三是通过重点发展与高新技术相关的学科专业，对高新技术的产业化项目加大扶持力度，形成科研阶段、标准化生产阶段及科技创新成果产业化阶段一体化的模式，带动珠三角地区在新型平板显示、半导体照明、新一代互联网、下一代宽带无线通信、转基因、干细胞、特种功能材料、环境友好材料等产业的转型升级，掌握和引领一批产业行业的核心领先技术，提升全球竞争优势。

④优化与传统优势产业相关的学科专业。珠三角地区经过改革开放 40

多年的发展，在诸如纺织服装、建材、家电、轻工食品、造纸等领域形成了产业的集聚效应，但仍然需要提升和完善产业结构，提高和增强产业聚集度，强化产品质量及售后服务环节，同时，需要树立和实现淘汰落后生产能力和产业的目标。主要途径是通过提高产业准入门槛，提升出口产品附加值及技术含量，使一部分资源依赖型及劳动密集型的低端产业逐步退出市场或转型升级。珠三角地区的高校在广东省传统优势产业逐渐成熟成型的过程中发挥了重要作用，但传统优势产业的改造提升也要求高校相关学科专业必须结合市场的需求进行调整优化，通过增加科研投入，在提高工艺设计的重要性、提升技艺装备水平、强化节能环保及高附加值等方面有所创新和突破，以帮助企业延伸产业链条，推动传统优势产业从简单的贴牌加工向构建自主品牌的方向转变，从广东制作向广东创造转变，最终形成一批国内外有影响力的知名品牌和龙头企业。

（2）粤东地区。

一直以来，粤东地区高等教育的学科专业建设路径主要是结合现阶段及未来一段时间该区域在产业发展方面的趋势，对现有的学科专业结构加以调整和优化，同时认真解读政府对于区域经济社会发展的宏观规划，结合区域产业结构的现状和发展趋势，在专业建设、学科发展方面适度超前于市场的发展需求，进而为区域经济社会的发展所需的创新型人才、核心技术、先进理念等方面提供强有力的支撑，为助推粤东地区新一轮的发展奠定良好的基础。

①重点扶持一批重点学科、重点专业，推动产学研合作，帮助区域提升自主创新能力。粤东地区长期以来重点构建以市场为导向、企业为主体、产学研互动的技术创新体系。因此无论是政府部门，还是高校本身，都加大对重点实验室、专业技术创新平台、企业技术创新中心等平台的投入，推动企业与高校间加强产学研的互动与合作，鼓励企业不断提高研发投入占比。高校的学科专业调整路径也试图重点发展一批区域急需的重点学科、重点专业，推动产学研合作，帮助区域提升自主创新能力。

②力图使学科专业的建设与粤东地区的民营经济发展紧密结合，利用专业人才推动民营经济企业转型和产业升级。长期以来，粤东地区鼓励和引导民营企业抓住机遇和依托重大项目，重点在海洋经济、临港工业、特色旅游等领域发挥作用，同时支持和鼓励民营企业利用现代高新技术提升纺织服装、五金、陶瓷等传统制造业的产业水平，逐渐加大在新能源、高端新型电子信息、生物医药等战略性新兴产业中的民间社会资本比例，进而促进民营企业关联化、集聚化，形成产业集群效应，优化其结构，成为支撑粤东地区

经济社会发展的重要助推力量。因此，粤东地区高校的学科结构调整和建设应主动顺应和适度超前于这种发展趋势，一是加强海洋经济、临港工业、特色旅游等专业的建设，凸显区域优势；二是加强工业设计、工艺设计等学科专业的建设，提升区域生产性服务业的整体水平；三是加强信息技术、新能源、高端新型电子信息、生物医药等新兴学科专业的建设，为粤东地区战略性承接产业转移提供人才支撑。

③加强与支撑粤东地区传统优势产业相关的学科专业的建设，进一步扩大区域优势传统产业的影响。长期以来，粤东地区各中心城市围绕传统优势产业明确发展定位。譬如，汕头将目标定位为做大做强"中国工艺毛衫名城""中国玩具礼品城""中国名家居服装名镇""中国文具生产基地"等品牌；汕尾将目标定位为以名牌带动特色产业发展，重点建设纺织服装、食品制造、圣诞礼品、金银珠宝首饰等行业，形成品牌效应；潮州将目标定位为加大"中国瓷都""中国婚纱晚礼服名城""中国服装跨国采购基地"的品牌效应，建设创新基地；揭阳将目标发展重点放在做强做优医药制造、纺织服装、五金塑料、翡翠玉器、食品饮料等传统特色产业，建设好一批有影响力的特色产业基地。因此，粤东地区高校努力结合各中心城市的发展目标和定位，重点建设一批与高新技术、先进适用技术等相关的学科和专业，进一步加大研发力度和技术投入，帮助该区域培育名牌企业，打造拳头产品，提升产业聚集度，最终推动传统优势产业的转型升级。

④大力发展与海洋经济相关的学科和专业。粤东地区重点发展临海石化、海洋能源、海洋旅游、海洋交通运输、水产品精深加工等产业，建设一批水产品加工和生态型海水养殖基地，并努力将汕头市建设成粤东海洋经济中心。高校在学科专业建设过程中，也重点关注和发展海洋经济相关学科和专业，力争在海水综合利用、海洋生物制药等新兴学科领域实行技术突破，并培养一批旅游观光农业、水产苗种培育、水产品加工业等相关专业技术人才。

⑤发展与现代服务业相关的学科专业。粤东地区民营经济发达，文化历史悠久，为了经济社会的新一轮发展，一直以来努力加快发展现代服务业，重点发展生产性服务业；港口物流、中介服务、商务会展、软件动漫等为制造业配套服务的生产性服务业也得到较快发展；现代物流平台、综合物流体系得到完善；潮汕文化游、绿色生态游、革命老区红色游等粤东旅游品牌进一步扩大影响，粤东区域大旅游格局日益凸显。为顺应粤东地区的发展趋势和定位，高校一是重点发展与现代服务业相关的学科专业，帮助区域尽快形成现代服务业集聚区；二是，培养一批现代物流、港口航空、纺织服装、陶瓷、工艺玩具等学科专业人才，帮助粤东地区形成区域性、特色化的专业新

兴市场；三是培养一批与旅游服务业相关的从业人员，以支撑粤东区域大旅游格局的形成和发展。

⑥发展与精细农业相关的专业。粤东地区的农业产业结构逐步得到优化，农业发展方式得以转变，农业所带来的经济效益进一步扩大。因此，高校的学科专业建设努力顺应这种市场结构的调整。一是培养一批特色农产品及其附带的生产加工业相关专业人才，支撑粤东地区特色农产品生产基地的建设；二是发展与近海养殖、远洋捕捞、海产品深加工、海洋生物制药等相关的学科专业，助推粤东地区形成现代渔港经济区；三是培养一批助推农业标准化建设、农业生产规范化、农产品质量安全的技术人才，推动农业成果转化和科技创新，构建农业综合服务体系。

（3）粤西地区。

一直以来，粤西地区一方面努力加强对区域高校学科专业建设的统筹指导，以促进粤西地区形成特色凸显、相互联动、协同发展的学科专业结构；另一方面努力通过对现有学科专业的优化调整，增强各高校服务区域社会的整体能力，进而全面提升广东海洋大学、广东医科大学、岭南师范学院、广东石油化工学院等高校的人才培养质量及明确其未来的发展定位。

①重点发展与临海重化工业相关的学科专业。一方面，区域高等教育的学科专业发展顺应粤西地区试图建设世界级石化基地的发展目标，加强发展石化相关学科专业以助推粤西地区吸引更多的企业，产生集聚效应；另一方面，粤西地区调整高校学科专业，加强现代化钢铁、船舶等相关学科专业建设，主动培养区域急需紧缺人才，帮助区域形成节能环保、技术先进、装备一流、效益良好的现代化钢铁基地。

②发展与地方特色工业相关的学科专业。粤西地区一直努力发挥其人力资源优势，试图在承接产业转移、优化产业结构、扩大传统产业优势等方面有所建树。高校重点培养一批与地方特色工业相关的专业人才，以帮助区域通过先进适用技术、高新技术、现代管理技术来改造和提升传统产业，增加其产品附加值，提升其产业配套能力，形成一批品牌知名的企业和国际性的区域品牌，进而推动粤西地区的传统优势产业朝着品牌效益模式发展。

③发展与战略性新兴产业相关的学科专业。粤西地区结合区位优势及国家和广东省的战略布局，重点发展新材料、新能源、节能环保、海洋等新兴产业。因而，高等学校的学科专业建设也顺应并适度超前于这种发展战略。一是培养一批与新能源装备制造业、核电综合技术服务、生物能源等相关的技术人员和从业人员；二是培养一批环保与资源循环利用、环保设备制造、环保服务等领域的专业人才和从业人员，支持粤西地区建设循环经济示范

区；三是加强与渔业、海洋生物、海水综合利用、海洋服务、海洋工程等相关的学科专业的建设，创新海洋科技体系，提高海洋科技成果转化率，支撑粤西地区打造我国南海战略资源保护开发基地、海洋经济示范区的建设目标。

④优化与现代农业相关的学科专业。一直以来，农业在粤西地区都占有重要地位，粤西地区不仅农业种植面积大，农业经济占地方 GDP 比重也较高。但长久以来，该区域的农业呈现大而不强的局面。因而高等学校努力发挥区域经济助推器的作用，帮助地方转变经济发展方式，提升产业水平，通过优化现代农业相关学科专业建设，为当地培养一批技术过硬的从业人员。一是帮助当地充分发挥亚热带、热带农业资源的优势，转变农业发展方式，优化农业产业结构，进而构建现代农业产业的系统；二是帮助地方实施品牌战略，形成品牌效应，以"有机、绿色、无公害"的农产品生产为主要方向，通过创新农业科技，最终构建外向型、协同式的农业合作服务体系；三是帮助该区域利用海洋渔业资源等优势发展海洋渔业，建设国家级节约型、生态型的水产养殖基地及海洋渔业基地，形成一批著名品牌。

（4）粤北地区。

目前，粤北地区高等教育的问题主要有两个方面：一方面是高校数量偏少、层次偏低。目前该区域有 5 所高校，其中本科院校 2 所、专科院校 3 所，仅占全省的 3.6%。现有的 2 所本科院校均是由原来的师范专科升格而成，主要为地方培养中小学师资，其他诸如理工科、农林类、医学类、财经类等院校几乎为零，缺乏培养高层次人才的能力。另一方面，社会力量参与办学的积极性不高。现有的 5 所高校均为公办，民办教育比较薄弱，不利于形成良好的人才培养环境。结合该地区未来的发展规划，该区域丰富的林业、土地、旅游和矿产资源以及独特的生态环境和山区区位优势，在调整方向上，一是应重点发展与现代生态农业相关的学科专业，培养一批现代生态农业从业人才，以提升农产品的市场竞争力和构建现代服务体系，帮助该地区建设成华南地区的绿色生态屏障、山区科学发展的示范区域、新兴生态型产业的聚集地、区域合作的纽带和桥梁。二是发展与生态型加工制造业相关的学科及专业，帮助该地区实现"珠三角地区先进制造业的主要服务和配套基地、广东省生态型加工制造产业的新兴聚集区域"的目标。三是重点发展与具有山区特色的现代服务业相关的学科专业，帮助该区域建设成为广东省生态休闲旅游重要目的地，在保护和挖掘历史民族优秀文化资源的同时，进一步融入港澳、珠三角及沿海地区，构筑文化建设、城市建设、旅游发展三位一体的大旅游格局，并帮助该地区发展一批具有区域特色、承载本地产业发展、现代化及服务性强的新兴市场，凸显区位优势。

四、调整成效与局限

综观新中国成立后至改革开放前高等教育的发展状况，表现为整体结构得以优化，但区域间差距仍然较为显著。

（一）我国高等教育结构整体概况

1. 高等教育布局概况

（1）从不同时期全国各省区市高校数量变化情况看高校布局调整。

自 1949 年新中国成立以来，高等学校的数量逐步增加。但整体而言，高校布局结构呈现出东部沿海发达地区较为集中、西部地区发展相对缓慢的状况。表 4-4 中各省份高校数量情况对比可以从侧面反映这一状况。

表 4-4　不同时期高校数量变化情况表

单位：所

区域	1949 年高等学校数	1979 年高等学校数	1999 年高等学校数	2009 年高等学校数	2019 年高等学校数
全国	205	633	1 071	2 305	2 688
北京	15	48	64	86	93
天津	—	14	21	55	56
河北	11	27	48	109	122
山西	1	16	23	71	82
内蒙古	—	13	19	41	53
辽宁	8	34	64	107	115
吉林	6	25	40	55	62
黑龙江	6	27	39	78	81
上海	37	27	41	66	64
江苏	15	36	72	148	167
浙江	5	19	36	99	108
安徽	2	20	37	106	120
福建	8	16	30	84	90
江西	5	17	34	85	103
山东	7	34	52	126	146
河南	2	24	56	99	141

续上表

区域	1949 年高等学校数	1979 年高等学校数	1999 年高等学校数	2009 年高等学校数	2019 年高等学校数
湖北	10	33	57	120	128
湖南	2	22	51	115	125
广东	12	29	50	125	154
广西	3	17	29	68	78
海南	—	—	5	17	20
重庆	—	—	23	50	65
四川	36	42	43	92	126
贵州	3	14	20	47	72
云南	3	15	24	61	81
西藏	—	4	4	6	7
陕西	3	28	43	89	95
甘肃	4	12	18	39	49
青海	—	6	6	9	12
宁夏	—	4	5	15	19
新疆	1	10	17	37	54

　　结合表 4-4 的数据，可画出不同阶段全国高等学校数量的发展变化趋势（如图 4-1 所示）。

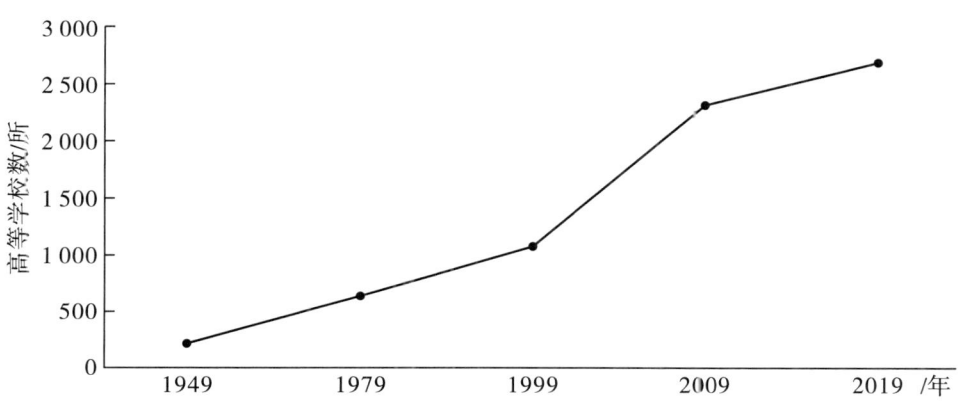

图 4-1　不同阶段全国高校数量发展变化趋势图

此外，再选取北京、上海、广州三地高等学校数量进行对比分析，可画出不同阶段发展变化趋势，如图4-2所示。

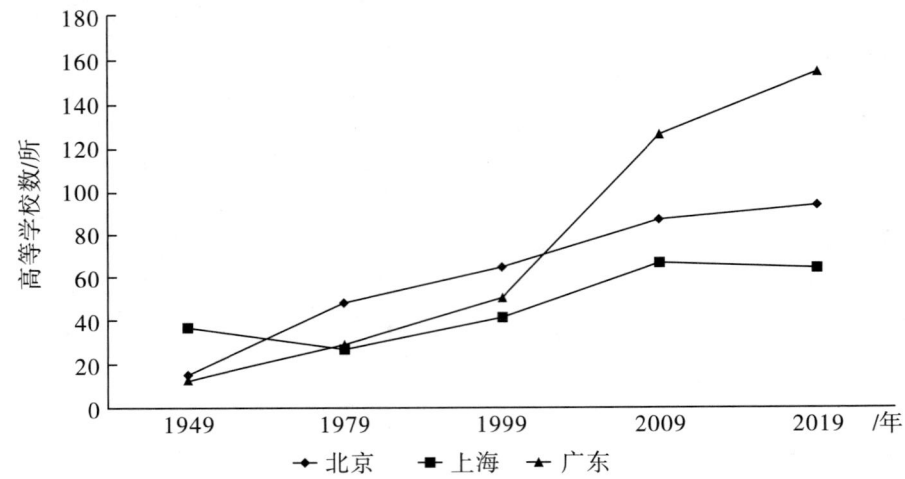

图4-2 "北上广"三地不同阶段高校数量发展变化趋势图

表4-5列出了1999年及2009年各省该时期"211工程"和"985工程"类型院校数量变化情况，拟通过"以管窥豹"的方式，对比这两个阶段高层次院校数量的发展及分布情况。

表4-5 1999年、2009年各省区市"211工程""985工程"类型院校数量

单位：所

年份	1999年		2009年	
类型	"985"学校数	"211"学校数	"985"学校数	"211"学校数
北京	8	21	12	26
天津	2	3	2	3
河北	—	1	—	1
山西	—	1	—	1
内蒙古	—	1	—	1
辽宁	2	4	2	4
吉林	1	3	1	3
黑龙江	1	4	1	4
上海	4	10	5	9
江苏	2	4	2	11

续上表

年份	1999 年		2009 年	
类型	"985" 学校数	"211" 学校数	"985" 学校数	"211" 学校数
浙江	1	1	1	1
安徽	1	3	1	3
福建	1	2	1	2
江西	—	1	—	1
山东	2	3	2	3
河南	—	1	—	1
湖北	2	4	2	7
湖南	3	4	4	4
广东	2	4	2	4
广西	—	1	—	1
海南	—	1	—	—
重庆	1	2	1	2
四川	2	5	3	5
贵州	—	1	—	1
云南	—	1	—	1
西藏	—	1	—	—
陕西	3	8	4	8
甘肃	1	1	1	1
青海	—	1	—	1
宁夏	—	1	—	1
新疆	—	2	—	2
合计	39	100	47	112

结合表 4 - 4、4 - 5 及图 4 - 1、4 - 2 的数据进行分析,可得出如下简单结论:首先,1949—2019 年,高等学校数量呈增长趋势,且 1999 年之后增幅加大。这一方面是顺应高校扩招及高等教育大众化的趋势,另一方面也是社会经济发展对人才需求及高校服务社会发展的客观要求。其次,高等教育资源配置不均衡,高等学校总体布局有待调整和优化。总体而言,我国高等教育的布局基本呈现东部沿海地区较为发达、西部地区发展相对滞后的状况;此外,北京、上海、江苏等省份高等学校数量较为集中,而一些省份如

新疆、西藏、贵州等的高等教育则发展相对缓慢，也有一些省份如山东、辽宁、湖北、河北等自改革开放以来高等教育发展较为迅速。

（2）从不同时期全国招生数据变化情况看高校布局调整。

全国不同省份高校招生数量也可以侧面反映出高等教育布局结构的总体状况。表4-6选取全国不同时期、不同学历层次的招生情况，以进一步说明全国高等教育总体发展和布局情况。

表4-6　全国不同时期不同学历层次的招生情况

单位：人

学历层次	年份				
	1949年	1978年	1999年	2009年	2019年
博士	242	10 708	19 915	55 472	103 448
硕士			71 847	437 328	803 822
本科	30 006	401 500	1 548 554	3 261 081	4 312 880
专科				3 133 851	4 836 146

此外，表4-7中选取了1999年、2009年、2019年不同省区市招生情况进行对比分析，从侧面更好地反映全国高等教育布局结构发展变化情况。

表4-7　1999年、2009年、2019年各省区市招生情况

单位：人

地区	年份及学历层次								
	1999年	2009年				2019年			
	本专科	博士	硕士	本科	专科	博士	硕士	本科	专科
北京	78 429	11 597	55 312	118 528	41 301	25 940	100 704	130 851	21 388
天津	31 670	1 914	13 005	70 865	47 942	3 126	22 357	90 245	58 632
河北	72 856	497	10 259	149 174	180 050	985	19 106	212 885	247 994
山西	37 897	421	7 570	77 734	87 673	743	13 306	122 810	106 592
内蒙古	18 253	207	4 521	51 613	57 464	443	9 044	63 245	69 183
辽宁	87 851	2 394	24 710	151 604	86 302	3 488	40 819	169 450	161 679
吉林	52 553	2 100	14 188	106 241	49 674	2 900	22 656	120 651	83 237
黑龙江	62 480	2 189	15 200	120 389	82 972	3 769	24 190	135 686	103 052
上海	63 244	5 410	30 008	90 344	53 153	9 962	56 789	95 721	44 126

续上表

地区	年份及学历层次								
	1999 年	2009 年				2019 年			
	本专科	博士	硕士	本科	专科	博士	硕士	本科	专科
江苏	127 013	4 994	34 749	228 797	201 028	8 165	65 129	274 259	248 590
浙江	52 657	1 920	14 193	132 758	119 745	4 031	27 604	151 634	148 945
安徽	51 726	1 148	11 567	124 153	143 783	2 962	22 732	166 050	234 748
福建	38 710	1 035	8 760	95 953	91 358	1 818	18 112	128 447	152 733
江西	43 586	176	7 288	103 897	135 024	720	15 304	145 706	213 725
山东	82 410	1 790	19 659	200 790	268 307	3 022	37 558	264 636	398 512
河南	78 805	302	9 553	183 810	246 100	934	19 955	287 338	409 316
湖北	96 375	4 478	29 500	182 594	190 739	6 473	47 666	217 367	218 064
湖南	77 237	1 849	15 412	145 116	169 306	3 127	26 602	188 797	234 452
广东	85 341	3 007	20 948	208 276	227 594	5 689	40 751	288 197	328 134
广西	32 596	171	7 155	66 792	102 150	619	13 710	130 049	229 775
海南	4 903	27	980	21 253	25 139	217	2 952	31 249	37 380
重庆	34 374	1 147	12 991	85 176	64 156	1 864	23 344	117 696	153 719
四川	65 481	2 498	21 224	166 798	132 852	3 905	37 082	235 226	259 614
贵州	24 810	60	3 760	49 298	46 077	365	8 110	94 667	156 299
云南	27 502	363	7 663	67 368	59 919	898	15 727	108 203	135 176
西藏	1 657	3	225	5 010	4010	54	886	6 824	3 752
陕西	68 034	2 884	24 011	140 447	124 229	5 119	42 858	172 015	178 975
甘肃	23 010	705	7 350	62 493	46 959	1 313	13 734	73 042	84 197
青海	3 172	7	630	7 320	5 285	107	2 337	11 107	10 312
宁夏	4 487	21	1 062	13 289	9 113	168	3 089	22 004	21 035
新疆	19 435	158	3 875	33 201	34 447	522	9 639	56 823	82 810

根据表 4-6 的数据，可画出不同时期各层次招生的发展变化趋势，如图 4-3 所示。

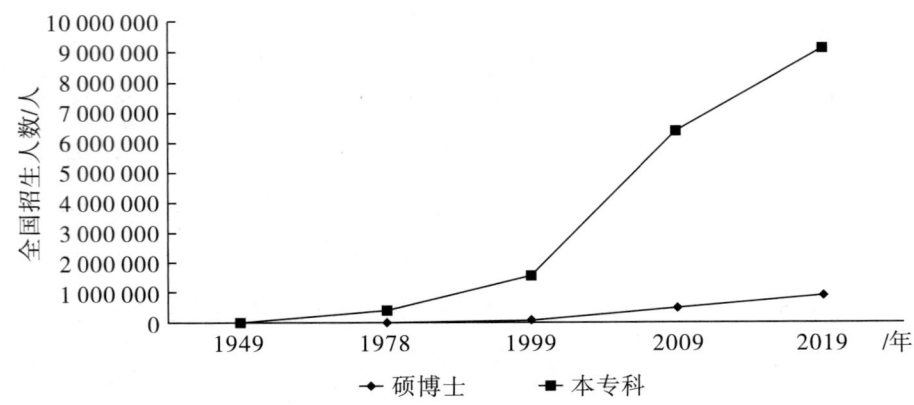

图 4-3　全国不同时期招生情况发展趋势图

根据表 4-6、表 4-7 及图 4-3 的数据进行分析，可得出如下结论：首先，不同时期招生人数变化较大，1999 年招生人数开始大幅上升，对高等教育的布局、形式、学科、层次等结构影响较大；其次，不同层次招生数量增速有快有缓，总体而言，博士的招生数量一直以来相对稳定，增速相对而言较缓，而本专科数量甚至硕士招生数量则有较大幅度的增加；最后，全国招生规模分布情况大致与高校的布局一致，即东部沿海发达地区招生较为集中，招生数量较多，而西部欠发达地区由于高校数量有限，招生相对较少。

（3）从不同时期高校在校生数量变化情况看高校布局调整。

为进一步说明高等教育总体布局情况，本书选取了全国和各省区市不同阶段在校生的数据进行分析，具体见表 4-8。

表 4-8　1949 年、1979 年、1999 年、2009 年、2019 年全国各地高校在校生数量情况

单位：人

地区	年份				
	1949 年	1979 年	1999 年	2009 年	2019 年
全国	116 504	1 019 950	4 085 874	21 446 570	30 315 262
北京	14 659	72 991	235 140	586 685	601 545
天津	—	28 197	90 450	405 968	539 366
河北	5 332	35 952	176 702	1 060 450	1 473 971
山西	945	25 308	94 120	547 391	802 005

续上表

地区	年份				
	1949 年	1979 年	1999 年	2009 年	2019 年
内蒙古	—	15 674	49 732	351 928	472 033
辽宁	6 461	58 007	235 819	852 467	1 041 144
吉林	4 216	35 670	139 595	550 975	700 145
黑龙江	5 885	40 566	157 063	708 935	778 160
上海	20 900	67 404	186 307	512 809	526 585
江苏	7 173	73 943	329 825	1 653 427	1 874 084
浙江	3 394	32 227	138 564	866 496	1 074 688
安徽	1 052	33 290	133 025	877 782	1 241 151
福建	3 903	40 555	102 589	606 284	861 231
江西	2 136	29 139	110 873	793 488	1 134 950
山东	3 894	44 771	213 679	1 592 974	2 183 944
河南	680	33 804	185 486	1 368 813	2 319 653
湖北	4 333	60 200	257 875	1 249 061	1 500 819
湖南	2 685	42 912	193 553	1 016 833	1 407 108
广东	5 817	42 382	220 810	1 354 089	2 053 977
广西	1 956	21 213	90 286	528 342	1 076 408
海南	—	—	14 569	142 082	207 424
重庆	—	—	96 569	484 199	834 864
四川	14 050	69 055	180 256	1 035 934	1 661 737
贵州	1 013	18 244	56 454	299 072	765 745
云南	1 653	18 979	73 902	393 601	864 035
西藏	—	1 480	4 021	30 264	36 226
陕西	2 350	43 392	179 447	893 748	1 121 990
甘肃	1 654	15 563	62 637	361 490	524 948
青海	—	3 736	9 347	43 782	73 182
宁夏	—	3 630	13 121	75 564	135 178
新疆	363	11 666	54 058	241 637	426 966

根据表 4 - 8 的数据，再进一步深入分析：

首先，将 1949 年、1979 年、1999 年、2009 年及 2019 年不同省份普通

高校在校学生数进行单因素方差分析，结果发现，从 1949 年开始，我国普通高等学校在校学生人数显著上升，$F = 63.25$，$p < 0.01$（见表 4-9）。

表 4-9　不同年份普通高校在校学生数方差分析表

来源	平方和	自由度	均方	F 值
组间差异	9.634	3	3.211	
组内差异	6.093	120	5.078	63.25
总差异	15.73	123	—	

其次，为了进一步探究各年份间的差异，笔者对五个年份在校学生数进行多重比较，结果表明 1949 年的在校学生数与 1979 年、1999 年、2009 年和 2019 年的存在显著差异，即 1979 年、1999 年、2009 年和 2019 年的学生数与 1949 年相比显著增加。1979 年与 2009 年、2019 年的在校学生人数存在显著差异，即 2019 年、2009 年在校学生数显著多于 1979 年。同时，1999 年与 2009 年、2019 年的在校学生人数也存在显著差异，即 2019 年、2009 年在校学生数显著多于 1999 年。新中国成立以来，越来越多的学生进入大专院校进行学习深造，这个趋势在 1999 年后更为明显。

总体而言，高校在校生人数不断增加，但各省的高校在校生人数差异明显，这与高等教育总体布局结构基本吻合，即高等教育布局结构的调整会影响高等学校招生数量、在校生数量等，进而影响不同区域的高等教育总体结构。

2. 高等教育层次结构概况

新中国成立以来，我国高等教育层次结构变化明显，高层次人才培养机构稳步发展壮大，本科层次和专科层次的高等院校快速发展。表 4-10 简单统计了不同层次高校的数量变化情况。

表 4-10　五个不同阶段人才培养机构数量情况

单位：所

年份	人才培养机构及类别		学校数量
1949 年	研究生培养机构	普通高校	242
		科研机构	
	普通高等学校	本科院校	205
	中等专业学校	中等技术学校	561
		中等师范学校	610

续上表

年份	培养机构及类别		学校数量
1979 年	研究生培养机构	普通高校	300
		科研机构	208
	普通高等学校	本科院校	633
	中等专业学校	中等技术学校	1 980
		中等师范学校	1 053
	成人高等学校		102
1999 年	研究生培养机构	普通高校	446
		科研机构	329
	普通高等学校	本科院校	597
		高职（专科）院校	474
		"985" 学校数	34
		"211" 学校数	100
	成人高等学校		871
2009 年	研究生培养机构	普通高校	481
		科研机构	315
	普通高等学校	本科院校	1 090
		高职（专科）院校	1 215
		"985" 学校数	39
		"211" 学校数	112
	成人高等学校		384
2019 年	研究生培养机构	普通高校	593
		科研机构	235
	普通高等学校	本科院校	1265
		高职（专科）院校	1423
		世界一流大学建设高校	42
		世界一流学科建设高校	95
	成人高等学校		268

从表 4 - 10 的数据可以看出，在不同的发展阶段，不同层次的高等院校或研究机构数量变化较大，总体而言呈增长趋势。

结合表 4 - 10 进行分析，可得出如下结论：首先，随着时间的推移，各层次的高校数量总体呈增长态势，这与中国经济发展总体水平及社会需求状况较为一致。其次，不同层次和类型的学校数量增幅不一——成人高校数量在 1979—1999 年间增幅明显，而在 1999—2019 年间数量有所减少；本科层次的高校增幅较大；高职（专科）层次的学校增长则先快后慢——经过近几十年的发展，高等教育层次结构基本清晰，金字塔形结构渐趋明朗。这一方面说明我国日益重视高素质人才的培养，但另一方面也暴露出处于根基地位的专科层次的院校经过一段时期的快速增长后，遇到发展瓶颈期的问题，我国需要从政策、战略上明确其基础地位，发挥其应有的作用。

3. 高校学科专业及类型结构概况

1949 年以来，高等院校不同学科、不同专业的发展情况不同。表 4 - 11、表 4 - 12、表 4 - 13 分别选取部分学科招生情况进行对比，以分析不同阶段我国高等教育学科结构的调整变化情况。

表 4 - 11　1949 年、1979 年部分学科招生数据对比

单位：人

科类	各层次招生数			
	1949 年招生数		1979 年招生数	
	研究生	本、专科	研究生	本、专科
工科	87	10 820	2 562	91 869
农科	9	2 123	233	14 797
林科	1	218	33	2 676
医药	13	3 806	1 462	31 569
师范	3	3 442	681	87 481
文科	62	2 999	1 273	14 984
理科	30	1 841	1 402	18 053
财经	21	4 695	178	8 143
政法	16	297	80	2 041
体育	—	51	108	2 470
艺术	—	281	98	1 016
合计	242	30 573	8 110	275 099

从表 4 - 11 的数据可以看出：首先，从 1949 年至 1979 年，研究生招生数及本、专科招生数总体上升，其中本、专科招生数上升较大；其次，工科、医药、师范、林科、理科等科类招生增幅较大、发展较快，文科、财经、政法科类增幅不大、发展相对较缓，这与当时的政治环境和社会形势密切相关。

表 4 – 12　1999 年、2009 年、2019 年部分学科招生数据对比

单位：人

各层次招生数

科类	1999 年				2009 年				2019 年		
	博士	硕士	本科	专科	博士	硕士	本科	专科	博士	硕士	本科
哲学	356	945	1 386	377	833	4 421	2 563	—	971	3 293	2 647
经济学	1 546	9 224	131 459	105 670	2 773	18 803	191 665	117 454	3 288	38 478	232 119
法学	807	4 776	42 765	26 283	3 355	27 730	126 335	69 809	5 048	52 308	152 972
教育学	295	2 160	35 163	32 094	1 108	15 575	116 457	174 168	2 362	61 562	190 316
文学	759	4 670	117 599	112 576	2 799	39 046	627 375	334 044	2 985	36 199	423 686
历史学	438	1 115	11 043	8 027	909	4 933	17 007	—	1 154	5 348	22 871
理学	3 853	9 329	99 870	56 010	11 638	47 641	332 874	2 480	20 090	57 295	306 668
工学	8 567	30 151	386 458	221 139	23 259	135 444	1 023 678	1 316 209	42 674	280 499	1 485 293
农学	887	2 563	35 834	16 417	2 733	12 067	58 940	59 971	4 595	37 857	74 696
医学	2 407	6 914	75 113	33 271	6 832	37 881	202 892	250 420	15 775	85 572	293 119
军事学	—	—	—	—	31	202	—	—	8	26	—
管理学	—	—	—	—	4 790	33 911	561 295	809 296	5 084	124 974	666 746
艺术学	—	—	—	—	—	—	—	—	1 135	27 923	435 931
合计	19 915	71 847	936 690	611 864	61 911	449 042	3 261 081	3 133 851	105 169	811 334	4 312 880

从表 4-12 的数据可以看出：首先，1999 至 2019 年这 20 年间，高等教育得到迅速发展，招生数量大幅上升，各学科的招生人数都有较大幅度增长；其次，不同层次的招生增幅情况不同，本科增幅较大；最后，不同学科的招生增幅不同，其中经济学、法学、工学等学科专业发展较快，农学等学科发展相对较缓。

此外，在不同的发展阶段，不同类型高校的发展速度有差异，也影响着我国高等教育的学科专业结构。表 4-13 选取了部分类型高校在不同阶段的数量，可以从侧面反映出高校类型及学科专业结构的变化情况。

表 4-13　1949—2009 年不同类型高校数量变化情况表

单位：所

年份	综合大学	农业院校	林业院校	工业院校	师范院校	医药院校	财经院校	政法院校	体育院校	艺术院校	其他院校
1949 年	49	18	—	28	12	22	11	7	2	18	27
1959 年	29	99	14	274	175	142	13	5	24	33	28
1971 年	29	45	8	127	59	92	18	6	10	22	2
1979 年	33	52	9	191	161	107	22	6	11	22	9
1989 年	49	59	11	286	256	121	81	25	16	30	11
1999 年	74	47	7	268	227	118	74	25	14	29	173
2009 年	547	81	18	821	189	163	242	69	30	79	18

结合表 4-13 的数据，可进一步得出不同类型的高校发展趋势，在不同年份的发展表现出差异性。从新中国成立初期至 1959 年间各类型高校普遍呈增长趋势，但 1959 年至 1971 年受当时的政治环境影响，基本呈下降趋势。师范类院校在 1971 年至 1989 年发展较快，之后呈下降趋势。改革开放以后至 2009 年，个别类型的高校如工业院校、综合性大学、财经院校发展迅速，这与当时的社会需求、国家政策引领、经济发展需要密切关联。

（二）广东省高等教育结构整体概况

从表 4-14 选取的 1995 年—2012 年的数据可以看出，经过十几年的发展，广东省高等教育在高校数量、不同层次学生人数、毛入学率等方面均取得了一定的进步，2012 年高校总数量是 1995 年的 3.29 倍，研究生招生数、在校生数、高等教育毛入学率均呈逐年增长趋势。实际上，广东高等教育一直在快速发展进步，从数量上而言，至 2020 年广东省共有 154 所各类高校，是 1995 年的 3.65 倍。可以说，在过去的 30 多年时间中，广东省在经济快速发展的同时，与之紧密关联的高等教育在规模和数量上也取得了长足进步，基本保障了经济发展的人才供给，也引领了区域文化的发展方向。

表 4－14　1995—2012 年广东省高等教育发展概况

指标		年份								2012 比1995 年增长/倍
		1995	1998	2000	2001	2005	2008	2011	2012	
高校数量/所		42	43	52	62	102	108	133	138	2.29
研究生/万人	招生数	0.19	0.31	0.57	0.74	1.71	2.11	2.69	2.81	13.79
	在校生数	0.54	0.8	1.3	1.79	4.39	5.88	7.56	8.15	14.09
	毕业生数	0.13	0.19	0.22	0.47	0.95	1.62	2.05	2.32	16.85
普通本科/万人	招生数	4.94	6.1	12.08	13.9	30.7	121.64	47.36	51.09	9.34
	在校生数	15.58	18.5	29.95	38.19	87.47	39.07	152.73	161.68	9.38
	毕业生数	3.48	4.93	5	5.88	15.71	28.25	35.75	40.4	10.61
成人本专科/万人	招生数	4.67	—	8.56	—	14.42	—	16.18	18.91	3.05
	在校生数	13.51	14.63	20.14	17.51	29.56	44.5	46.05	48.91	2.62
	毕业生数	4.16	—	4.4	—	9.75	—	15.2	14.58	2.50
每万人中普通高校在校生数/人		22.36	26	41.19	99.62	105	128.73	146.28	153.91	5.88
毛入学率/%		6.6	8.1	11.4	—	22	27	28	28.2	3.27

1. 广东省高等教育布局概况

总体而言，广东省高等教育的布局呈现出珠三角地区过度集中，粤北山区和粤东、粤西两翼数量偏少的不均衡状态。发展至 2020 年，广东省共有不同层次的高校 154 所，其中珠三角地区有 127 所，占了 82.5%，而粤东、粤西、粤北地区总共只有 27 所，占了 17.5%（见表 4－15、表 4－16、表 4－17 和图 4－7）。

表 4 – 15　2012 年广东省高校和在校生区域分布情况

地区	高校数量/所	比例/%	招生数/人	比例/%	在校生数/人	比例/%
全省	138	100	200 566	100	1 604 923	100
珠三角	118	85.4	423 122	84.5	1 346 158	83.9
粤东	6	4.4	16 275	3.3	50 817	3.2
粤北	5	3.6	23 867	4.8	75 462	4.7
粤西	9	3.6	37 302	7.5	132 486	8.3

表 4 – 16　2019 年广东省高校、招生和在校生数量

地区	高校数量/所	招生数/人	在校生数/人
全省	154	686 632	2 183 549

表 4 – 17　2020 年广东省高校区域分布情况

地区	高校数量/所	比例/%
全省	154	100
珠三角	127	82.5
粤东	8	5.2
粤北	7	4.5
粤西	12	7.8

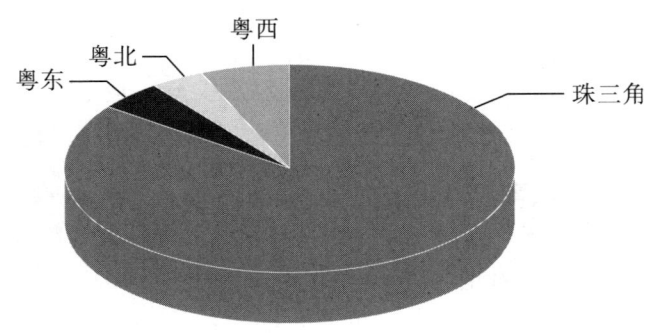

图 4 – 4　广东省四大区域高校分布比例

造成广东省高校布局结构现状的原因，主要包括如下几个方面：一是历史累积效应。由于广州历来是广东省的省会城市，自古就是华南地区的经济、文化、贸易中心，所以其高等教育相对集中和发达。二是政策支持。新中国成立后，国家和省级政府出台了一系列政策对高校进行调整、合并或者新建一批新的高校，以适应现代化建设对各类人才的需求，综合考虑经济基础、文化累积、产业聚集、区位优势等方面因素，这些新建的高校大部分集中在广州及其他珠三角城市。三是区位优势。广州及珠海、深圳等珠三角城市一方面地处经济和文化中心，具有基础设施及配套服务、文化氛围等方面的便利和优势，另一方面毗邻港澳，具有区位上的优势，因此高校相对集中；而粤北山区、东西两翼由于历史底子薄、财政支持少、观念相对落后、地理位置相对偏远等因素，高等教育发展缓慢。

2. 广东省高等教育层次结构概况

（1）不同层次高校情况分析。

截至 2020 年，广东省共有不同层次的高校 154 所，其中一般本科院校 49 所，独立学院 16 所，高职高专类院校 89 所。广东省高校层次逐渐清晰，高职高专类院校占最大比例，说明经过十多年的发展，广东省结合区域经济社会的发展，加大了对高职高专类院校的建设并取得了较大的成效，使高职高专类院校成为支撑区域经济发展的主要力量之一。但同时也发现，综合性、高水平的高校数量偏少，与广东省经济发展在全国的总体情况不相匹配。广东省区域经济如果要实现转型升级、继续高速可持续发展，需要更多高水平、专业性强的高校加以支撑，需要这些高水平大学在拔尖创新型人才培养、核心技术研发、先进文化引领等方面给予更强有力的支持。进一步分析高校的层次结构发展概况可以发现，绝大多数高水平院校、一般本科院校和高职高专院校集中在广州市；深圳、珠海、东莞、佛山、肇庆、湛江等地属于第二梯队，本科、专科层次高校均有；其余地区则没有显现出合理的层次结构，要么只有本科院校，要么只有专科院校，且数量偏少。综合而言，对于整个广东省而言，本科、专科层次高校的比例已经逐渐清晰，结构也渐趋稳定，但具体到局部的地区，则呈现出高校层次很不平衡、过度集中和过度缺乏矛盾并存的问题，高等教育层次结构的宏观调整和总体规划任重道远。

（2）不同层次高校学生情况分析。

从学生层次结构而言，人们普遍认同研究生、本科、专科层次的学生数量呈金字塔形时是较为理想的结构，即处于根基地位的专科/职业教育学生应该数量最多，他们是推动社会发展不可或缺的基础性力量，为社会的发展输送基础性、技能型、实用性人才；其次是本科层次的学生，处于金字塔的中间层级，是高等教育最重要的组成部分之一，为社会发展提供复合型人才；而研究生则处于金字塔的顶尖，属于第三层级，为社会发展输送拔尖创新型人才。经过最近 20 多年的发展，广东省高等学校招生规模、在校生规模、毕业生规模均得到快速增长。自 1999 年教育部做出了大幅度扩大高等学校招生规模的决定以来，全国高等教育的总体规模逐年扩大，这不仅开启了高等教育结构全面调整的序幕，也为高等教育未来 20 多年的发展奠定了基调。此外，1999 年的《面向 21 世纪教育振兴行动计划》、2004 年的《2003—2007 年教育振兴行动计划》、2010 年的《国家中长期教育改革和发展规划纲要（2010—2020 年）》等文件均为各层次的高等教育结构调整提供方向指引，成为当时高等教育改革和结构优化的重要制度保障。根据表 4 - 18、表 4 - 19、表 4 - 20、表 4 - 21、表 4 - 22 所列出的不同层次学生在毕业生、招生、在校生中所占的比例及其总体趋势来看，可以认为，虽然广东省高校中目前的研究生、本科、专科学生层次逐渐清晰，但总体比例结构并不理想。原因大概有如下几个方面：一是处于根基地位的专科层次院校经过近十多年的快速发展，正进入调整期，需要加大政策扶植力度，找准方向，发挥其应有的作用；二是不同层次、不同类型的高校之间联动较少，衔接不够，功能、任务、目标定位不够清晰，有些甚至相互重叠；三是一部分专科层次的高等职业院校盲目向高层次的综合性大学看齐，出现"升级热"，最终使院校的特色不明显、方向不明确，造成不同层次学生比例不恰当，不同层次学生间的定位和培养目标差异并不明显。

表4-18 2012年广东省各地区高校不同层次毕业生、招生及在校生数量

单位：人

区域	毕业生数				招生数				在校生数			
	博士	硕士	本科	专科	博士	硕士	本科	专科	博士	硕士	本科	专科
全省	2 589	17 949	162 255	195 266	3 379	23 540	232 217	241 430	12 991	64 588	842 347	684 907
珠三角	2 562	16 944	134 707	159 451	3 345	22 514	193 805	203 458	12 879	61 307	698 816	573 156
粤东	27	644	4 486	9 035	34	584	5 173	10 484	112	1 985	19 763	28 867
粤北	0	0	6 333	13 718	0	0	9 748	14 119	0	0	34 284	41 178
粤西	0	361	16 729	13 062	0	442	23 491	13 369	0	1 296	89 484	41 706

表4-19 2019年广东省各地区高校不同层次毕业生、招生及在校生数量

单位：人

区域	毕业生数				招生数				在校生数			
	博士	硕士	本科	专科	博士	硕士	本科	专科	博士	硕士	本科	专科
全省	3 085	27 093	267 550	254 544	5 697	40 879	305 879	334 177	19 430	110 142	1 159 808	894 169

表4-20 2012年广东省各地级市高校不同层次毕业生、招生及在校生人数

单位：人

区域	毕业生数				招生数				在校生数			
	博士	硕士	本科	专科	博士	硕士	本科	专科	博士	硕士	本科	专科
广州市	2 550	16 034	101 596	109 218	3 314	20 902	138 404	132 693	12 789	57 036	510 487	385 636
深圳市	12	816	5 502	10 067	31	1 490	6 492	11 996	90	3 888	26 128	32 096
珠海市	0	0	11 482	8 400	0	0	20 479	9 070	0	0	70 182	28 166
惠州市	0	0	2 348	1 974	0	0	4 162	2 210	0	0	14 900	7 148
东莞市	0	0	3 260	6 203	0	0	7 686	9 151	0	0	19 397	25 684
中山市	0	0	2 990	3 749	0	0	3 363	5 055	0	0	13 080	13 689
江门市	0	94	2 126	3 355	0	122	4 510	4 691	0	383	12 762	13 479
佛山市	0	0	2 498	8 694	0	0	2 901	20 055	0	0	13 817	39 826
肇庆市	0	0	2 905	7 791	0	0	5 808	8 537	0	0	18 063	27 432
汕头市	27	644	1 727	3 015	34	584	1 750	3 685	112	1 985	7 275	10 458
汕尾市	0	0	0	1 490	0	0	0	1 355	0	0	0	4 412
潮州市	0	0	2 759	1 186	0	0	3 423	1 751	0	0	12 488	5 217

续上表

区域	毕业生数				招生数				在校生数			
	博士	硕士	本科	专科	博士	硕士	本科	专科	博士	硕士	本科	专科
揭阳市	0	0	0	3 344	0	0	0	3 693	0	0	0	8 780
韶关市	0	0	3 403	4 711	0	0	5 205	4 867	0	0	18 938	13 955
河源市	0	0	0	3 288	0	0	0	3 306	0	0	0	8 792
清远市	0	0	0	3 443	0	0	0	4 001	0	0	0	11 875
梅州市	0	0	2 930	2 276	0	0	4 543	1 945	0	0	15 346	6 556
阳江市	0	0	0	2 216	0	0	0	2 232	0	0	0	6 167
湛江市	0	361	13 718	5 191	0	442	18 839	4 213	0	1 296	73 474	15 097
茂名市	0	0	3 011	3 631	0	0	4 652	4 253	0	0	16 010	13 230
云浮市	0	0	0	2 024	0	0	0	2 671	0	0	0	7 212

表4-21 2012年广东省各地区高校的毕业生、招生、在校生人数占比情况

%

区域	毕业生数				招生数				在校生数			
	博士	硕士	本科	专科	博士	硕士	本科	专科	博士	硕士	本科	专科
全省	0.7	4.7	42.9	51.6	0.7	4.7	46.4	48.2	0.8	4	52.5	42.7
广州市	1.1	7	44.3	47.6	1.1	7.1	46.9	44.9	1.3	5.9	52.8	39.9
深圳市	0.1	5	33.6	61.4	0.2	7.4	32.4	60	0.1	6.3	42	51.6
珠海市	0	0	57.8	42.2	0	0	69.3	30.7	0	0	71.4	28.6
惠州市	0	0	54.3	45.7	0	0	65.3	34.7	0	0	67.6	32.4
东莞市	0	0	34.4	65.6	0	0	45.6	54.4	0	0	43	57
中山市	0	0	44.4	55.6	0	0	40	60	0	0	48.9	51.1
江门市	0	1.7	38.1	60.2	0	1.3	48.4	50.3	0	1.4	47.9	50.6
佛山市	0	0	22.3	77.7	0	0	12.6	87.4	0	0	25.8	74.2
肇庆市	0	0	27.2	72.8	0	0	40.5	59.5	0	0	39.7	60.3
汕头市	0.5	11.9	31.9	55.7	0.6	9.6	28.9	60.9	0.6	10	36.7	52.7
汕尾市	0	0	0	100	0	0	0	100	0	0	0	100

续上表

区域	毕业生数				招生数				在校生数			
	博士	硕士	本科	专科	博士	硕士	本科	专科	博士	硕士	本科	专科
潮州市	0	0	69.9	30.1	0	0	66.2	33.8	0	0	70.5	29.5
揭阳市	0	0	0	100	0	0	0	100	0	0	0	100
韶关市	0	0	41.9	58.1	0	0	51.7	48.3	0	0	57.6	42.4
河源市	0	0	0	100	0	0	0	100	0	0	0	100
清远市	0	0	0	100	0	0	0	100	0	0	0	100
梅州市	0	0	56.3	43.7	0	0	70	30	0	0	70.1	29.9
阳江市	0	0	0	100	0	0	0	100	0	0	0	100
湛江市	0	1.9	71.2	26.9	0	1.9	80.2	17.9	0	1.4	81.8	16.8
茂名市	0	0	45.3	54.7	0	0	52.2	47.8	0	0	54.8	45.2
云浮市	0	0	0	100	0	0	0	100	0	0	0	100
珠三角	0.8	5.4	42.9	50.8	0.8	5.3	45.8	48.1	1	4.6	51.9	42.6
粤东	0.2	4.5	31.6	63.7	0.2	3.6	31.8	64.4	0.2	3.9	39	56.9
粤北	0	0	31.6	68.4	0	0	40.8	59.2	0	0	45.4	54.6
粤西	0	1.2	55.5	43.3	0	1.2	63	35.8	0	1	67.5	31.5

表 4 – 22　2019 年广东省高校的毕业生、招生、在校生人数占比情况

%

区域	毕业生数				招生数				在校生数			
	博士	硕士	本科	专科	博士	硕士	本科	专科	博士	硕士	本科	专科
全省	0.6	4.9	48.4	46.1	0.8	6.0	44.5	48.7	0.9	5.0	53.1	41.0

3. 广东省高等教育形式结构概况

经过近十多年的发展，高等教育的形式结构得到了进一步丰富和完善。在此期间，高等教育的形式不断丰富，体现在独立学院地位得到认可和巩固、网络远程教育得到发展和规范、职业教育得到进一步巩固和提升、民办教育的办学环境得到较大改善等方面。广东省的高等教育形式结构在这样的大背景下也得到了较快的发展，尤其是独立学院、民办高校等发展迅速。广东省的高校教育类型日益多元，高校层次日益清晰，不同地区高等教育布局均衡问题得到高度重视。从表 4 – 23 的数据可以看出，2020 年，广东省共有普通高校 154 所，其中公办本科 39 所，占 25.3%；公办专科 61 所，占 39.6%；民办本科 7 所，占 4.5%，民办专科 27 所，占 17.5%；独立学院 16 所，占 10.4%；合作办学形式的高校 4 所，占 2.6%。此外，共有成人高校 14 所，其中公办 13 所，民办 1 所。总体而言，从形式结构看，广东高等教育基本形成了普通高校与成人高校并存，公办高校、民办高校、独立学院、合作办学几种形式互补的发展格局。但从数量上看，广东高等教育也存在一些问题需要在后续的结构调整中加以完善。譬如，一方面普通高校与成人高校总体而言比例不太合理，成人高校无论在学校数量上还是在校生数量上均偏少且普遍层次较低、规模较小；另一方面公办高校、民办高校、独立学院、合作办学这几种形式的高校比例不太合理，由于基础较为薄弱，虽然经过近十多年的发展，民办高校、独立学院、合作办学等几种形式的高校有较大进步，社会力量和市场力量成为高等教育不可或缺的重要组成部分，民办教育的地位得到认可和巩固，独立学院得到承认和快速发展，但与公办形式的高校比较而言，它们仍然有很大提升空间。

表 4-23 2020 年广东省不同形式高校数量及分布情况

单位：所

| 区域 | 普通高校 | | | | 独立学院 | 中外合作办学（含省外高校在粤办学机构） |
| | 公办 | | 民办 | | | |
	本科	专科	本科	专科		
广东省	39	61	7	27	16	4
广州市	22	32	4	15	10	0
深圳市	3	2	0	1	0	2
珠海市	0	1	0	1	3	1
惠州市	1	3	0	0	0	0
东莞市	1	1	1	3	1	0
中山市	0	2	0	0	1	0
江门市	1	2	0	1	0	0
佛山市	1	4	1	0	0	0
肇庆市	1	1	1	2	0	0
汕头市	2	1	0	0	0	1
汕尾市	0	1	0	0	0	0
潮州市	1	0	0	0	0	0
揭阳市	0	1	0	1	0	0
韶关市	1	1	0	0	0	0
河源市	0	1	0	0	0	0
清远市	0	1	0	1	0	0
梅州市	1	0	0	0	0	0
阳江市	0	1	0	0	0	0
湛江市	3	1	0	1	1	0
茂名市	1	4	0	0	0	0
云浮市	0	1	0	0	0	0
珠三角	30	48	7	24	15	3
粤东	3	3	0	1	0	1
粤北	2	4	0	1	0	0
粤西	4	6	0	1	1	0

五、对广东省高等教育结构现状的问卷调查与数据分析

为更好地了解广东省高等教育结构现状及调整思路，我们编制了"广东省高等教育结构现状调查问卷"。正式问卷共分为五大部分，第一部分主要是了解被调查者的基本信息，第二部分主要考察被调查者对广东省高等教育结构总体情况的看法和评价，第三部分主要想了解被调查者对区域内高校学科专业结构的看法，第四部分试图了解被调查者对区域内高校布局结构的看法，第五部分则试图了解被调查者对区域内高校层次、形式结构现状和调整思路的整体看法和建议。此次调查共发放问卷 1 550 份，回收的有效问卷数为 1 482 份，有效率为 95.6%。被调查者中，男性 667 人，女性 815 人。年龄分布较为广泛，包括 20 岁以下者 253 人，20～30 岁（含 30 岁）者 370 人，30～40 岁（含 40 岁）者 421 人，40～50 岁（含 50 岁）者 368 人，另有 70 名年龄超过 50 岁者。受调查者多为本科或本科以上学历（其中本科学历 789 人，研究生及以上学历 541 人，专科及以下学历 152 人，详见表 4－24）。

表 4－24 被调查者的基本信息

变量	类别	人数/人	百分比/%
性别	男	667	45.0
	女	815	55.0
学历	专科及以下	152	10.3
	本科	789	53.2
	研究生及以上	541	36.5
年龄	20 岁以下	253	17.1
	20～30 岁（含 30 岁）	370	25.0
	30～40 岁（含 40 岁）	421	28.4
	40～50 岁（含 50 岁）	368	24.8
	50 岁以上	70	4.7

被调查者中，教育管理部门工作人员或研究人员共 415 人，高校专业教师共 341 人，高校学生共 371 人，高校行政管理人员共 355 人。

（一）对区域内高等教育结构总体情况的评价

从对广东省高等教育结构总体情况的看法和评价看，被调查者认为对高

等教育结构调整影响重大的因素依次为政策因素、人为因素、财政因素、物质因素及其他，即大家普遍认为政策对高等教育结构的调整有最重要的影响和导向作用，且不同职业者的看法也较为集中，这值得思考和重视。

当被问及广东省高等教育结构调整的前提与基础时，多数调查者认为科学的政策支持最为关键，其次是完善的管理体制保障、完善的法律法规保障和先进的理论指导。这与前面被调查者认为政策因素对高等教育结构调整影响最大的看法较为一致。教育管理部门工作人员或研究人员、高校教师及高校行政管理人员均比较重视"科学的政策支持""完善的管理体制保障"和"完善的法律法规保障"。

在对高等教育结构调整主要内容的看法上，多数调查者认为应该重点调整高校的学科及专业结构，并以此带动高等教育结构整体优化，即学科专业结构的调整优化是高等教育结构调整的基础和关键；其次认为应该优化不同层次高校的布局结构；另外有少部分人认为需要重点调整区域内高等教育的层次，或者优化不同层次高校的形式，不同职业的被调查者的选择较为类似。

当被问及具体调整思路时，大多数人认为应加强发展粤东、粤西、粤北的高等教育事业，采取多中心协同发展模式；有一部分人认为应该继续增强珠三角地区高校的优势，走单极化引领辐射模式或珠三角地区和粤东、粤西、粤北区域各自形成分散式发展模式；仅有少部分人认为只需保持现状即可。同时，不同职业的被调查群体的意见较为集中和一致。

（二）对区域内高校学科专业结构的评价与建议

为了进一步了解被调查者对区域内高校学科专业结构的看法及建议，问卷的第三部分共分为三大块进行考察。第一大块试图了解和分析被调查者认为的影响高校学科专业结构的最重要因素，第二大块试图了解被调查者对当前广东省高校的学科专业结构的总体评价，第三大块则试图了解被调查者认同哪种优化广东省高校学科专业结构的思路。本部分整体均采用李克特5点量表计分，调查者对选项进行迫选。其中，第一大块中"5"为"非常重要"，"1"为"很不重要"，以此类推；第二大块和第三大块中"5"为"非常符合"，"1"为"很不符合"，同样以此类推。

通过第一大块的调查发现，在众多影响高校学科专业结构的因素中，被调查者认为最重要的5个因素依次为：区域经济发展水平、区域内的产业结构及其发展趋势、市场对不同专业人才的需求、地方政府的政策和财政支持、相同或相近专业的情况及发展趋势，而且不同职业的被调查者对该问题的看法较为集中和类似。通过此调查可以看出，人们普遍认为区域内的经济发展水平、区域内的产业结构及其发展趋势、市场对不同专业人才的需求是影响区域内高校学科专业结构的最重要因素，高校在进行专业设置和调整时，必须认真分析区域内经济社会的发展水平、产业结构现状及市场发展趋势等重要因素，同时要了解其他高校中相同或相近学科专业的现状及发展趋势，并积极争取地方政府的财政和政策支持，才能达到学科专业结构调整的目的，高校的学科专业才能朝着符合高等教育规律及市场需要的方向健康可持续发展，高校才能培养社会需要的人才，进而推动区域经济社会的发展。

第二大块主要是了解被调查者对广东省高校学科专业结构现状的评价。绝大多数被调查者认为目前的学科专业结构不太合理，需要优化调整，仅有6%左右的被调查者对现有结构表示满意。进一步分析其原因可知，被调查者普遍认同：高校的学科专业设置与区域特色结合不紧密，对地方的经济社会发展作用不明显；不同层次的高校对于专业设置定位不清，联动较少，重复设置过多；高校对新增设的专业缺乏调查，较盲目和随意，对不符合社会发展需要的专业缺乏淘汰机制；政府对专业设置计划色彩较强，行政干预较多，随意性较大，不能适应社会发展变化要求；政府和高校缺乏对学科专业的统筹规划，无法有效布局学科专业。从调查数据看，不同职业的被调查群体看法趋于一致。

该部分的第三大块试图了解被调查者所认同的广东省高校学科专业结构优化思路。从结果看，多数调查者较为赞同政府和高校应根据市场对人才供求结构、质量、规模、标准等的变化趋势，及时调整学科专业建设的总体目标、定位、内容和培养模式；大部分被调查者认同应结合地方经济社会发展的需要，调整学科专业结构，并以此带动高等教育整体结构优化；大部分被调查者认为应该通过成立专门的政府机构或中间组织加强高校之间的联动，使高校在学科专业建设过程中凸显区域特色、学校特色；还有人认为各高校应主动发展。从调查数据来看，不同职业的被调查群体的看法较为类似。

（三）对区域内高校布局结构的评价与建议

为了进一步了解被调查者对区域内高校布局结构的整体看法和建议，问卷的第四部分也分为三大块进行考察。第一大块试图了解和分析被调查者认同的影响区域内高校布局结构的最重要因素，第二大块主要了解被调查者对广东省高校的整体布局结构的评价，第三大块主要了解被调查者认同的优化广东省高校的整体布局结构的思路和建议。本部分整体均采用李克特5点量表计分，被调查者对选项进行迫选。其中，第一大块中"5"为"非常重要"，"1"为"很不重要"，以此类推；第二大块和第三大块中"5"为"非常符合"，"1"为"很不符合"，同样以此类推。

通过第一大块的调查发现，在众多影响区域内高校布局的因素中，被调查者认为最重要的5个因素依次为区域经济发展水平、区域的地理位置、区域的产业结构及产业分布、政府对高等教育的财政投入、地方政府的宏观统筹和高等教育政策；而且不同职业的被调查者在对区域内高校布局结构影响因素方面的观点较为一致，均比较重视"区域经济发展水平"以及"区域的产业结构及产业分布"，即人们普遍认为区域内高校的布局主要受区域经济发展水平、区域的地理位置、区域的产业结构及产业分布、政府对高等教育的财政投入、地方政府的宏观统筹和高等教育政策的影响。因此，区域政府在统筹区域高校布局时，必须重点分析区域内经济发展水平、产业结构、区位优势等因素，在此基础上制定宏观规划和政策，才能使区域内高校的布局结构趋于合理。

对于广东省高校整体布局结构的评价和看法，很大一部分被调查者认为目前珠三角地区和粤东、粤西、粤北区域的高校发展不均衡，过度集中和过度落后矛盾并存；大多数人认为政府无法合理布局学校，不能做到宏观统筹。不同职业被调查群体之间对广东省高校整体布局的评价在不同的项目上有所不同。无论是从事哪种职业，当被问及对广东省高校整体布局的评价时，多数被调查者认为政府没有合理布局学校，不能做到宏观统筹，或认为珠三角和粤东、粤西、粤北区域的高校发展不均衡，过变集中和过度落后矛盾并存。

关于优化广东省高校布局结构的思路，大部分被调查者认为"高等教育协调委员会""高等教育联盟"之类的政府机构或中间组织的作用非常重要和关键。由此可以看出，成立类似机构很有必要：一方面可以成为政府与高校之间沟通的桥梁，另一方面可以起到监督、评价和评估的作用。此外，不少被调查者认同为了更加优化广东省高校整体布局结构，珠三角地区和粤东、粤西、粤北地区应该多中心协同发展，不同中心应错位发展、特色发展、互补发展。不同被调查群体的意见趋于一致。

（四）对区域内高校层次、形式结构的评价与建议

对广东省高校层次、形式结构的整体评价，大部分被调查者认为广东省高校目前的层次和形式结构均不够合理，表现为：不同层次的高校没有呈现合理的发展梯度，定位不够明确，特色不够鲜明，发展目标和发展路径呈现趋同性；普通高校与成人高校比例不够合理，普通高校办学定位不够清晰，

成人高校层次较低，规模较小；公办高校、民办高校、独立学院、合作办学等几种形式的高校比例不够合理；等等。

教育管理部门工作人员或研究人员、高校教师、学生及高校行政管理人员在对广东省高校层次、形式结构的评价方面观点较为一致。其中，学生较其他职业被调查群体对高校层次、形式结构现状的认同度低。

此调查问卷对广东省高校层次、形式结构的建议给出了4个观点，被调查者的选择无显著差异，即认为不同层次、类型的高校应梯度发展、形式互补，不同层次高校的发展目标、任务应有所区别，各具特色，构建不同层次、类型高校的相互衔接机制非常重要，对不同层次、类型的高校进行分类管理很有必要。其中，教育管理部门工作人员或研究人员、高校教师及高校行政管理人员认为构建不同层次、类型高校的相互衔接机制非常重要，同时对不同层次、类型的高校进行分类管理很有必要。因此，在未来的调整思路中，应考虑对不同层次、类型的高校进行分类管理，使其发展目标、定位、任务有所区别，各具特色、形式互补并梯度发展。

第五章

"协同共生型" 高等教育结构调整机制的构建①

　　区域高等教育与区域经济社会之间是一种互惠共生的关系。高等教育的发展成为区域经济增长及产业发展的重要支撑,而区域经济社会也成为地方高等教育发展不可或缺的重要基础。通过完善高等教育结构来促进和带动区域经济社会的发展已经成为各国各地区重要的战略之一。

　　高等教育发展对区或经济社会的促进作用已毋庸置疑,但人们对于高等教育促进经济社会发展的原因、方式、途径等仍有诸多疑问。笔者认为,高等教育对于区域经济社会的促进,根本还是依靠高校内部的学科专业的建设和调整。学科专业结构与区域产业结构有着密切的关联,影响着产业整体水平和发展趋势,而产业结构又反过来深刻影响着区域高校的整体布局和高校的层次及类型。从这个角度而言,高校内部学科专业结构的优化是高等教育整体结构调整的核心,是高校成为区域经济发展助推器的根本。

　　综合而言,区域经济社会发展水平及产业结构趋势是区域高等教育结构调整的主要外在动力,而高校内部本身有不断创造新知识、开发新技术和创新新理念的主观意愿,以引领外部社会政治、经济、文化的发展方向,或适应市场新知识、新技术、新理念的发展所带来的冲击。因此,在共生视域下探讨区域高等教育结构调整机制有其积极意义。这种"协同共生型"的调整机制,一方面建立在作为共生单元的高等学校及区域经济体内在属性具有一定程度的相融性上,另一方面也需要有良好的共生环境和制度基础作为支撑。

---

① 本章部分观点和内容发表于:张伟坤,黄崴. 区域高等教育结构调整的背景、理念与实践:美国加州地区与广东省比较 [J]. 黑龙江高教研究,2016 (2):86 – 90. 张伟坤. 区域共生视角下的高等教育结构调整:内容、目标及路径 [J]. 云梦学刊,2014 (2):23 – 27.

第一节 区域高等教育与经济社会之间"共生"关系的解读

一、高等教育与区域经济体协同共生的内涵

前文提到，共生理论的研究最早源于生物学领域，而后才被其他学科借鉴和使用。最早对"共生"进行定义的是德贝里，他认为共生即自然界中不同种属的生物体共同在一起生活的状态。现在人们普遍认为，共生是指不同种属的生物体在长期进化发展过程中为了共同适应外部环境或生存需要，逐渐形成的一种协同互助、合作共存的关系或状态。这种关系或状态包括几个基本特征：一是共生不是一种简单的相互依赖关系，而是不同的共生体间相互依存程度达到相对平衡的一种状态；二是共生关系不是短暂的合作，而是生物体生命周期的永恒标志；三是共生对共生个体而言是呈正相关关系的，有利于它们适应外界环境或增强新的生存能力。共生的这些本质和特征，告诉了人们成功的路径在于个体（或群体）在这个生物群体中协同共生、相互合作，而不是靠强势的一方压倒一切，共生过程是所有共生单元一起激活、共同适应、相互发展和一同超越的过程，这种发展、超越的过程或高水平的合作状态仅凭个体之力是无法完成的，需要相互间的协作和默契。

共生理论的研究认为，物体间要形成共生关系、构建共生系统，必须有三个基本要素，即共生单元、共生模式和共生环境。共生单元即组成共生关系的个体，生物学家通过研究后发现，在共生关系的形成过程中，任何共生单元都不是随机选择共生伙伴的，而是遵循一定的规律，优先选择能力较强、匹配性好的共生单元作为共生的对象，即共生单元之间必定有一个相互联结的纽带，且这些共生单元之间的关联度也会高于某一个临界值。共生模式也可以称为共生关系，它是共生单元之间相互联结或相互作用的方式，决定着共生系统内不同共生单元间复杂的生产和交换关系，也具体反映了共生关系对共生环境和共生单元所产生的作用。共生单元只有在某一特定的环境中才能产生某种关联，共生环境便是产生关联的共生单元以外的所有因素的总和。这三个基本要素既相互影响又相互关联。其中，共生单元无疑是形成共生关系的基础，共生环境则是重要外部条件，而其中最关键的是共生模式，因为它不仅反映出共生单元对外部环境所做的贡献和产生的影响，也决

定着共生单元间生产和交换的关系。

无法否认，高等教育的发展与区域经济发展之间有着紧密的关联，它们之间已经形成了"共生"关系。这种区域高校与区域经济体形成共生关系的典型案例便是我们所熟知的纽约湾区、东京湾区和旧金山湾区等世界三大湾区。可以看出，在当前知识经济的时代，高等教育发展与区域经济发展之间的依赖程度日益加强，这种相互促进的"共生体系"已经逐步成形。从时空结构上看，区域高校已经呈现出由若干不同层次等级、不同区位分布的多中心结构，不同等级的高校具有相对的完整性及独立性，它们之间相互影响、竞争和制约，形成了一种既合作又竞争的复杂关系；从多中心共生的视角看，区域内不同层次的高校通过政府部门、社会组织、中间机构等共生媒介所形成的共生界面，最终会形成多中心协同共生关系，进而促进区域高等教育向共生共赢、互惠一体化的方向发展。综合而言，可以将区域高等教育与区域经济体协同共生体系的基本内容概括成一个表格（见表5-1）。

表5-1 区域高等教育与区域经济体协同共生体系的内涵

共生单元	基本内涵
共生条件	作为共生单元的高等学校及社会各经济体的内在属性应具有一定程度的相融性，同时有良好的共生环境和制度基础
共生模式	主要走多中心协同共生模式，即以一个或多个中心城市为发展中心，通过集聚效应、联动效应、辐射效应等方式将不同层次等级、功能、性质的区域高校与社会经济体进行联结，从而构成一个复杂的、跨地域的、开放的时空集合实体
共生特征	（1）区域内高校层次、布局、学科与社会经济体所形成的共生结构体系呈现出主中心与副中心层级式、分类式发展现状，不同区域中心之间通过共生媒介、共生界面、共生系统、共生环境等形成共生体，它们之间定位不同、各有特色、结构分层、任务明确、分类发展； （2）发展方向是多主体、多类别、多层次及多元化，发展原则是优势互补、共生共赢、共担共享、独立自主，发展路径是集聚效应、集群效应、辐射效应、相互联动等； （3）区域内不同合作主体间存在不均衡性、差异性、非对称性以及区域共生体系的复杂性 通过共生界面和共生机制的构建激活不同中心的潜能，使不同区域中心通过优势互补，进而分类发展

续上表

共生单元	基本内涵
共生行为方式	共生单元间的行为方式主要包括非对称性互惠共生及对称性互惠共生两种，其中对称性互惠共生是理论上最稳定、最高效、最佳的方式，但现实生活中非对称性互惠共生才是最常见的方式
共生组织模式	区域内高校与各经济实体或金融机构通过产学研合作等方式，形成程度不一、形式各异的共生关系，进而将高校不同学科所培养的人力资源、科研成果等直接或间接转化为经济效益。这种共生关系的组织模式可能是点共生、间歇共生、连续共生或一体化共生，其中一体化共生是最理想的组织模式
共生媒介	市场、政府、民间的各种中间组织、公共服务平台等
共生目标	（1）使不同中心之间通过共生界面建立某种时空的联结，最终构建一种稳定、高效、持久的合作关系或状态，推动区域经济社会和高校互惠性一体化发展； （2）从政府宏观层面使理论引领、政策导向和经费支持多方面结合，避免不同地区间高等教育的单极化、分散式发展，避免不同地区、不同层次高等教育的独立发展、盲目发展、路径趋同发展，最终形成"分类分层发展、分区分工发展、协同共生"的高等教育结构体系
共生意义	（1）可以完善信息沟通平台、交流反馈渠道、激励约束机制、调控监督机制等，可以促进区域间各合作主体快速、高效获取信息，保持交流畅通和快速联动； （2）以各共生主体的协同发展为基础，在保证各共生单元的特色、个性的同时，通过共生系统来实现集聚效应，进而显现和提升整体优势与实力，并在优化整合的过程中实现多中心的良性发展； （3）通过推动区域间各资源、各要素的合理流动，提高绩效及资源使用效率，有利于区域间形成定位合理、分工明确、分类发展、配套完善的合作关系，使不同共生单元根据自身的条件走特色发展、错位发展、互补发展的路径，减少相互间发展路径的趋同性，降低发展成本； （4）顺应了当前社会转型升级、推动区域间快速联动、缩小地区间差异的主潮流与主趋势，对于解决区域经济社会发展过程中出现的行政过度干预、环境污染、资源浪费、恶性竞争及区域隔阂等问题有较为重要的实践指导意义

二、高等教育与区域经济体协同共生的基本条件

区域内各单元、各组成部分只有具备了一定的条件才能实现协同共生，也即是说，各共生单元之间信息、物质和能量的交流渠道应通顺，共生单元对环境的开放程度应比较高，共生界面应较为稳定，共生度应逐渐提高。具体而言，这种区域高等教育与区域经济体之间形成的互惠共生体系，应至少包括如下两个条件：

第一，作为共生单元的高等教育与地方经济体的内在属性应具有一定程度的相融性。区域内各高校及区域经济体需要相互发挥各自的功能，形成共生界面，促进对方的发展，并通过共生界面建立某种时空的联结，最终构建一种稳定、高效的合作关系或状态。一方面，区域高校需要发挥人才培养、科学研究、服务社会的基本功能，为区域经济的发展提供高层次人才、核心技术、先进文化及信息服务；另一方面，区域经济实体也必须有持续的资金投入以支持高校学科建设、科学研究等。这两方面是相辅相成、不可或缺的。值得注意的是，共生环境对高校和经济体之间的共生关系会产生较大影响。譬如，在原来"大一统"的管理体制下，高校与区域内各企业、社会团体之间缺乏联动机制，无法形成健康可持续的共生关系。随着高校办学自主权的扩大，它们与区域内其他组织之间逐渐构建了一种直接的、持续的、一体化的、互惠发展的共生体系，由原来完全依赖政府部门过渡到不仅依托于政府，也依托于市场，由原来封闭的"学术堡垒"发展成为主动与其他组织主体进行互动的开放体。

第二，有良好的共生环境和制度基础。一方面，区域社会需有良好的法律法规保障区域经济实体与高校间的合作。发达国家较早意识到区域经济与高校的紧密合作必须上升到立法的层面，才能保障其合作机制的完善、合作关系的持久。如美国在 20 世纪 80 年代就由于担忧工业界许多技术被德、日等国超越，向美国白宫科学委员会提交了《重建伙伴关系》的报告，认为美国经济社会的发达程度及科技的发达与否与大学水平高低有直接关联，提出必须在高校内外广泛采取跨学科合作的方法以重建美国大学与美国工业界的相互发展方式，并要构建以大学为基础的交叉学科研究模式；法国也在 20 世纪 90 年代的《高等教育法》修订中强调大学应该担负的责任，认为大学是工业和经济发展的发动机，要着重把科研成果转化为社会生产力，政府部门应该更多地为高校提供科技服务、信息咨询、科研合同等。另一方面，必须形成流畅的共生界面，努力打造区域政府、高校、企业、社区组织等共生

单元的联系机制和合作平台。譬如政府部门可以成立促使高校与企业进行合作的中间组织，一是向企业或高校发布科研信息，或委托高校承接科研项目；二是为高校与企业的合作提供政策、信息等方面的服务和支持；三是可以引导高校在专业设置、课程设置、科研方向等方面更契合市场的需要。此外，对高校而言，可以成立专门的科研成果转化办公室，积极为区域经济发展过程中的重大政策咨询、规划设计、技术支撑等提供更多服务，也可以通过多种形式参与企业的发展，比如以知识产权入股的形式进行产学研转化，真正融入区域经济的发展过程。

综合而言，构建区域高等教育与区域经济体的协同共生体系不仅是区域社会实现科学发展、跨越发展的需要，也是经济社会发展的必然要求和客观规律。在当前经济改革和转型期，如何增强区域高等教育与区域经济社会的共生度和共生性，发挥高校知识中心、社会中心的地位和作用，如何通过高等教育学科专业的改革和调整，更有效地为地方经济的发展和腾飞服务，如何更顺利地为区域社会的发展提供更契合的高层次人才、更完善的科研转化衔接体制、更高的服务质量，都是值得深思的课题。

第二节 "协同共生型"高等教育结构调整机制的内涵与架构

区域高等教育结构调整机制的构建至少涉及互动中的政府、高校、区域社会和教育中间组织等主体。其中，政府是政策、资源投入的主要主体，高校是过程运行的主要主体，教育中间组织是协调、监督、服务的主要主体，政府、高校、社会团体与教育中间组织共同构成了调整的效果及产出主体。

共生理念下区域高等教育结构调整是一个政府统筹、高校为本、社会参与、教育中间组织协调缓冲四位一体的运行过程，即区域高等教育结构调整的宏观目标有赖于互动中的政府、高校、教育中间组织及区域社会（市场）所构建的新型的"协同共生型"关系及其制度规则来推行和实现，其调整的主要目标是构建分类分层发展、分区分工发展、协同共生的区域高等教育结构生态体系；调整的核心理念是从关注规模发展过渡到重视高校间的可持续发展及互惠共生；调整的主要动力是高校外部经济社会发展的驱动及高校内部本身有改革的主观意愿；调整的可行路径是结合区域经济发展战略及产业结构现状，以学科专业结构调整为基础和切入点，重点优化学科层次和学科布局结构，带动高等教育整体结构的优化；调整的保障基础是理论的先进性和适切性、政策的前瞻性和科学性、法制的完善性和严谨性、理念的创新性和可持续性。具体可用图 5 - 1 表示。

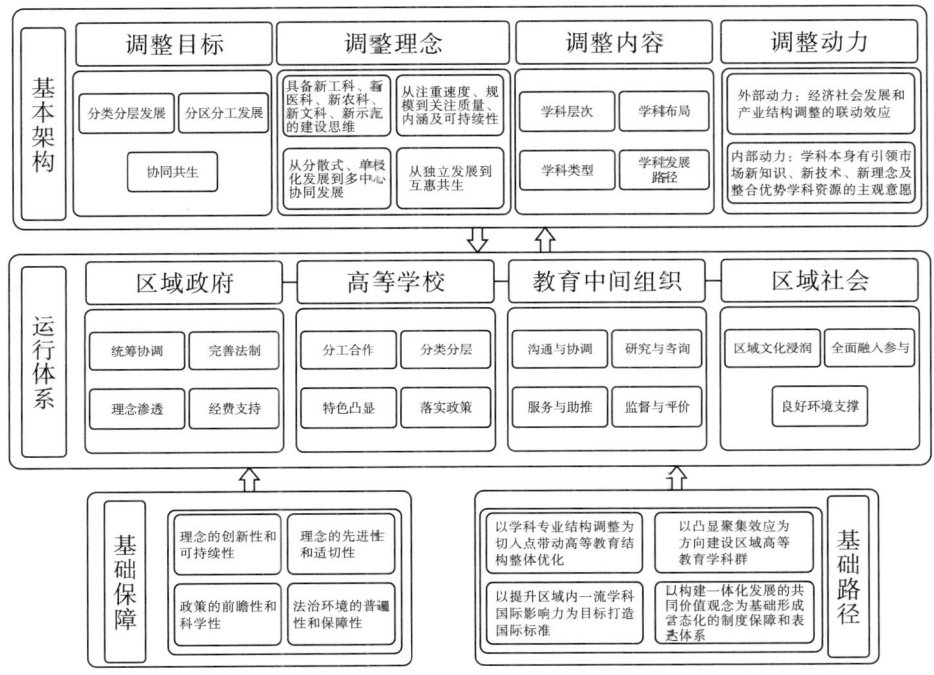

图 5 - 1 "协同共生型"区域高等教育结构调整机制基本理念

一、调整目标

区域高等教育结构调整的最终核心目标是引导区域内高校按社会需要、特色突出、任务明确的方向发展，最终构建区域内高校分类分层发展、分区分工发展、多中心协同共生的高等教育结构体系。

（一）分类分层发展

赵庆年等学者认为，高校分类、分层管理是指"管理主体遵照高等教育基本发展规律，围绕管理目标，对不同类型的高校分别进行规划、组织、引导、协调、控制、服务等的系列活动"，其主要目的在于通过政府的宏观统筹、高校的职能分工与办学定位的个性化、社会的广泛参与以及通过制定科学的高等教育长远发展规划来明确未来发展方向，实现政府对不同类型、性质、层次的高校进行分类指导与服务的目的，调整高等教育系统结构，建立多元化、特色化、"同类型高校之间相互竞争发展，不同类型高校之间相互协调发展"的高等教育体系。高校分类管理的内容主要包括办学质量、职能、制度、资源等方面。[①] 高校办学质量的分类管理是指对高校人才培养的质量、类型的分类管理。由于类型各异的高校有着差异化的人才培养质量要求和培养目标，因而不同高校需要对自身要培养什么样的人才进行定位，并根据这样的人才定位制定人才培养质量标准，组织有效教学；同时，社会、政府以及高校本身需要根据高校类型、层次、职能的不同采用差异化的质量评价体系和标准。高校职能的分类管理是指不同类型的高校在教育主管部门的统筹下选择不同的职责与职能，基于分类的前提和基础进行科学定位，并实现职能、定位、任务上的协作与分工，最终使高等教育体系的功能实现最大化，促进高校的自我管理、约束和发展。高校办学制度的分类管理是指在教育管理部门的统筹协调下，不同类型的高校构建适合自身特点的办学体制机制，形成符合自身发展的内部治理架构、管理模式和管理制度，促进高校朝多元化、个性化、特色化方向发展，构建统筹协调、分工合作的关系。高校办学资源的分类管理主要是指类型不同、层次差异的高校要对高校的人力、财力、学生、学科专业等资源采取不同的配置方式，采取差异化的机制和政策配置资源。众所周知，不同层次、类型、性质的高校不可能采取相同的投资和资源配置政策，政府必然要在显现高等教育公益性的基础上，通过一定的规则对教育资源进行公平的分配，以保证高等教育人才培养的质量；同时，高校本身也必须通过自身的定位和优势，走向市场和社会，通过多渠道获取资源，促进教学质量的提升。

当前，我国不少高校在发展过程中呈现出发展定位不清晰、发展路径趋同、人才培养模式同质化的倾向，主要体现为：一些高校盲目攀高，纷纷向综合型、高层次、研究型大学迈进，脱离实际、不顾基础盲目争上博硕士点，争夺院士、长江学者、珠江学者等；一些高层次的研究型大学也不断延伸办学形式和层次，举办各种类型的学历教育、成人教育、网络教育等，追求"大而全"的发展；一些高职高专院校没有显现职业性、区域性、实践性的办学性质和特色，忙于升格到更高的层次。这种发展现状导致我国高等教育结构、质量、规模、效应的部分失衡，难以构建层次清晰、任务明确、特色凸显、分工合作、形式多元、相互衔接的高等教育体系，使得高校发展和

---

① 赵庆年，祁晓. 高等学校分类管理：内涵与具体内容［J］. 教育研究，2013，34（8）：48－56.

人才培养与经济社会的发展现状和区域产业结构的发展趋势相互脱节。究其原因，不难发现是高校本身的问题，但我们也应该理性地审视其背后的体制机制的问题，即我们当前的管理模式、监督体系、管理观念、评价机制、资源配置方式等受精英教育、计划思维的影响较深，没有形成与区域经济社会发展、大众化教育、市场规律导向等相适切的结构观、质量观、评价观，资源的配置受人为因素、政府行政干预影响较大，市场机制、社会需求对于资源配置的导向作用很难显现。在区域社会发展过程中，由于经济社会发展的需要，不同类型、层次的高校的发展定位、目标、任务应有区别。《国家中长期教育改革和发展规划纲要（2010—2020年）》中提出了政府应加强对高等教育的宏观管理和统筹协调，进行"分类指导"，进而帮助学校"明确定位、科学定位"，最终实现高等教育的结构调整、功能优化，并认为分类的最终目的是实现高校的特色发展、个性化发展，以构建多元化、特色化的高等教育生态体系。

（二）分区分工发展

就区域高等教育分工合作的内涵和本质而言，高等教育的分区分工发展就是区域内不同地区高等教育的主体根据自身的优势和发展现状，在高等教育的层次、规模、类型、结构等方面各有侧重地发展，并根据经济社会发展和市场的需求与其他区域间进行分工合作的行为和现象。由于区域内不同地区的高等教育在发展程度、水平和规模等方面存在差异，就为不同地区高等教育的分工提供了前提和基础。从现实看，第一，我国不同区域之间的高等教育发展在规模、层次、水平、科类等结构上均存在较大的差异，这就需要地区之间在分工上有所不同；第二，不同地区或不同层次、类型的高等教育所培养的学生流动性较大，这也是区域高等教育实现分工合作的基础和前提；第三，构建区域高等教育与区域社会协同发展及互惠共生的体系需要区域内各高校按社会需要、层次清晰、特色突出、任务明确方向发展的同时，加强相互之间的分工与合作，共同完成区域高等教育结构调整和优化的任务。譬如，有些地区应该重点发展研究生教育，注重重大和基础性科研成果的创造和应用；有些地区应该重点发展一般本科教育，凸显地方性和区域性；有些地区则应该重点发展高职院校，凸显职业性和实践性。总之，区域高等教育分工合作的最终目的，就是使不同地区的高等教育主体间根据共同制定的章程、协议、约定等重新整合和配置高等教育资源，从而实现效益的最大化，进而形成区域内高等教育主体和经济社会多中心协同发展、互惠共生的结构体系。

（三）协同共生

这种协同发展有几个基本要求和前提：第一，区域内各共生单元要形成稳固可持续的共生关系。区域政府和区域社会应为高校的发展提供立法和制度保障，促进其结构优化，使区域高校在学科专业建设上做到"特色鲜明、院校互动、动态调整"以及"层次清晰、定位明确、相互衔接"，进而使高校及其学科的发展形成"多中心协同、区域共生、网络式发展"的局面，助推区域经济发展。第二，区域高等教育相融并服务于区域经济社会的发展。任何地域都有其独特的文化和环境，区域高等教育的发展不能脱离区域文化和环境，否则就无法融入地方，服务经济。这种融入不仅包括理念上的融入，也包括办学定位、课程设置、学科建设等方面的融入。

二、调整理念

为了达成区域高等教育结构调整的最终目标，在调整理念上，要从关注规模、效率过渡到重视发展的可持续、协同及互惠共生。

一是从注重速度、规模到关注质量、内涵及可持续性。在近十多年高等教育结构调整的实践过程中，速度、规模成为关键词，高等教育的快速发展模式也被认为是跨越式发展模式，或者叫"中国模式"，即"改革高校管理制度，扩大招生规模，推进高等教育快速走向大众化"①。这种模式在特殊的历史阶段为我国各行业的发展提供了众多急需人才，也满足了人们接受高等教育的迫切需求，推动了我国经济社会的发展。但同时，人们也质疑其由于盲目追求数量、效率和规模，使高校教育质量出现滑坡，认为运用工程思维和模式来建设"世界一流大学"影响大学学术研究及人才培养不能按其固有的规律健康有序发展。不可否认的是，在任何发展阶段都不能用成绩来掩盖缺陷。因此，高等教育结构的调整必须从过于注重速度、规模、数量，转为更为关注质量、人本、内涵和可持续发展，实现从跨越式发展、规模扩张向内涵发展、质量提升和可持续发展转变。

二是从分散式、单极化发展到多中心协同发展。分析当前不同区域高等教育的发展路径，可以发现分散式、单极化发展路径较为明显，高校较为聚集于经济发达区域或省会城市；不同类型、层次高校之间衔接不够、联动较

---

① 刘尧. 如何看待高等教育发展的"中国模式"问题 [J]. 江苏高教，2012（1）：14-17.

少，任务、功能和目标定位不够明确；单科性院校努力拓宽学科专业范围，逐步朝综合性大学方向发展，层次低的高校盲目向层次高的高校看齐，方向不够明确，特色不够明显。因此，当前的首要任务是转变高等教育结构优化的观念，政府需要在宏观层面上进行政策导向、理论引领和经费支撑，需要将高等教育分散式、单极化的发展路径转向多中心协同发展的模式，最终形成"布局合理与结构分层"的高等教育体系。

三是从独立发展到互惠共生。区域内高校要实现"互惠共生、一体化发展"，改变以往高校盲目攀升、发展不均衡的状况，政府除了需要进行政策引领、理论支撑和经费支持，还必须根据区域文化传承和区域社会经济发展趋势等因素，坚持以高校为本，长远规划区域内高等教育结构，改变高校原本相互独立发展的思路和模式，增加资源、平台的开放度和共享度。

三、调整动力

高等教育结构调整的主要推动力量包括外部动力和内部动力两个方面。从外部动力上看，主要是区域经济社会发展的驱动；从内部动力而言，主要是高校本身有不断创造新知识、开发新技术、创新新理念的主观意愿，以引领外部社会政治、经济、文化的发展方向。

（一）高等教育结构调整的外部动力：区域经济社会发展的驱动

区域的划分是以地理位置和经济特征为基础的，区域内部具有自己独特的功能和结构，存在着层次性和差异性。要理解区域经济的概念，首先要理解经济区域的概念。经济区域是人们通过进行一系列经济活动而逐渐形成的经济社会综合体。经济区域有两个基本构成单元，即参与市场交换的卖方和买方，卖方和买方进行的一系列诸如货币流通、物资流转、信息传输等市场交易活动便构成了经济区域内最基本的经济活动。广义上而言，区域经济也即经济区域中的经济，是指某一特定区域内人们所有经济活动的总称，它的本质及基本内容是对有限的资源进行合理的配置和再整合，它运行的基本纽带是不同地域间、产业间和各种资源要素间所产生的经济技术联结以及市场的基本供求关系。通过上述分析，可以将区域经济简单理解为在某一特定范围内，由各种经济发展要素和地域构成要素间进行一系列有机组合以及多种经济活动相互关联所形成的具有特定功能和结构的经济系统。因此，从特征上看，区域经济具有较强的相互联结性、整体协同性、相对独立性以及空间差异性。影响区域经济发展的因素包括区位条件、人力资源、资金储备、技术力量、产业结构、管理体制、经济制度、经济组织等，这些影响因素也与高等教育的发展有着密切的关联。

区域经济社会的发展是高等教育结构调整和优化的重要外部推动力量。许多学者专门探讨过高等教育与区域经济社会发展之间的关系。如丁小浩等计算并分析了 1999 年高校扩招的产出乘数以及高校新增加的基建所引起的总产出等数据，认为高校扩大招生规模对经济增长的影响总体而言是正向的，但这种正向的影响会随着扩招的逐渐深入而变得不显著；崔玉平计算和分析了 1982—1990 年近 10 年间我国高等教育发展对社会经济增长率的贡献程度，认为与西方发达国家的数据相比，我国高等教育的贡献率处于较低水平；胡永远等通过构建三变量生产函数模型，并利用面板数据计算和分析了我国 1996—2001 年五年间近 30 个省份的高等教育对区域经济增长的贡献率情况，最终计算出东部、西部及中部地区平均值分别为 1.47%、0.68% 及 1.17%，即东、西部差距较为显著。根据已有的研究，可以认为，区域经济对于高等教育学科发展的影响是多方面、全方位的。一方面，区域经济发展水平是区域高等教育学科发展的基础和保障，区域内所有社会活动均是建立在区域社会发展所能提供的物质基础之上的。高校经费、生源也需要以区域经济作为基础和支撑，因为区域经济的发达程度直接影响着地方政府对于高等教育的投资比例和支持力度，也影响着民众接受高等教育的意愿和能力。另一方面，区域的经济发展观促进高等教育发展观的形成和完善。经济的发展包括经济指标的增长、体制机制的完善、发展方式的改进、人们总体发展观念的提升和转变等诸多方面。从这个视角而言，区域经济的发展也促进高等教育的发展，经济体制机制的改革也会带动高等教育体制机制的完善，经济发展方式的改进也会促进高等教育发展方式的变革，社会总体发展观念的提升也必然会影响和促进高等教育发展观的提升。

总体而言，高等教育与区域经济之间是紧密关联、互惠共生的。一方面，高等教育要为区域经济的发展提供人才、技术及服务，促进区域经济的发展；另一方面，区域经济又要为高等教育的发展提供政策、经费、物质基础。因而，从这个角度而言，区域经济的发展，已经成为区域高等教育结构调整最为重要的外在动力之一，体现在如下四个方面。

其一，影响和促进高校布局的发展。经济发展的增长极理论认为，区域经济的发展可以通过少数发展条件好的"增长极"的扩散和极化效应，影响和带动周边欠发达区域的发展，这种扩散效应显现为资金、人才、技术等生产要素向周边区域的转移。经济社会的发展往往有集聚效应，高等教育布局的形成除了受历史、政治的因素影响外，也受到经济发达程度和发展方式的重要影响。经济较为集聚和发达的地方往往高等教育也较为集中，学科的门类也较为齐全，因为在这些区域，高等教育一方面可以获取更多的政策和资金支持，可以吸引更多的生源，另一方面也可以更好地服务区域社会和经济的发展，在学科发展、科研成果转化、招生就业等方面均有他处无法比拟的区位优势。

其二，影响和决定高校层次的建设。区域经济的发达程度及经济体制的完善程度往往也影响着高校的层次结构，进而决定了学科的层次结构。综观世界范围，经济发达的区域，高层次大学、高水平学科往往数量较多且集中，在世界上如美、英等国，在我国范围内如北京、上海等。经济落后的区域，高层次大学、高水平学科往往发展较为艰难：首先，高层次大学及高水平学科的发展需要大量经费的支撑，而经济落后区域无法给予资金持续的投入；其次，高层次大学及高水平学科的发展需要高层次人才的支撑，欠发达区域由于经济条件、自然环境、体制机制等方面的欠缺，无法留住高层次的人才或需要更高的维持成本；最后，高层次大学及高水平学科的发展需要依托高层次的经济产业结构，欠发达区域在产业发展方面总体而言处于劣势。

其三，影响和促进高校学科类型的调整。学科专业的发展是依托高校的发展定位、区域产业结构现状与趋势、区域经济的发展战略等因素而发展的。高等院校的类型和学科专业的建设必须要融入区域经济社会的文化和土壤，服务于区域产业的发展和转型升级，因而也必然要根据区域经济社会及产业结构的发展趋势做出调整应对。

其四，影响和促进高校内各学科培养目标、定位、内容和方式的制定。从培养目标看，区域高校主要是为区域经济发展提供不同层次的技术人才，因此区域经济的发展方式、发展需求均影响和决定着高校的人才培养目标及类型。从培养定位看，区域高校主要立足地方，助推地区的经济发展和文化创新，为区域经济发展提供应用型人才及核心关键技术，提升区域创新实力，同时还要为各类企业、团体、组织和个人提供继续教育的培训和服务，也就是说高校尤其是地方高校要为地方办学。从教育内容看，区域产业、行业会形成对人才知识结构、能力结构等方面的导引和要求，进而影响和改变高校传统的以学科为中心的课程建设思路，要求教育内容必须融入市场主体的需求。此外，日益开放的办学体制和理念也逐渐改变着学科专业单一的结构模式，构建出不同专业多元化协同发展的模式，以适应市场对于人才的要求。从教育方式看，区域经济结构的发展和调整要求高校管理者在教学内容设置上要考虑学生实践能力、毕业生后续发展以及行业发展趋势，要求高校要遵循"实践""创新""弹性"的原则，进而改变和促进高校内容结构，提升教育质量。

（二）高等教育结构调整的内在诱因：引领或适应市场新知识、新技术、新理念的主观意愿

区域高等教育结构的调整除了受外在经济社会发展的驱动外，也是高校内部各学科进行优化以应对产业结构调整及市场经济发展的必然要求，而产业结构的形成、发展、转型、升级归根结底是市场新知识、新技术、新理念的出现和应用所引发和助推的。一般而言，产业结构的调整、转型、升级等变化有其规律性，一是要保持合理化的产业结构，譬如资产结构、技术结构、产值结构等的合理化；二是要保持高度化的产业结构，即产业结构从初级状态逐步过渡到高级状态。从我国整个产业结构的发展趋势看，第一产业的优势渐弱，第二、三产业比重相应渐增；劳动密集型产业渐弱，资本密集型、技术密集型产业日益成为产业结构调整的主导方向；制造初级产品的产业优势渐弱，制造中间产品甚至终端产品的产业优势渐增。因此，对于高等教育所扮演的社会角色、承担的目标任务及其发展定位而言，其内部本身有不断创造新知识、开发新技术、形成新理念的主观意愿，以引领外部社会政治、经济、文化的发展方向，或适应市场新知识、新技术、新理念的发展所带来的冲击。

高等教育的学科专业建设与区域的产业结构之间有着紧密的关联，高等教育在某个国家或地区产业结构调整和优化的过程中发挥着重要作用。一方面，知识、技术、理念的创新主要通过教育的途径来加以完成和传播，高等教育尤其在新知识的探索和研究、新技术的形成和转化、新理念的提出和推广等方面起着至关重要的推动作用；另一方面，一个国家或地区人口素质的提升也主要通过教育的途径来实现，其中高等教育更是担负着培养社会所需的各类高层次人才的重任。应该说，国家或区域产业结构的调整优化离不开教育的支撑，同时也要求高等教育本身不断调整结构，以适应国家和区域正在进行的产业调整或即将实施的调整战略。面对正在改变的经济发展方式以及产业结构的转型升级，区域高等教育结构必须做出反应，厘清发展方向和改革思路，明确调整策略，以发挥其应有的作用。

首先，区域内高等教育需要适时调整学科的布局和层次，以助推区域经济产业发展战略的实施及产业结构的转型升级。区域经济与高等教育之间有着紧密的关联。区域经济对于高等教育的影响是多方面、全方位的，不仅提供了高等教育改革和发展的动力，也影响着高等教育发展的方式；不仅影响着高等教育的规模，也影响着高等教育的结构；不仅影响着高等教育的发展观，也促进着高等教育体制机制的改革。学科的布局及层次与区域经济社会

的产业布局及层次协同共生、相互影响，一是因为不同层次高校各学科所培养的人才支撑着区域产业的形成和发展，影响着产业的转型和升级；二是因为不同层次高校各学科所转化的科研成果是区域产业核心竞争力的重要支撑，也在一定程度上影响着不同地区的产业层次；三是因为高等教育的学科布局既支撑和影响着产业的布局及区域整体经济产业发展战略的实施，也影响和促进着区域产业文化的形成和发展。因此产业结构的调整、转型和升级，必然带动学科结构的优化。这种调整一是体现在高校会适时对学科布局进行调整，以适应区域范围内经济发展的整体战略实施，并助推不同地区差异化的产业发展路径；二是体现在高校会扶持一批重点学科、重点专业，推动产学研合作，以帮助区域提升自主创新能力；三是体现为高校会通过与区域内民营经济的紧密结合推动企业转型和产业升级，并通过加强支撑与区域传统优势产业相关的学科的建设进一步扩大区域传统优势产业的影响。

其次，高校需要适时调整学科的总体目标、内容及人才培养模式，以适应各行业对人才供求结构、质量、规模、标准等要求的变化趋势。为支持区域经济社会发展的人才需求，不同层次的高校一方面需要在了解、收集、分析各行业人才供求结构、质量、规模、变化趋势数据的基础上，形成特色鲜明、院校互动并能够进行适时动态调整的机制；另一方面需要结合在校生规模、毕业生就业情况、市场需求等因素，并采集区域内各行业人才供求信息、用人标准、变化趋势等数据，系统分析国内外市场对各专业人才需求的数量、标准、结构等情况，以明确未来一段时间内各类人才培养的数量规模、专业标准、质量要求等发展趋势，及时调整专业建设的目标、内容和人才培养模式。

最后，高校需要前瞻性地构建学科动态调整机制，以适应区域经济社会发展变化的总体趋势。当前高校学科专业设置仍然存在不少问题。譬如，不同层次高校的专业设置定位不清、联动较少、重复设置过多；专业设置的行政干预较多，随意性较大；对新专业的设置、各专业人才需求趋势缺乏统计、分析、论证和预测；对落后的、不符合社会发展需要的专业缺乏良好的淘汰机制；等等。随着区域经济社会的发展和进步，劳动密集型产业逐渐向技术密集型产业过渡，对于产业技术专业性的要求日益加强，对高校的学科专业建设和人才培养也提出了更高的要求，高校需要前瞻性地调整专业层次，优化专业布局，以适应区域经济社会发展的趋势。这种前瞻性的调整，一方面需要各高校凸显学科特色和结构分层，即不同层次的高校应在了解、分析各行业人才供求结构、质量规模、变化趋势的基础上，发挥区域和学校现有优势，在学科专业建设过程中凸显区域特色、学校特色，形成特色鲜明、层次清晰的区域高等教育学科结构；另一方面需要各高校根据社会发展趋势和学校优势资源适时设置新专业。对于高校新专业的设置和建设，区域政府和高校除了应掌握未来一段时间内市场对于高校人才培养的数量规模、专业标准、质量要求等发展趋势外，还必须结合学校的类型、层次、学校现有的优势资源进行调整，争取在学科专业建设上做到学校、学院、专业特色相互支撑、协调发展，以应对市场对不同专业人才的需求。此外，需要建立落后学科专业的预警、淘汰机制，及时调整不符合社会发展的学科专业，对于一些重复设置、不适合社会发展需要、人才培养过剩的专业进行改革、调整和淘汰，进而完善区域高等教育的学科专业结构，使学科建设进入良性建设、健康发展的道路。

四、调整内容

区域高等教育协同一体化发展需要对高等教育结构进行优化和调整，需要有明确的发展目标，需要有合理的制度保障，更要回答以下三个问题：现行的区域高等教育结构是否需要调整？哪些方面需要调整？需要如何调整？

第一个问题，前面几章已经有所讨论，分析了不同阶段现行高等教育发展的一些问题，明确得出高等教育结构的调整和优化是必要的，这符合社会发展需要和教育发展的基本规律。第二和第三个问题，即调整内容及调整路径的问题，需要以第一个问题为基础，进行认真的思考和论证。不可否认，自新中国成立以来，尤其是改革开放以来，我国高等教育取得了较大的成就，但也面临着巨大的问题。譬如，本、专科层次院校发展参差不齐，高水平大学数量有限，高水平研究型大学偏少；高等职业教育发展不均衡，现代职业教育体系仍未建立；等等。随着社会发展对人才、体制等的要求日益提高，社会对高等教育体制改革的呼声也日益高涨。从前文的分析可以看出，在布局结构上，各省高校发展不均衡，基本呈现为东部沿海地区高等教育较为发达、西部地区发展相对滞后，北京、上海、江苏等省份高等学校数量较为集中、另外一些省份如新疆、西藏、贵州等则发展相对缓慢的状态；在层次结构方面，不同层次的高校数量都有增长，但增幅不一，总体而言，高层次的院校增幅较缓、中间层次的高校增幅较大，专科层次的高校增长先快后慢，即经过近几十年的发展，高等教育层次结构基本清晰，金字塔形结构渐趋成型，但处于根基地位的专科层次的院校经过一段时间的快速增长后，发展遇到瓶颈，需要加大政策扶植，找准方向，发挥其应有的作用；在学科专业结构上，自1999年高校扩招以来，各学科类的招生情况都有较大幅度的增长，但由于专业的设置缺乏实证和调查，新专业的设置缺乏预测且盲目，旧专业的淘汰又较为滞后，导致有些专业发展过快、过多，而有些社会急需专业又不足或断层。明确了高等教育结构的总体问题，就可以为区域内高等教育结构的调整指明方向。在未来一段时间内，区域高等教育的发展和规划应结合政府的总体发展战略，在明确不同地区经济社会发展总体水平、了解不同地区产业结构现状及市场发展趋势的基础上，遵循高等教育发展基本规律，使区域内高等教育与区域社会之间协同共生、互惠一体化发展。

具体而言，根据目前区域高等教育结构相对稳定的状况，其结构的调整应有所侧重，应以点带面地进行切入。本书认为调整的主要内容是结合区域经济发展战略、产业结构现状及市场发展趋势，以学科结构调整为基础和切入点，重点优化学科层次和学科布局结构。首先，需要调整学科层次，使不同层次的高校中相同或类似学科的发展目标、路径、内容呈现层次性、差异性和特色性，逐渐形成"层次清晰、分类发展、相互衔接"的学科层次体系，促进地方产业结构的形成、转型和升级；其次，需要优化学科布局，使区域内高等教育学科与地方经济发展水平及现状相适应，逐渐形成"多中心协同发展、分区共生发展、网络式发展"的学科布局体系，助推地方经济社会的发展；最后，需要构建动态、弹性的学科调整机制，使学科专业的设置根据区域内经济社会发展水平、产业结构现状及市场需求发展趋势，逐渐形成"特色鲜明、院校互动、动态调整"的学科调整机制。概括而言，在学科结构调整过程中要做到三个"三结合"：形成"层次清晰、分类发展、相互衔接"三结合的学科层次体系；践行"多中心协同、分区共生、网络式发展"三结合的学科布局思路；创建"特色鲜明、院校互动、动态调整"三结合的学科专业设置模式，如图5-2所示。

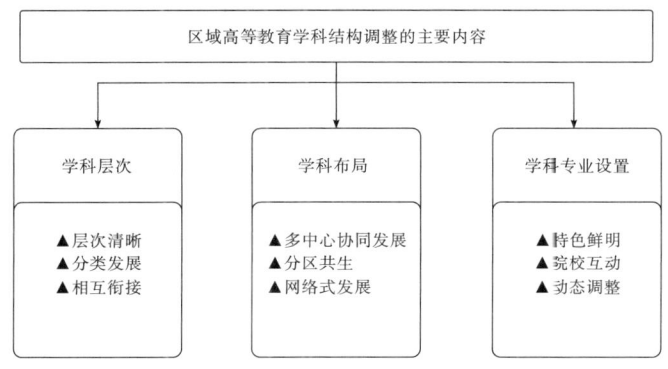

图5-2 区域高等教育学科结构调整的主要内容

（一）学科层次："层次清晰、分类发展、相互衔接"三结合

区域协同共生的高等教育学科体系建设需要以高校的层次、类型及定位为基础，使不同层次的高校中相同或类似学科的发展目标、路径、内容呈现层次性、差异性和特色性，逐渐形成"层次清晰、分类发展、相互衔接"的学科层次体系，促进地方产业结构的形成、转型和升级。

1. 层次清晰

在不同的发展阶段，社会对不同层次、不同专业的人才需求是不同的。"层次清晰"是指在区域内不同层级、不同类型的高校中，相同或相似的学科专业在人才培养目标、内容、方式及评价上应有层次性和差异性，应根据市场对不同层次人才的需求状况，有合理的发展梯度，使所培养的人才数量和层次符合社会发展的需要。譬如，同样是物理学科，"双一流"建设高校与普通本科院校及高职高专院校的人才培养定位、内容、方式应有差异。

在区域高等教育学科结构分层与可持续方面，美国加州的经验值得借鉴。美国加州公立高等教育体系总体规划与学科结构调整不是对现有系统的简单分层，其最重要的目标和理念大概有两个：其一，根据全加州地区社会、经济、文化等实际情况，结合当时高等教育发展现状，对不同类型、层次的高校进行目标、职责的重新定位；其二，理顺加州高等教育体系内各教育机构之间的关系，避免盲目扩张与无序竞争，最大限度共享资源，达成科学、可持续、前瞻性发展的总体目标，使高等教育学科结构更为明晰和合理。经过半个多世纪的实践，加州公立高等教育体系形成了结构分层、特色明显、任务明确、可持续发展的格局（见表5-2）。

表5-2　美国加州公立高等教育体系概况

层次	数量/所	在校生数/人	定位与职责
加州大学（University of California，UC）	10（分校）	约22万	有博士学位授予权，为研究型大学，约12%最好的中学毕业生可进入加州大学

续上表

层次	数量/所	在校生数/人	定位与职责
加州州立大学（California State University，CSU）	23（学校）	约60万	没有博士学位授予权，但可和加州大学或其他具备资质的机构联合培养博士生，约35%的中学毕业生进入这里，是美国所有高校中规模最大、专业最全的多元化的教育机构
加州社区学院（California Community College，CCC）	109（学校）	约260万	一般为二年制，所有中学毕业生均可进入社区学院，提供专业或技能教育，注重培养学生实践能力

加州大学注重科研，追求卓越。加州大学是加州三要的学术研究机构，有博士学位授予权，可提供本科、硕士和博士各个层次的教育，尤其强调研究生阶段的教育。加州大学的10所分校各有清晰的定位、任务、特色及历史，均非常重视加州地区学科布局、学科层次结构上的平衡。一方面，加州大学总体规划具有较强的科学性、前瞻性和可行性，不盲目增加校园数量，10所分校一直以来保持适当的招生规模；另一方面，各分校均重视并积极探寻人才培养、学术研究与社会服务的最佳结合之路，在发展方式和学科建设上形成了各自鲜明的特色。

加州州立大学以本科教学为主，服务区域社会。加州州立大学的定位非常明确，一方面，按照规划，州立大学不具备单独的博士学位授予权，但允许其与加州大学或一些政府准许的独立机构联合授予博士学位，目的在于明确该层次高校的培养定位和职责任务，避免重蹈盲目攀升、无序竞争和资源浪费的覆辙；另一方面，规定其除培养应用型人才外，还应通过提供各种教育服务，促进当地社会经济、文化的发展。近年来加州州立大学这种服务区域社会的导向更为明确，政府规定它们应承担更多的社会责任，积极参与有利于促进社会和谐、区域经济发展及引领文化的各种计划和项目。同时，高等教育协调委员会也采取更多有效措施防止把州立大学办成科研倾向的单位，保证其能按既定目标和轨道发挥作用。

加州社区学院以职业教育为主，注重技能培养。加州社区学院学生规模较大，一方面主要是提供低年级设的正规大学教育和职业教育，目的是为更多有需要的人提供接受高等教育的机会，对其进行职业技能培训和实践能力培养，进而提高就业率；另一方面也提供成人非学历教育、社区服务教育、补偿教育、作为第二语言的英语教育、劳动力培训服务等。加州社区学院不限制受教育对象的种族、年龄及身份，教学形式和课程内容也灵活多样，因而在提升民众整体素质和技能上发挥了重要作用。

2. 分类发展

区域高校学科的分类发展是指不同层次、不同类型高校的学科发展定位、任务应有所区别，各具特色。这包括两层涵义：其一，不同层次、不同类型的高校中，相同或相似学科的发展定位和任务应有所分工并凸显特色。这些学科之间的关系应该是各具特色、相互衔接、互为有益补充和有所区分的，而不应该是盲目攀高、重复发展的，其所培养的人才应该能够顺应社会不同行业对人才的细分要求。其二，相同层次、类型的高校中，相同或类似学科的发展定位和任务也应有所侧重并显现特色。这些学科之间的关系应该是适度竞争、优势明显和各有侧重，而不应该是任务重叠、恶性竞争和盲目趋同，所培养的人才应该能具有自己的专业性，能在各自的专业领域独树一面旗帜。

3. 相互衔接

高等教育学科的"相互衔接"主要包括两层涵义：其一，不同层次的高校应建立相互衔接机制，即专科层次的教育体系应与本科层次的教育体系相互衔接、本科层次的教育体系应与研究生层次的教育体系相互衔接，这种相互衔接主要涉及学生的转退学制度、升学制度、课程体系、学分学业体系、教学体系、行政管理体制、考试制度等；其二，同一层次高等院校之间的相互衔接，政府和高校本身需要完善相应的衔接机制，建立类似美国加州地区高等教育协调委员会的相关机构，加强区域内高校的交流协作，这种衔接包括学生协同培养、学生交换、学分互认、优质课程资源互选、师资进修、科研合作、教材开发、图书资源共享、学术资源共享等，最终实现区域高校协同发展和一体化发展。

在生源分层与转退学制度相互衔接方面，美国加州的经验也值得学习。美国加州高等教育总体规划在实践之初便考虑了各层次高校的生源结构问题，明确了各教育机构的功能定位、任务目标、学生来源，确定了选择入学与普遍入学相结合的原则等众多内容，并将其写入州宪法和其他相关法律。经过多年的实践、修订、完善，现已经形成了生源结构分层、各级系统招生录取标准明确、转退学制度相互衔接的良好格局。具体而言，一是明确了不同层次高校的生源范围。表5-3列出了加州公立高等教育体系三个不同层次高校的生源范围和入学基本要求。二是完善了加州大学、州立大学、社区学院的转退学制度。加州高等教育系统虽然在招生入学上进行了分层，但并不是说学生进入了加州大学就进入了"保险箱"，如果被判断为无法完成学业，学生仍有被退学或转入州立大学、社区学院的可能；加州州立大学和社区学院的优秀学生，也可以通过后期的优异表现，进入更高层次的高校深造，且成功进入的比例还较高，"本科生不仅在深造时可选择州立大学的硕士层次或加州大学的博士、硕士层次，而且州立大学和加州大学在本科高年级阶段可接受从社区学院转入的优秀毕业生"①。加州高等教育总体规划明确了转学要求、标准、途径及方法，确保从社区学院毕业的优秀生能转入大学系统继续深造，譬如规定加州大学和州立大学本科一、二年级和三、四年级学生数量的比例应为4：6，"以便为社区学院的优秀学生转入加州大学和州立大学系统进行高年级的学习提供保障"，还规定"社区学院符合条件的优秀学生享有优先转学权"②。整体而言，州立大学比加州大学系统承担了更多来自社区学院的转学学生。社区学院与加州大学和州立大学之间这种良好的转入制度，让社区学院的优秀学生可以通过努力转入加州大学或州立大学继续深造，显现出加州高等教育体系人才模式的多元化、学生成长途径的拓宽化趋势。据统计，加州大学由于各社区学院优秀学生的转入，到了三年级阶段，班级规模通常都会迅速扩大，有的甚至扩大一倍。这种良好、科学的转退学制度，不仅保证了最优秀的学生能有多种途径得到最好的教育，也促进了学生的学习自觉性，提升了高等教育的整体办学水平，又保障了加州高等教育系统的科学性、公平性、开放性及延续性。

---

① WEICK K E. Educational organization as loosely coupled system [J]. Administrative science quarterly, 1976, 21 (1): 1-19.

② 刘小强. 美国加州1960年高等教育总体规划：一个成功范例 [J]. 清华大学教育研究, 2006 (2): 95-102.

表5-3　加州公立高等教育体系入学基本要求

层次	入学要求
加州大学	一是本州最优秀的学生，招生比例大概是全州学生的10%；二是本校最优秀的学生，招生比例大概是全校学生的9%①
加州州立大学	其一，申请人必须达到应届加州高中毕业生前1/3的成绩排名；其二，GPA、SAT或ACT的入学成绩必须达到规定的基本要求；其三，必须修读完规定课程，达到规定的入学基本修读要求
加州社区学院	注重普及率及职业技能培养，为有需要的人群提供更多的受教育机会；高中毕业生均可进入社区学院接受专业教育，提升技能

相较于美国加州的高等教育体系，我国不同区域内不同层次的高校虽然也根据高考成绩对生源进行了分层，但不同层次学生之间的转学、退学、升学却存在体制性障碍和现实性困难。一方面，由于现实的原因，进入高层次院校的学生犹如进入了"保险箱"。无论其成绩多差，都没有明确的规定可以让学校将其转入更低层次的院校；即使有规定，也缺乏强制的执行力。另一方面，由于体制的障碍，不同层次间教育系统的相互衔接存在诸多问题，低层次院校学生进入高层次院校的途径较少、比例过低。这种境况，不仅使高层次院校的学生缺乏危机感和学习的自觉性，也不同程度抑制了低层次院校学生的积极性。

（二）学科布局："多中心协同发展、分区共生发展、网络式发展"三结合

当前，全国大部分省份高校均较为集中在发达地区和发达城市，这与历史累积、区位优势、政策支持等因素有重要的关联，但高校和人才的过度集中却不利于落后地区经济社会的崛起。因此，政府作为宏观统筹机构，在合理规划高等教育发展战略及其学科布局过程中担当着重大责任，需要在厘清思路、明确未来高等教育发展方向的基础上，使区域内高等教育学科与地方

---

① 为践行"机会均等"的美国精神，促进教育区域公平与均衡发展，2012年加州大学对招生规则做了重大调整，其中SE的比例由原来的12.5%减少为10%，ELC的比例从原来的4%增加到现在的9%。这意味着来自大城市内城和乡村学校的高中毕业生有更多机会进入加州大学，使那些原来实力较弱的学校有更多的优秀学生能进入加州大学系统。

经济发展水平及现状相适应，逐渐形成"多中心协同发展、分区共生发展、网络式发展"的学科布局体系，助推地方经济社会的发展。

1. 多中心协同发展

当前，不同省份的高等教育在发展过程中普遍存在以下几个问题：一是单极化、分散式发展路径较为明显。体现为大部分高校较为集中在省会城市或经济发达的区域；不同层次、类型的高校之间联动较少，衔接不够，功能、任务、目标定位不够清晰，甚至相互重叠；低层次的高校盲目向高层次的高校看齐，专业性院校向综合性大学看齐，特色不明显，方向不明确。二是高校集中地区的辐射力度有待加强，体现为高校所培养的人才仍然集中于发达区域就业，流动性不够；高校集中区域与欠发达地区开展的产学研合作有限，人才交流、学生交换、智力支持、社会服务有待加强，科学研究成果向欠发达地区转化及辐射力度有限。因此，区域高等教育学科结构调整需转变观念，与政府宏观层面的理论引领、政策导向和经费支持多方面等相结合，从单极化、分散式发展路径走向多中心协同发展。

第一，形成多中心协同发展的路径。在一个国家或一个区域范围内，随着时间的推移，必然会以某种标准划分成或自然形成多个中心，譬如按照行政区位进行划分或以经济发展程度进行划分，每一个中心都是以多个城市共同组成的城市群，这些城市群有强有弱，发展速度有快有慢。以广东省为例，广东省就按区位划分成了珠三角、粤东、粤西、粤北几个区域，每个区域都由若干地级市组成，社会发展程度很不相同，与我国的总体情况非常类似，可以说是我国总体发展情况的一个缩影。多中心协同发展不是不同区域之间的盲目发展和恶性竞争，而是平行发展、错位发展、特色发展、互补发展、与区域社会融合发展。平行发展即不同中心之间可以共同发展，它们之间的地位是平等的；错位发展是指不同中心之间定位应该有所区别，根据不同中心的区位优势、经济基础、社会发展总体情况、文化氛围进行不同的目标定位，而不至于造成重复发展和恶性竞争；特色发展就是不同中心应根据自己的地理条件、区位优势、文化特色、经济程度等条件综合考虑，凸显特色，形成某个领域的区域效应、集聚效应；互补发展是指不同中心的发展目标和任务不是盲目的、相互脱离、各顾各家的，而是在国家或区域政府的统筹协调下有所侧重并相互补充的，它与错位发展是相辅相成的，目标是使区域内的高等教育协调发展；与区域社会融合发展，即区域高等教育学科的建设和发展必须与当地的社会、经济、文化、科技等发展相互协调一致，必须考虑区域环境并融入这种环境，在促进自身发展的同时服务社会，成为区域经济、文化、科技发展的"发动机"和"助推器"。以广东省为例，广东省应借助区位优势，合理规划粤东、粤西、粤北及珠三角的高校学科布局，根据不同区域经济发展水平和产业发展现状，形成按区域需要、层次清晰、特色突出、协同发展的学科布局体系，形成多中心聚集、互惠一体化共生的聚集效应和规模效应，助推区域经济社会的发展。

第二，区域的主中心和副中心协同发展。区域中心可以是按政府的行政规划而形成，但更多的是由于多年来社会、经济、文化的发展自然集聚而成的，因此，不同的中心之间发展速度会有快慢、发达程度会有高低，不可能所有的中心都平均发展。区域不均衡增长理论认为"只要总体发展是一种低水平状态，市场力量的自然作用就会增大国内和国际区域的不平等程度"，并认为若要缩小区域之间差距并促进落后区域的经济发展，就必须靠政府部门适当的经济制度及强有力的干预，譬如，在欠发达区域打造"增长中心"或"增长极"，通过培育"元动力"并借助市场的杠杆作用实现资本的原始累积，以此带动这些区域的发展。此外，缪尔达尔的"循环累积因果原理"更具体地指出，由于某些区域原本就具有优势，因而会表现出超前发展，而且由于既得优势的不断累积，这些区域会继续超前发展并循环累积，因此会产生两种相反的效应：一种是"回波效应"，即资本和劳动力从外围向中心区域流动，导致外围地区的经济逐渐衰退；另一种是"扩散效应"，即中心区域在经济发展达到较高水平时会促进外围区域的经济发展，体现为劳动力、资本、技术由中心区域向外围流动。赫希曼则将这些情况称为"极化效应"和"涓流效应"。"极化"就是指经济的增长较为集中在某些区域，增长的动力较为集中于某些因素；"涓流"则是指经济增长所带来的益处会逐渐从少数受益阶层或受益地区逐步扩散到整个社会。他认为在区域增长的初期，由于"极化效应"，区域间的不平衡将会加剧，因此，政府部门就需要通过强有力的行政干预和统筹，使这种不平衡逐渐恢复至相对平衡的状态。由于区域高等教育是区域社会的重要组成部分，与区域经济的发展是紧密相连的，因此，各级政府应努力思考如何通过制度、政策、经费支持，让发展较快的"主中心"形成"扩散效应""涓流效应"，辐射欠发达区域的发展；同时，打造欠发达区域高等教育学科的"增长中心"或"增长极"，通过培育高等教育学科发展的"元动力"，实现原始累积，以此带动这些区域的发展，最终实现多中心的协同发展。

2. 分区共生发展

分区共生发展主要包括如下两层涵义：其一，不同地区高等教育学科应与区域社会共生发展。学科是高校发展的根基，而高校又是区域社会的重要组成部分，因而学科与区域社会之间是相互融合、相互促进、一体化发展的。一方面，学科的发展必须以区域社会的发展为基础，区域社会的经济发展水平在很大程度上影响着学科的发展水平，即学科的发展与区域经济的发展是紧密关联的。另一方面，学科的发展也促进地方经济社会的发展。众所周知，高等教育的主要功能是人才培养、科学研究和服务社会，高校不同学科所培养的人才是地方经济发展的基本保障，不同学科所创造和转化的科学研究成果是地方经济发展的"助推器"，其还通过文化熏陶、智力支持等方式服务社会，促进社会的全面和谐发展。因此，在不同层次的高校中，学科的发展应结合地方经济社会的发展现状和目标，适度引领和超前于经济社会的发展目标，并最终能凸显各自特色、任务有所分工、互惠一体化发展。其二，区域内不同高校相同或类似学科之间的互惠共生发展。这表现为发达地区的高校及其学科的发展应发挥"扩散效应"和"涓流效应"，辐射和引领欠发达区域高等教育及其学科的发展；不同层次、类型的高校之间应通过类似"高等教育协调委员会""高等教育联盟"之类的政府机构或中介机构，加强联动，制定合理可行的职业教育衔接制度、本专科衔接制度等；通过合理的功能、任务、目标定位使不同高校之间特色发展、互补发展、与区域社会融合发展；加强不同高校相同或类似学科之间的人才交流、学生交换、智力支持、社会服务等合作，最终实现资源共享，互惠共生，一体化发展。

3. 网络式发展

区域社会是由许许多多不同的组织和单元组成的，这些组织和单元相互联结、相互作用，形成了复杂的网络系统。不可否认，由于高等教育的特殊性，其学术的研究和发展需要保持"象牙塔"式的纯洁性，但高等教育还担负着培养社会所需人才及服务社会的重任，必然需要与社会其他行业保持密切的联系。高等教育学科网络式发展包括如下涵义：

其一，高等教育学科需要融入区域社会的网络体系，成为网络联结点甚至中心枢纽。区域社会的发展是以经济、文化、科技的发达程度为主要标志的，这三项事业均与高等教育的发达程度密不可分。高校不同学科为区域经济社会的发展培养人才，且其本身就是区域文化发达程度的象征。此外，不同学科所创造和转化的科研成果直接影响着区域社会的科技发达程度，世界上不乏以高校学科群为基础的经济区，如美国斯坦福大学与其周围区域社会形成的"硅谷"、以麻省理工学院和哈佛大学为基础和依托形成的芝加哥—波士顿128路线的高新技术产业区、以我国北京海淀区的高校学科群为依托的中关村信息产业集群等。因此，区域内的高校需要了解市场各行各业对人才标准的要求，预测未来社会对人才需求的发展趋势，以调整各学科人才培养模式、调整学科专业层次、优化学科专业布局，使所培养的毕业生能适应社会各行业的发展；高校也需要通过为社会输送人才、引领先进文化的发展方向、服务区域社会等方式，成为区域社会网络体系的重要联结点和中心枢纽，起到调整社会发展方向、助推区域经济发展、引领区域先进文化的核心作用。

其二，区域高等教育系统本身需要形成完整的发展体系。区域高等教育本身便是一个庞大的体系，这个体系如何避免单极式发展、分散式发展、各自发展，需要各级政府认真思考。本书认为，区域内高校系统本身的网络式发展，一方面需要有科学的、宏观的区域高等教育发展规划，即区域政府必须清楚区域内社会总体发展情况，明确社会发展的总体思路、方向和原则，在此基础上设计未来区域高等教育发展的总体方向、任务和原则。区域高等教育总体规划的指导思路和理论基础必须是先进和适切的，所提出的发展策略必须是前瞻和科学的，程序必须是民主和规范的，理念必须是创新和可持续发展的。另一方面，需要有完善的体制机制去达成以上提出的目标。这种机制应更强调服务、区域共生、一体化发展和可持续发展，更强调区域资源的通盘考虑和互惠共生，更注重理论的先进性和适切性、政策的科学性和前瞻性、法制环境的普遍性和保障性，更关注经费的使用与监督，更重视被管理对象的决策与管理参与，为高等教育的发展营造和谐的环境，从而达到各种资源共享、互惠共生、一体化发展的最佳状态。

（三）学科专业设置："特色鲜明、院校互动、动态调整"三结合

表5-4对新中国成立后专业设置的历史进行了简单梳理。我国高校的专业设置在不同阶段有过多次调整。总体而言，一方面体现为日益重视将专业建设与社会需求及各区域的实际情况进行结合，构建多元化的人才培养体系；另一方面则体现为逐渐放宽地方政府特别是高等学校的办学自主权，注重提升学生整体素养。但当前高校的专业设置及学科总体结构状况仍然存在不少问题，主要体现在：一是不同层次高校专业设置定位不清、联动较少、重复设置过多。目前各层次高校的专业设置是在原有基础上逐渐发展而成的，甚至可以说大部分是在20世纪80、90年代形成的，虽然近年来各层次高校根据社会的需求、国家的政策进行过专业调整，但幅度有限，普遍滞后于经济社会发展的速度。此外，高校之间对于专业设置的联动较少，在一段时期内甚至带有盲目性，导致部分专业重复设置过多，譬如管理类、法律类等专业，而一些社会急需行业的专业设置又呈现紧缺状态，缺乏统筹和协调。二是专业设置行政干预过多，随意性较大。专业的设置尤其是新专业的设置，往往不是在社会需求调查的基础上进行的，很大程度上取决于某一部

分人甚至某一个人的主观意愿，或者学校具备什么条件就办什么专业，随意性较大。三是对各专业人才需求趋势缺乏统计、分析、论证和预测。目前，大部分高校对于新专业的申报和设置往往不是建立在对人才需求趋势进行统计、分析、论证和预测的基础上，而是依据学校现有条件、舆论导向、热门程度、容易程度等因素来考量的，导致部分专业发展严重过剩，学科发展严重失衡，人才培养质量无法得到保障。四是缺乏预警和淘汰机制。目前，政府和高校对于不适合社会发展需要、重复设置、人才培养过剩的专业缺乏预警和淘汰机制，加之毕业生较为集中在经济发达区域就业，导致部分区域就业过剩与部分地区就业紧缺矛盾并存。

表5-4　新中国成立以来专业设置发展梳理

时间/年	主要事项、相关文件及制度	影响及评价
1952	开始设置本科专业	开始了规范化、专业化道路
1953	全国高校共设215种本科专业	是专业结构形成的基础
1954	《高等学校专业目录分类设置（草案）》	以法律法规的形式规范了专业及课程设置
1963	国务院下发《高等学校通用专业目录》和《高等学校绝密和机密专业目录》，共设专业510种	根据国家建设需要新增航天航空、新兴能源等学科专业；专业数量迅速增加，专业结构变化明显；计划体制明显
1978	召开高等学校文科教学工作座谈会	"文重理轻"的观念开始扭转，加大理工科的发展力度
1979	召开全国高等财经教育工作会议	调整科类结构，经管、财会类人才培养力度加大
1979	召开教育部属综合大学理科专业调整会议、教育部属工科院校专业调整会议	明确专业调整的指导思想、原则、制度等，对学科专业结构影响较大
1982—1986	组织进行了文、理、工、农林、医药各科类本科专业目录的全面修订，专业种数为671种	结束了十年"文化大革命"中专业设置混乱的局面，加强了薄弱的专业和新兴、边缘学科的专业的建设，专业口径得到拓宽

续上表

时间/年	主要事项、相关文件及制度	影响及评价
1989—1993	颁布《普通高等学校本科专业目录》，专业种数为504种	形成了体系相对完整、统一规范的专业设置标准，解决了专业归并和总体化的问题
1997—1998	国家教委全面修订普通高等学校本科专业目录，颁布新的《普通高等学校本科专业目录》，专业种数由504种调整到249种，将所有学科划分为11大门类	重点调整专业结构，对科类结构产生影响；改变了过分强调"专业对口"的情况，克服了专业面过窄的现象，强调"厚基础，宽口径"，构建注重素质培养，融传授知识、培养能力和提高素质为一体的多样化的人才培养模式；对其后10年的本科人才起到了重要的规范和导向作用
2012	教育部颁布《普通高等学校本科专业目录（2012年）》	影响学科专业结构。学科门类由原来的11个增至12个，新增艺术学门类；专业类由原来的73个增至92个；专业由原来的635种调减至506种，其中基本专业352种，特设专业154种
2015	国务院印发《统筹推进世界一流大学和一流学科建设总体方案》	对新时期高等教育重点建设做出新部署，对学科专业建设影响深远。将"211工程""985工程"及"优势学科创新平台"等重点建设项目，统一纳入世界一流大学和一流学科建设；同年11月，由国务院印发，决定统筹推进建设世界一流大学和一流学科
2017	教育部、财政部、国家发展和改革委员会印发《统筹推进世界一流大学和一流学科建设实施办法（暂行）》	公布了世界一流大学和世界一流学科建设高校及建设学科名单，首批"双一流"建设高校共计137所，其中世界一流大学建设高校42所（A类36所，B类6所），世界一流学科建设高校95所；双一流建设学科共计465个（其中自定学科44个）

续上表

时间/年	主要事项、相关文件及制度	影响及评价
2018	教育部召开新时代全国高等学校本科教育工作会议	提出高等教育内涵式发展、提升本科教学质量；提出大力发展"4个新"（新文科、新农科、新工科、新医科），目的是要推动形成覆盖全部学科门类的中国特色、世界水平的一流本科专业集群；发布《普通高等学校本科专业类教学质量国家标准》，实施了涵盖全部92个本科专业类、587个专业的标准
2018	教育部发布《关于加快建设高水平本科教育 全面提高人才培养能力的意见》（简称"新时代高教40条"）	提出调整专业结构，大力推进一流专业建设。包括：第一，实施一流专业建设"双万计划" 建设1万个国家级一流专业点和1万个省级一流专业点，引领支撑高水平本科教育；第二，动态调整专业结构；第三，优化区域专业布局，围绕落实国家主体功能区规划和区域经济社会发展需求，加强省级统筹，建立完善专业区域布局优化机制

资料来源：经本书作者综合整理而成。

　　根据上文的分析，区域高等教育学科结构的调整还需要构建动态、弹性的机制，使学科专业的设置根据区域内经济社会发展水平、产业结构现状及市场需求发展趋势，逐渐形成"特色鲜明、院校互动、动态调整"的机制。

　　首先，"特色鲜明"即不同层次的高校应在了解、收集、分析各行业人才供求结构、质量、规模、变化趋势数据的基础上，结合区域社会经济、文化、科技等事业的发展情况，发挥区域和学校现有优势，在学科专业建设过程中凸显区域特色、学校特色，形成特色鲜明的区域高等教育学科专业结构。特色鲜明的学科专业结构主要包含两层涵义：其一，区域内高校要努力形成学校、学院、专业特色相互支撑、协调发展的局面。即，一方面各高校在原有的学科专业设置基础上，结合区域政府的宏观政策及分析各行业人才供求结构、质量、规模、变化趋势，加强优势学科、特色学科的发展，努力打造社会需要、标准明确的学科专业，推动区域经济、文化、科技事业的发展；另一方面，不同层次、不同类型的高校通过政府机构或中介机构加强统筹和联动，最大限度地避免专业的重复建设、盲目建设。其二，各高校在学科专业建设过程中凸显特色。区域内各高校在学科专业建设过程中，通过完善政策制度、优化体制机制、合理配置资源等方式，逐步在人才培养模式改革、学生成长平台构建、教育教学质量管理等领域形成较为鲜明的特色，促进学科专业建设从注重数量向注重质量转变，从独立发展向资源共享、专业互融方向发展，从单一模式向多元模式发展，全面提升学生的综合素养、知识结构、创新能力及可持续发展能力。

其次，"院校互动"即区域高等教育结构调整过程，需要通过专门的政府部门或中间组织加强高校之间的沟通和互动。一是加强相同层次、相同类型院校之间的互动。相同层次或相同类型的院校在专业设置上往往有较大的相似性，尤其当评价标准较为单一的时候，这种相似性更为明显。近年来，高校的发展呈现出模式较为趋同、路径较为单一的趋势，表现为专科院校希望升格为本科院校，普通本科院校希望成为重点大学，单科类大学希望成为综合性大学等，导致雷同专业设置过多，学生培养质量难以提升，就业市场压力过大。要缓解这种情况，除了上文所提及的思路和建议，仍需加强相同类型、相同层次高校之间的沟通和协调，争取在专业建设过程中做到特色凸显、资源共享及协同发展。二是加强不同层次、不同类型院校之间的互动。理论上，不同层次、不同类型院校的专业设置应该有较大的差异性，但由于评价指标、发展模式和发展路径单一，导致学科发展和专业设置缺乏总体协调和规划，呈现出较大的随意性和盲目性。因而，完善高校间的沟通协调平台和渠道、促进学科专业的相互衔接与认可、加强高校间的互动与合作就显得日益迫切。

最后，"动态调整"即区域内高校的学科专业建设能根据各行业人才供求结构、质量、规模、标准等变化趋势，及时调整专业建设的目标、定位、内容和培养方式，优化学科布局。一是前瞻性地调整专业层次、优化专业布局。区域政府和高校通过采集各行业人才供求信息、用人标准、变化趋势等数据，对各专业人才发展的数量、标准、结构等发展趋势进行系统分析，及时调整学科专业建设的目标、定位、内容和培养模式，以适应市场对高校人才培养规模、标准、质量的新要求。二是根据市场需求和学校优势资源适时设置新专业。高校新专业的设置和建设除了要掌握市场需求趋势外，还应结合学校的类型、层次、现有资源优势等因素进行调整，争取在学科专业建设上做到学校、学院、专业特色相互支撑、协调发展。三是建立落后学科专业的预警、淘汰机制。通过完善预警、淘汰机制，对一些重复设置、不适合市场需要、人才培养过剩的学科专业进行改革、调整或淘汰，使学科专业建设进入良性、健康发展的道路。

五、调整路径

结合上文探讨的内容，"协同共生型"高等教育结构调整的基本路径主要体现在两个方面：一是以学科结构调整带动高等教育整体结构的优化；二是建设区域高等教育学科群，凸显聚集效应。

（一）以学科专业结构调整带动高等教育整体结构的优化

从宏观上而言，高等教育结构至少包括高校的布局、层次、类型和学科结构，本书认为其最根本的基础和单元是高校的学科结构，因为任何高校都是由不同的学科、专业所组成，而学科专业结构与区域的产业结构有着密切的关联，区域内的产业结构又影响着区域高校的整体布局和高校的层次及类型。因而，高等教育的宏观结构如果要达到合理的状态，重点和根本在于学科专业的层次和布局要合理。

上文提到，通过学科层次的调整可以使不同层次高校中相同或类似学科的发展目标、路径、内容呈现层次性、差异性和特色性，并逐渐形成"层次清晰、分类发展、相互衔接"的学科层次体系，促进地方产业结构的形成、转型和升级；通过学科布局的优化，可以使区域内高等教育学科与地方经济发展布局及水平相适应，并逐渐形成"多中心协同发展、分区共生发展、网络式发展"的学科布局体系，助推地方经济社会的发展。而要调整学科层次、优化学科布局，则需要逐渐形成"特色鲜明、院校互动、动态调整"的学科调整机制，使学科专业的发展引领或适应区域内经济社会发展水平、产业结构现状及市场需求发展趋势，进而达到以学科专业结构调整带动高等教育整体结构优化的目的。

（二）建设区域高等教育学科群，凸显聚集效应

当前，在我国尤其是经济发达地区，产业集群效应日益凸显，高等教育作为支撑国家和区域产业转型升级的重要助推力量，必须有相应的调整策略，在学科专业建设上努力结合市场的发展需要，形成区域影响力，建设区域高等教育学科群，凸显聚集效应，助推地方经济社会发展和产业的转型升级，并产生产业集群效应。追溯起来，美国经济学学者迈克尔·波特在其专著《国家竞争优势》一书中较早地使用了产业集群的概念。在书中，波特对比了10多个工业化较发达的国家，并认为产业集群是工业化过程中的常见现象，产业集群已经成为发达经济体的重要发展方式。通常而言，产业集群

是指在某一特定国家或区域中，各种在区域内相对聚集且有合作和竞争关系又相互关联的企业组织、服务供应商、专业化供应商、厂商群、各种金融机构、公共服务部门及其他相关联的机构组成的空间聚集体，它是一种介于等级制与市场间的全新的空间经济组织形式。产业集群在功能和意义上已经超越了一般产业范围，它成为在某一特定区域内诸多机构、众多产业相互联结和融合的区域共生体系，并成为区域经济发展主要的竞争优势所在，也是考察一个区域经济发展水平的重要指标。任何国家或地区经济的稳定发展都与其优势产业密不可分。从产业平衡发展和经济稳步增长的战略思考，各国均会努力通过宏观政策的支持和引领作用构建更为广泛的产业集群，以提升国家的核心竞争力。总体而言，产业集群具有如下五个基本特征：一是在某一特定的区域内，大部分的企业围绕相同或相近的一个或几个产业进行生产、经营、销售和服务等活动；二是产业内部的各企业间有较为明确的专业分工，且有一个或几个较为显著的产业特征维系它们之间的关联；三是产业集群各组成体在供给和需求之间关联紧密，实现材料采购的区域化，进而形成区域成本和竞争优势；四是产业集群的各组成体大部分规模不大，属于中小型企业，但由于集聚的效益产生了规模效益并在市场上有较高的占有率；五是各企业的产品销售有较强的市场渗透力，且集群企业有带动效应，即某一个企业的成功经验可以带动一批关联企业。

概括起来，产业集群具有如下几方面的重要作用：首先，提升区域产业的整体竞争力。产业的竞争力是某一个国家或地区的产业体对于市场环境的调节和反映的综合能力。产业集群中的企业不仅相互竞争，也相互协作，对提升区域内经济的整体竞争力有助推作用。这种提升的显现方式是多样化的，譬如降低了成本，提高了效率，促进了创新，形成了竞争合力，等等。这种竞争力不仅体现为市场的竞争，还体现为相互的合作，它的根本特质在于相互促进并产生聚集效应。它可以帮助众多中小企业在材料采购、产品开发、市场营销等方面实现网络化、高效化，从而使其能与外界市场上更强大的对手抗衡。其次，加强集群内各组成体的高效协作，产生资源的聚集效应。在产业集群的各组成体之间，彼此相互依赖和信任的合作基础比契约更为重要和宝贵。企业的领导人之间通过正式和非正式的组合来往密切，其合作的计划和成功的可能性较高。众多企业在地域上的集聚并进入相同的产业会产生资源的聚集效应，可以使各企业得到效率更高的供应商服务，更快捷地获取市场信息，更容易地获得所需的配套产品和服务，甚至更容易招募到适合的人才，从而提升整体竞争力。再次，有利于促进企业的创新。这体现在管理理念、技术革新、体制机制、经营环境等各方面。一方面，产业集群为各企业提供创新的环境和氛围。由于企业的经营范围较为接近，竞争压力较大，会迫使企业通过不断的组织管理创新和技术创新，在产品设计、外观、功能、管理等方面进行革新和改进，以满足市场的需要。另一方面，产业集群有利于促进新知识和新技术的扩散转移。在知识经济和网络时代，产业之间的关联是较为专业化的聚集，形成具有区域特色的产业集群，集群内的各企业由于空间的同一性和文化的相近性会促进一些显性知识和隐性知识的扩散和转移，譬如一旦某项核心技术被突破，在区域内联动的企业很快就会做出反应，进行协同创新，共同完成这种联动式、网络化的创新模式。此外，产业集群也会减低企业的创新成本。由于空间位置趋同，企业间的学习交流就成为可能，这种隐性知识的相互学习和传播使新技术的产生成本变得更低，同时彼此的相互依赖和信任形成了良性的竞争合作体制，有助于降低产品开发和技术创新成本。最后，随着产业集群的深入发展，企业所生产的产品必然会走向外界，形成区域性、世界性的品牌效应。这种品牌效应通过产业集聚来形成，比某个单一的企业自己创造要容易和稳固得多。而且区域品牌效应比某个单一的企业品牌更为直接和形象，更为广泛和持久。

建设区域高等教育学科群，凸显聚集效应，一方面需要发挥高层次院校、特色院校的辐射引领作用，联结一批区域范围内的高校，明确不同层次高校的任务、发展目标，使不同层次、不同类型的高校有所分工，分类发展，形成高等教育合力和集聚效应，从而成为区域产业集群和转型升级的重要助推力量；另一方面需要发挥区域内高校特色学科、优势学科的引领辐射作用，形成优势学科群，在科研成果创新、核心技术创造、新能源开发等方面相互协作，成为区域经济发展及产业转型升级的发动机和助推器，同时利用这些优势的学科群，形成区域集聚效应。区域高校学科群的形成，对于区域社会的整体发展而言，有如下五方面的重要作用：第一，有利于提升区域高校的整体实力。学科群与区域产业集群的形成和发展有较大关联，学科群可以促进高校间的相互合作，有利于集聚高层次人才，形成合力，促进区域内经济的发展。第二，有利于加强区域内高校之间的合作，为高校提供创新的氛围。学科群的形成使各高校有了合作的基础，其合作的计划和成功的可能性更高。学科之间的交流和学习会有显性和隐性的竞争压力，并促进学习机制的完善，促进相互之间的借鉴和学习，进而形成竞争和追求创新的氛围。第三，有利于促进科研人员的思维创新和提高科研成果的转化率。学科群的构建需要有相应的体制机制、管理环境、共享机制、激励竞争机制作为支撑，这有利于为科研人员提供创新的环境和氛围，也有利于核心技术的突破，促进新知识和新技术的扩散转移，进而提高科研成果的转化率。第四，学科群的形成，也有助于学科本身的发展和促进新的交叉学科的形成和发展。学科的发展有高等教育本身的规律和发展需要，也有市场的引导因素。学科群的创建，会产生许多新的成果和技术，会衍生出许多交叉的领域，这些领域如果是符合科学发展规律并有市场需求的，就有可能形成新的学科，推动科学的进步。第五，学科群的形成有利于形成区域品牌效应。学科群的形成会促进政府和高校管理者创新管理理念，完善管理体制机制，投入更多的科研及建设经费，进而使高校的学科力量得以整体提升，产生品牌效应。

六、管理体制

构建区域高等教育结构调整机制需要有相应的管理体制机制加以保障。这种"协同共生型"的管理体制更为关注服务、区域共生、一体化发展和可持续发展，更为强调区域资源的整合共用和互惠共享，更重视被管理对象的参与。（见表 5 - 5、表 5 - 6）

表 5 - 5　"协同共生型"的管理体制

体制机制	发展目标	具体特点
管理理念	从管制到服务、区域共生及互惠一体化发展	1. 通过有效的制度衔接而非强制性的路径认同，在多元性与统一性之间寻求平衡，形成共生式的表达体系和常态化的制度规约； 2. 管理者更能从宏观、整体的视角思考区域高等教育的发展，考虑资源的共享和互惠； 3. 学科分层、分区、分工发展，在任务和定位上凸显差异性和特色性； 4. 强调服务、区域共生及互惠一体化发展
管理方式	从过度的控制到合作、参与和对话	1. 更强调政府、高校、社会的分工与合作，形成"政府统筹协调—高校为本—区域社会参与—中间组织缓冲"的运行体系； 2. 更注重公益性及多方主体的合作、参与和对话，倡导平等和尊重的伦理观

续上表

体制机制	发展目标	具体特点
管理者的角色	从主导者到促进者、负责任的参与者和服务者	更倾向于成为公共资源的管家,区域优质资源的整合者,区域政府与社会、高校对话的促进者,负责任的参与者和服务者
组织结构形式	从过度集权的金字塔模式走向服务导向的扁平化模式	倡导扁平化的组织结构、弹性化的组织运行机制、专业化的组织成员
组织决策制度	从行政主导走向利益相关者参与	1. 更强调从行政主导走向利益相关者参与; 2. 注重决策过程的民主化,决策实施过程的规范化与专业化
组织文化建设	从过于注重制度建设走向关注组织环境及人的发展	更关注组织内外部环境建设及组织中人的发展
反馈机制	从僵化、滞后到动态、创新、可持续发展	1. 更强调在对话的基础上建立公共机构、非营利性机构和私人机构的联盟,以满足共同认可的需要; 2. 最大限度体现公益性、共享性、互惠性及一体化

表 5 – 6 管制型、管理型、"协同共生型"管理体制之比较

体制机制	类 型		
	管制型	管理型	"协同共生型"
管理理念	强调统一和集权	强调竞争和合作	强调服务、区域共生、互惠一体化发展及可持续发展
理论基础	韦伯的科层管理理论	人本主义理论、经济理论	区域发展理论、共生理论、系统论、人本主义理论
管理方式	过度的地方保护主义、重复式发展,通过控制实现效率	通过激励、竞争等方式	统筹协调、分类管理、分工与合作;更注重公益性、合作、参与和对话

续上表

体制机制	类　型		
	管制型	管理型	"协同共生型"
管理者的角色	确立组织愿景，设计实现这种愿景的途径并且迫使他人帮助实现这种愿景	决策者，倡导企业家式的思想和行为	公共资源的管家，区域政府与社会组织、高校对话的促进者，负责任的参与者和服务者
组织结构形式	集权、金字塔模式	金字塔模式为主，逐渐过渡到扁平化模式	服务导向、扁平化模式为主
组织文化建设	过于注重文化制度本身	开始关注组织中的人力资源	重视组织环境及人的发展
决策制度	行政命令式	行政主导，逐渐过渡到参与式	利益相关者参与、民主的决策过程，是规范的决策程序
反馈机制	通过现存的机构来实施计划，强调服从，缺乏创新，相对僵化和固定	利用现存的机构，同时创建一些机制并通过私人机构和非营利性机构来实施目标，具有明显的滞后性	在对话的基础上建立公共机构、非营利性机构和私人机构的联盟，以满足彼此都认同的需要，最大限度体现公益性；是动态、与时俱进、可持续发展的机制

（一）管理理念：从管制到服务、区域共生及互惠一体化发展

管制本身便有限制他人自由、规定活动范围的涵义。管制型的体制更强调统一和集权。它的理论基础是德国社会学家韦伯的科层管理理论。在这种理念下，犹如麦格雷戈 X 理论所描述的那样：人天生懒惰、愚笨、缺乏干劲并且不愿承担责任，因而，要确保组织的绩效就必须利用惩戒的方式进行控制和威胁。在此理念之下，管理者往往主宰着组织的命运和前进的方向；被管理者则是管制的对象，他们的言行被规范在一定的范围之内。韦伯的科层式管理给政府带来了较高的效率，但它却忽视了对员工的尊重，不利于促进员工的积极参与。

人本主义理论的研究正是在此基础上开始发展，譬如美国管理学家乔治·埃尔顿·梅奥（George Elton Myao）的研究认为："人"不仅是"经济人"，还是社会人；除了正式组织外，也存在不可忽视的非正式组织；管理者应更重视人们内心需求的满足。人文主义理论影响下的管理概念开始深入人心，以往的管理理念也发生了较大变化，譬如人们开始注重借鉴私营机构的管理技巧对政府组织进行管理，开始注重管理的质量和效率，重视人的参与并认为人是最重要的资源，等等，竞争和合作成为管理理念的核心。这个时期的管理也呈现出两个较为明显的特征：其一是管理的制度改造。即人们认为管理效率低下的主要原因是科层制下遗留的官本位思想，以及管理者缺乏管理技巧并且不履行管理职责。而更深层次的原因，并不是管理者的低素质，而是所谓的"坏制度"，譬如繁琐的审批程序、默认的潜规则等，使管理者成为"被制度束缚的人"。因此，人们开始倡导要改变管理的制度，并要从源头上提高管理的效率，譬如适度的放权、完善的监督体系、管理的合理化等。其二，就是管理的市场化。由于竞争带来了较高的效率和较低的成本，使管理学者深信市场的竞争是增进绩效的可靠战略之一。

传统的管理理念中，政府集规则制定者、裁判员、运动员的角色于一身，其余的参与主体处于被动接受状态。然而，随着时代的进步，管理理念也在发生着巨大的变化，体现在官本位的思想被人们攻击和抛弃，政府实现了从完全的主导者、决策者到服务者、参与者、资源整合者的角色转变。为了更好地调整和优化高等教育结构，需要转变各方参与者的观念。管理者应更能从宏观、整体的视角思考区域高等教育的发展，考虑资源的共享和互惠，强调不同层次、不同类型高校发展任务和定位的分层、分类与分工；政府应在全面掌握信息、数据的基础上，进行宏观政策的指导，从过度的行政命令与干预走向统筹协调与民主参与；高校应成为积极参与的主体，从高校内部体制机制改革到外部环境的适应，包括专业设置、学科门类、人才培养方案、行政管理架构等方面全面参与改革；社会中间组织应在教育咨询与决策、教育评价与质量评估、教育拨款审核、学校管理等方面发挥重要作用，成为政府、学校、社会之间沟通的桥梁，实现政府的宏观管理与高校自治的目的，促进高校健康发展。

（二）管理方式：从过度的控制到合作、参与和对话

在传统的管制型管理方式中，更多的是通过控制来实现效率，强调组织成员的服从与遵守，这种效率是以牺牲组织成员的参与意愿为代价的。

管理型的管理方式更为强调激励的作用，通过市场化、竞争等方式来赢

得效率，这是一种进步，但往往会带来过度的地方保护主义，而且重复式发展、过度发展无法避免。

"协同共生型"的管理方式更为强调统筹协调、分工与合作，更注重公益性、合作、参与和对话。就高等教育的发展而言，区域政府更多地从宏观层面掌握总体情况，区域内不同层次、不同类型的高校和社会组织有明确的分工并相互合作，更注重公益性而非利润，更强调区域政府、高等学校、区域社会的参与和合作。一方面，以高校为本，让区域高校参与到决策中来，增强高校的办学自主权、主人翁意识和责任感，提高效率；另一方面，区域高校与区域社会合作，让社会团体和中间组织参与到学校发展中来，使高校成为区域经济社会发展的主要助推力量。

（三）管理者的角色：从主导者到促进者、负责任的参与者和服务者

在管制型理念中，管理者往往集聚较大的权力，是某项工作或某个组织的主导者、完全决策者甚至是主宰者，更多是通过确立组织愿景，然后设计实现这种愿景的途径，并要求或迫使他人帮助实现这种愿景。组织成员往往不具备决策权，是计划的服从者和执行者。

管理型理念开始鼓励管理者采取企业家式的行为方式和思维方式，开始强调市场化的竞争意识，开始从命令式的管理到注重以人为本，管理者开始能够适度放权，从而实现管理的合理化。

"协同共生型"的管理理念中，管理者更多成了公共资源的管家，区域优质资源的整合者，区域政府与社会、高校对话的促进者，负责任的参与者和服务者。管理者制定的政策和做出的决策是在利益相关者充分参与和对话的基础上进行的，管理者成为众多不同利益的协调者、平衡者和促进者，使区域社会走向互惠、一体化发展，健康发展。

（四）组织结构形式：从过度集权的金字塔模式走向服务导向的扁平化模式

区域高等教育的发展涉及组织结构形式改革，需要改变过去过度集权的金字塔模式，采用服务导向的扁平化模式。扁平化模式即裁减过多的中层机构和中层行政职位，将金字塔形的行政组织的结构形态进行压缩或扁化；然后在裁减职能性行政机构的同时增设综合性行政机构，以达到重建行政组织结构和适度缩小组织规模的目的；最后形成机构设置优化、结构形态扁平化、组织规模适度的新型行政组织体制。扁平化、分权式的组织结构形式为实现区域内部全方位沟通提供了可能。区域政府与区域高校、区域社会组织

之间全方位的沟通，使信息传递和反馈在区域内部较为畅通，从而达到各种资源共享、互惠共生、一体化发展的最佳状态。

对高等学校组织结构形式的改革与研究大概始于20世纪60年代。如克拉克在大学组织结构方面有较为深入的研究，他专门探讨了大学组织的单位划分方式，分析了大学组织结构的特点，提出了影响深远的按学科及学院划分教学单位的观点；罗宾斯则在组织冲突、结构重组、组织权威和政治以及如何开发有效的组织内人际关系技能等方面有深入研究①；卡斯特和罗森茨维克也对大学组织结构进行了深入研究，认为组织结构是"组织内各构成部分及各部分之间所确立的关系形式"②。此外，国内学者吴志功、宣勇、季诚均等都对大学组织结构有深入研究。而关于大学组织结构类型的研究，大多还是借鉴管理学及组织行为学的研究成果，其中较为主流的划分方式是直线制、职能制、直线职能制、事业部制、矩阵制结构、多维立体组织结构等③；也有人将大学组织结构分为直线制、职能制、直线职能制、学院制和矩阵制④。虽然在不同的论著中对组织结构的类型与划分有不同的见解，但有三种较为基本及受普遍认同的结构：科层结构、事业部结构及矩阵结构。

传统的大学组织管理中，最常采用的是金字塔式的组织结构，逐层上升，越到上面权力越大，权力集中于金字塔顶。这有利于管理者的统一指挥，但却带来了管理的低效率和对人性的压抑。现代大学制度的建设和完善要求大学简化组织结构的层级，实行弹性的组织运行机制，同时注重对组织成员的专业化训练，提高他们的工作效率。本书认为，大学组织既有古典组织理论中提及的"科层制"的组织特点，也有现代组织理论所谓的"松散结合系统"的特点，也就是说既存在学科结构，也存在行政管理结构，即拥有双重结构系统。因此，可以从学科结构及管理结构二维的视角探讨大学组织。大学学科结构是指大学组织内部的院系部门设置及学科专业设置，它影响着大学日常教学及科研成果，属于核心结构。大学管理结构是指大学内部设置的不同层级的行政管理部门、党团组织和工会机构及其之间关系，它影响着大学的正常运转和维护，是大学组织结构中不可或缺的重要组成部分。大学学科结构及管理结构通过教学、科研、管理过程相互联结形成特定的关

① 罗宾斯. 组织行为学［M］. 10版. 孙健敏，李原，译. 北京：中国人民大学出版社，2005：467.
② 卡斯特，罗森茨维克. 组织与管理：系统方法与权变方法［M］. 李柱流，等译. 北京：中国社会科学出版社，1985：232.
③ 芮明杰. 管理学：现代的观点［M］. 上海：上海人民出版社 2005：140.
④ 薛天祥. 高等教育管理学［M］. 上海：华东师范大学出版社 1997：208－213.

系。因此，可以认为，大学组织结构是指大学内部各要素之间进行分工、协调及任务分配的过程，通过完成这些过程，形成全方位的组织部门联结、上下联动的职位结构、层次结构及权力结构。或者说，大学组织结构是大学组织内各要素之间相互联结的方式及其框架体系，是大学组织中相对应的职责、权力及任务在个人和群体之间分工、协调、权衡及分配的过程。

（五）组织决策制度：从行政主导走向利益相关者参与

组织决策制度影响着组织运行的效率，区域高等教育学科结构的调整需要改变以往行政主导的模式，走向利益相关者参与和决策程序民主化及规范化的道路。就高等教育的组织决策制度而言，当前普遍存在的问题为：民主、自由的思想体现不够，行政干预过度；普通教师、广大学生在决策中参与不够；现有的部门往往集决策、执行、监督于一身，决策程序缺乏科学性。而"协同共生型"的管理体制则要求学校管理者在进行决策的过程中注重科学和民主，加大教师、学生、家长及社会组织的参与力度，并注重决策过程的规范化、科学化和专业化。具体而言，首先，重视利益相关者的决策参与。随着社会的进步，人们的民主意识和参与意识日益加强，管理者们意识到越来越多的人愿意并希望参与到影响他们的决策的制定过程中来。从教师角度来看，他们希望参与到学校的各种重大事项，尤其跟自身利益密切相关的决策中去，体现主人翁意识。从学生角度来看，他们希望获得尊重，被别人认可，更希望能参与各种事务，尤其是学校的管理；从家长和社会相关机构的角度看，他们对学校的要求也逐步提高，对自己以往"局外人"的角色不满，希望能参与学校的发展，能监督学校的日常教学和管理。其次，注重决策过程的民主化。区域高等教育要朝正确、健康的道路前行，对重大决策的科学性的要求更高，使得决策过程的民主化不能只是一个口号，而应付诸行动，建立合理可行的制度来保证民主的决策。譬如，建立决策责任制度，有利于最大限度避免决策的随意性，使决策者广泛征集意见和建议，选择最优方案，以避免承担错误决策带来的风险和责任；同时，建立专家咨询制度有利于利用专家的知识和技能保证决策的质量；此外，建立重大决策听证制度有利于保证决策方案的合理性，减少或避免决策失误的风险，扩大各方利益相关者的民主参与，也有利于决策的顺利实施，及时发现决策实施过程中的重要不足并加以纠正；等等。最后，注重决策实施过程的规范化与专业化。美国管理学家赫伯特·A. 西蒙在其《管理决策新科学》中认为管理决策包括四个主要阶段：一是探查环境，寻求决策条件，即所谓的"情报活动"；二是制造、制定和分析可能要采取的行动方案，即所谓的"设计活动";三是从备选方案中选出一条最优方案,即所谓的"抉择活动";四是对做出的抉择进行评价,即所谓的"审查活动"。该观点有一定道理。决策的制定和实施过程本身就是一个科学、严谨的过程,区域高等教育改革的推进和完善要求管理者要提高决策水平,按照科学化、规范化、专业化的原则去制定和实施决策方案。决策的过程一般应至少包括如下几个步骤:确定问题和目标、搜集信息、确定决策标准、拟订方案、分析方案、确定和实施方案、评价决策效果。

(六)组织文化建设:从过于注重制度建设走向关注组织环境及人的发展

区域高等教育是区域社会中的重要组成部分,与区域环境共生共荣。组织文化的建设影响着区域内高等教育的健康发展。首先,应关注组织环境的变化。现代组织理论日益重视组织内外部的运行环境,认为组织是一个开放的系统,与社会环境相互交融,组织内部结构受外部环境的影响。"在理性系统视野里,组织是一个封闭的系统,组织成员在考虑任务要求的基础上设计确定了组织结构;而在开放系统视野里,组织是一个开放的系统,组织结构在很大程度上受环境因素的影响"①。其次,应关注组织中人的因素。关注组织中的"人",有助于了解组织中不同群体或个人的特点,明晰组织运行的基础及规律,准确地将组织中相对应的职责、权力及任务在个人和群体之间进行分工、协调及分配;有助于理解区域高等教育结构调整过程中的各种冲突和矛盾现象,形成特定的相互联结方式及稳定的组织框架体系。

(七)反馈机制:从僵化、滞后到动态、创新和可持续发展

管制型的理念比较强调服从和按既定计划执行,反馈机制僵化和固定,缺乏创新,在危机处理方面较为被动,出现问题很难做出调整;管理型理念强调利用现存的机构或创建一些机制并通过私人机构和非营利性机构来实施目标,虽然管理者在主观意愿上想及时对发现的异常情况做出调整,但由于计划的反馈机制往往有明显的滞后性,做出的调整往往收效甚微;"协同共生型"的管理理念则强调在对话的基础上建立公共机构、非营利性机构和私人机构的联盟,以满足共同认可的需要,最大限度体现公益性、共享性、互惠性及一体化。这种理念下的反馈机制是建立在合作、对话和参与的基础上

---

① RICHARD W. Organizations: rational, natural and open systems [M]. Englewood cciffs, N J: Prentice - Hall, 1981: 25 - 36.

的，它更为强调动态性、创新性和可持续发展，因此在危机公关、应急处理、异常问题处理等方面往往能显现出其优势。

七、运行体系

区域高等教育要实现结构优化且与区域经济体协同共生，需要有良好的运行体系加以保障。本书提出了"区域政府统筹—区域高校为本—区域社会全面参与—教育中间组织缓冲"四位一体的运行体系，如图5-3所示。

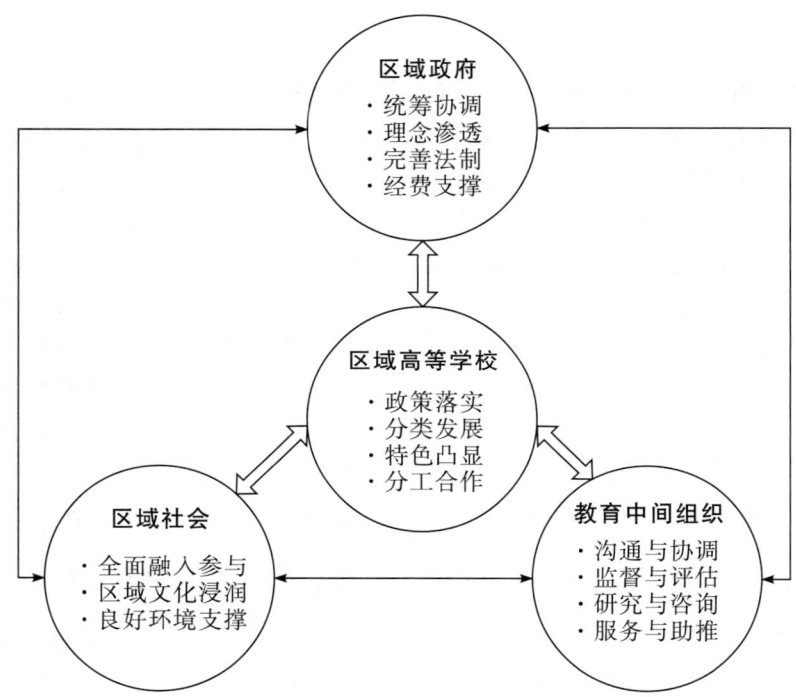

图5-3 四位一体的区域高等教育运行体系

（一）区域政府：统筹协调、理念渗透、完善法制、经费支撑

区域政府在高等教育结构调整的过程中起着重要作用。在区域范围内，各级政府在对高等教育结构进行调整的过程中必须有分工和合作，即省级政府主要是宏观统筹安排，各级地方政府主要是根据宏观政策并结合本地社会实际需求，构建与地方经济社会发展相匹配的高等教育结构。总体而言，区域政府主要通过对区域高等教育事业的统筹协调，完善相关政策和法律法规

以营造良好的法制环境，并通过适当的经费支持、先进理念的渗透以及充分的技术保障，来达到优化高等教育结构的目的。总之，政府在高等教育结构调整机制运行过程中，需要从政府主导走向宏观引领、从管制到彰显服务特色、从思想建设为主到重点完善管理体制和监督机制。

首先，政府要统筹协调。第一，政府需要前瞻性地规划和优化高等教育学科层次和学科布局结构；第二，政府需要在明确区域经济社会总体发展情况的基础上制定具有科学性、创新性、实践性、前瞻性的高等教育发展目标和总体规划；第三，政府需要创造条件使区域高校成为区域社会的中心枢纽和主要联结点，需要构建"高等教育联盟""高等教育协调委员会"或类似机构以协调区域内高校在目标定位、学科专业建设等方面凸显特色并分工协作，最终实现区域社会与区域高校一体化发展。总之，政府的统筹协调功能主要体现在通过掌握社会发展总体信息、制定发展规划、成立协调机构、完善管理体制等方式，推进区域政府、区域社会组织、区域高校的协同发展、相互拉动、整体加强和共同发展。

其次，政府要进行理念渗透。政府需要通过不同宣传渠道对未来区域高等教育的发展方向、路径、目标进行宣传和渗透，引导区域内高校按分层分类、分区分工、特色凸显的方向发展，最终构建与区域社会互惠共生的高等教育体系。

再次，政府要完善法制和政策。区域高等教育结构的优化需要有前瞻性、创新性和科学性的政策加以引领，还需要有完善的法律法规及良好的法制环境加以保障。同时，为保障相关政策、法规的顺利实施，一方面要做到决策程序民主透明、利益相关者广泛参与、相关内容切实可行；另一方面要通过简化流程和转变政府职能，保障相关政策、法规的顺利推进。政府在完善法制方面的举措主要包括如下内容：其一，制定、完善、落实相关政策。区域高等教育的健康发展和结构优化需要有创新、科学、前瞻性的政策加以指引，这些政策包括区域政府和地方政府制定的关于高等教育发展的文件、通知等，这些公文的制定、完善和推行主要依靠区域政府来完成。其二，完善、落实高等教育立法。区域高等教育的健康发展和结构优化还需要相关的法律法规加以保障。这些法律法规包括国家和地方政府已经制定的关于高等教育的法律法规，或根据新的发展形势重新制定的相关法律、规定。这些工作也主要依靠政府相关部门来完成。其三，营造良好的法治环境。完善法制除了上面提及的完善相关政策、法律、法规的内容外，还需要营造良好的法治环境，因为它是政策制定和执行的基础和保障，在促进政策制定和执行的同时起着制约作用。良好的法治环境的主要标志是一个国家的立法、司法、执法、守法及法律监督较为完备，法律观念深入人心，法律拥有至高无上的权威，人们普遍自觉守法、护法；法律的产生和执行符合民意和相应的程序，真正做到有法可依、有法必依、执法必严、违法必究，使法律成为社会民众中公平、公正的象征。其四，完善保障相关政策法规顺利实施的体制机制。政策、法律法规制定以后，只有真正落实到位，才能体现其价值，发挥其功能。第一，区域政府制定的政策必须建立在利益相关者的广泛参与、决策程序的民主透明、相关内容切实可行的基础上；第二，需要执法部门能做到有法可依、有法必依、执法必严、违法必究，维护法律的权威和尊严；第三，区域政府能在充分调查、了解总体情况的基础上形成相关政策文件，并通过转变政府职能、简化流程，落实执行、监督、评估和惩罚制度，以保障相关政策法规的顺利实施。

最后，政府要给予经费支持。区域政府对于高等教育发展的经费支持是必需的、必要的，但经费的提供不能凭主观意愿，经费的筹措渠道应该多元，经费的投入机制应该科学，经费的使用应该透明。其一，需要通过法律的形式明确各级政府对高等教育经费的使用方式和范围、投入比例、惩罚方式、审核监督方式等，明晰地方政府、省级政府、国家的相应职责；其二，需要制定科学的经费投入体制，由于区域内不同地区的发展水平存在差异，政府应在对不同地区发展状况进行分类的基础上构建差异化、科学化的指标体系，进而建立差别化的教育经费投入机制，并通过税收等方式保障对教育经费进行成本补偿及宏观调控；其三，需要形成多元化的经费筹措渠道，政府需要通过体制机制的构建拓宽经费的来源方式和渠道，譬如通过推动民间资本进入教育产业助推高等教育的发展，或通过合适的社会渠道增加社会对高等教育事业的投入，或通过完善市场机制的方式筹集更多的高等教育资金，其中最重要的是拓宽高校自筹资金的能力；其四，需要完善经费的监督和管理，区域政府需要加大对高等教育经费管理体制的改革力度，提高经费使用效率，需要通过法律法规明确经费的使用范围、方式，需要对经费使用不当的行为及时发现和查处。

（二）区域高等学校：政策落实、分类发展、特色凸显、分工合作

区域高校是区域高等教育结构调整的主体，是政策的具体执行者、改革的主要参与者、理念的创新者、体制机制的完善者。区域高等教育结构的调整和优化，是基于对区域服务能力整体提升的角色需要，也是基于对学校发展定位及人才培养模式改革的必然要求。不同层次、不同类别的高校需要在人才培养方案、学科专业设置、教学管理制度、行政管理架构、校园文化建

设等方面全面参与区域高等教育结构的调整和优化，并且要结合区域政府的长远规划和政策来调整学校的发展目标、定位，逐步适应区域外部环境的变化，才能达成区域高等教育协同发展、互惠共生、一体化发展的目标。具体而言，其主要任务和职责包括：

1. 政策落实

这里所谓的政策既包括起着导向性、决定性作用的国家及地方政府关于教育发展的相关政策，也包括具有自身特色、操作性强的学校本身制定的政策。不同类型、层次的高校需要在解读政策文件的基础上，制定具体可行、符合本校实际的发展方案，进而明确各自的目标、定位和具体任务，需要从分散式、独立式发展到协同式、一体化发展。区域高等学校的政策落实，包括两个方面的涵义：第一，落实国家、区域政府的相关政策。国家的相关政策文件较为宏观，方向性、导向性较强，不同层次和类型的高校需要在认真解读、理解政策文件的基础上，明确自身的发展定位、方向和具体任务，制定符合本校发展的、具体可行的落实方案；需要从被动调整到主动彰显特色，从独立、分散式发展到融入区域社会；需要通过完善相应的管理机构、管理制度来保障政策的落实到位，显现效果。第二，落实高校本身制定的政策。高校应在认真解读、理解政策文件的基础上，形成具有自身特色、操作性强的具体制度。通过完善的管理体制、监督评价机制、激励和处罚机制，促进高校组织内成员认真落实，推动高校融入区域社会，完成区域高等教育结构优化的目标。

2. 分类发展

高等学校分类管理的核心目标在于通过构建一系列有序、高效、竞争的规则，引导高校向社会需要、层次清晰、特色突出、任务明确和各安其位的方向发展，通过合理竞争提升办学水平和质量，最终形成区域内高校分工合作、互惠共生的体系，促进区域高校与区域经济体的协同发展。未来如果要继续促进高等教育朝层次清晰、特色凸显、类型多元、任务明确的方向发展，必须加强对高等教育的分类管理。这种分类管理，一方面以高等教育制度体系的整体革新及运行秩序的全面重构为基础，进而促进高等教育结构和功能的整体优化；另一方面也通过理念转变和制度革新来重构高校、社会、政府之间的关系及运行模式，促进高等教育体系多元、分类、特色、良性发展。具体而言，一是需要高等教育制度体系的整体革新。政府在分类管理中扮演着重要的角色，因为在我国现行的体制下，政府掌握着对高等教育管理的主动权，各级政府对高等教育总体规划和高等教育体系的运行规律及运行秩序的理解和发挥深刻影响着对高校分类指导的效果和方向。政府应主要通过平台搭建、分类监督、评价机制完善、资源配置方式改革等宏观调控方式和手段，对高校的发展定位、职责任务加以影响，从而达到结构、质量、规模、效应相对均衡的目的。二是需要高校走多元化、个性化、特色化的发展道路。不同层次的高校应在了解、收集、分析各行业人才供求结构、质量、规模、变化趋势数据的基础上，结合区域社会经济、文化、科技等事业的发展情况，发挥区域和学校现有优势，凸显区域特色、学校特色，形成特色鲜明的高等教育结构体系。

3. 特色凸显

一方面，高校本身需要结合人才培养定位和区域经济发展的特点加强特色学科及优势学科的发展，重点建设与区域经济社会紧密关联且符合区域社会需要的学科专业，推动区域社会文化、经济、科技等事业的发展；另一方面，各高校在明确发展定位、发展任务的基础上，努力在人才培养模式改革、学生成长平台搭建、管理体制机制建设、监督评价机制完善等几个方面形成特色，促进学校内部各单位从分散式发展向互惠共享、专业互融方向发展，从单一模式向多元模式发展，最终形成学校、学院和专业特色相互支撑、协调发展的局面，最大限度避免学科专业的重复建设和盲目建设。

4. 分工合作

就区域高等教育分工合作的主要内容而言，一是加强在学生协同培养与学生交换、教师互访与进修等方面的合作；二是加强科研合作与教材开发等方面的合作，包括组建科研团队、打造科研平台等；三是加强教育资源与学术资源的共享等方面的合作，最终实现区域内高校协同发展、一体化发展。

就区域高等教育的分工与合作的原则而言，一是要遵循高等教育的发展规律；二是要坚持国家的总体方针和政策，将合作的基础建立在完善和规范法律和制度的基础之上，做好充分的前期调研、论证、监督和评估，减少人为因素和行政的干预；三是要坚持有利于促进和帮助欠发达区域发展的原则，使不同区域之间构建一种稳定、高效、持久的合作关系或状态，避免不同地区间高等教育的单极化、分散式发展，避免不同地区、不同层次高校的独立发展、盲目发展、路径趋同发展，最终形成结构分层、分类发展、布局合理的结构体系，推动区域经济社会和高校互惠性一体化发展。

就区域高等教育分工合作的类型而言，大概可以分为结构分工、类型分工和规模分工。结构分工是指根据区域高等教育的学科专业、层次等方面的优势进行的重点发展，譬如一些地区在部分学科、某类层次的学校人才培养方面具有较大的优势，就可以充分利用这种优势为其他区域培养和输送更多人才；类型分工是指某些区域的高等教育在某些类型，譬如实践型人才的培养方面具有优势，就可以充分利用这种优势为其他区域培养和输送更多这类人才；规模分工是指如果某一区域教育资源较为充足，具有较大优势，就可以充分利用这种优势承担更大的人才培养任务。

就区域高等教育合作的形式而言，一是可以采取一些教育优势地区或优势高校到另一地区办新校区或分校的形式；二是可以采取高校间的合并或兼并等形式；三是采取联合办学的形式，这种联合包括中外的联合，也包括不同地区间的联合；四是可以采取发达区域支援落后区域的形式。

就区域高等教育分工合作的组织形式而言，一是要构建专门的"高等教育协调委员会""区域高等教育发展联盟"等官方或民间的机构组织，在发展目标、定位、任务等方面彰显特色。二是要在区域经济合作过程中实现区域高等教育的分工合作。高等教育与区域经济社会的发展之间是紧密关联、互惠"共生"的：一方面高等教育要为区域经济的发展提供人才、技术及服务，促进区域经济的发展；另一方面区域经济又要为高等教育的发展提供政策、经费、物质基础。因此，在区域经济社会发展的宏观规划和发展过程中需要纳入区域高等教育的发展，通过区域经济的合作来促进区域高等教育的合作。

（三）区域社会：全面融入参与、区域文化浸润、良好环境支撑

区域社会是一个较广泛的概念，包括了高校本身，也包括了高校之外的其他社会组织，它是一个共生体系。高等教育结构的调整优化无法忽视或脱离区域社会的文化氛围、政策环境及服务配套等综合因素，它们是一体化、相互联动的互惠体系，高等教育结构的调整需要区域社会各组织、团体、机构的参与和融入，具体理念包括：

第一，要让区域社会全面融入参与。区域社会内的不同机构、组织甚至社会成员都应主动参与和融入区域高等教育事业的发展与改革中去，这种参与、融入主要有两方面的涵义：一是只有在明确区域经济社会发展总体情况的基础上，将高等教育事业放置于区域经济社会整体发展大局中进行统筹思考，制定具有全局观、前瞻性的高等教育规划，其结构优化的目标才能达到；二是高等教育结构优化只有通过区域社会中的不同机构、组织以及社会成员以不同方式的融入、参与才能实现。

第二，发挥区域文化浸润的功能。区域文化包括人文环境、民风民俗、历史底蕴等，它是多元化、多方面且经区域社会长久累积而形成的，有其合理性、独特性。人们对于文化的内涵的理解有许多种，但主要分为广义和狭义两种：广义的文化指人类在社会实践历史进程中所创造的物质及精神财富

的总和，而狭义的文化则主要指社会意识形态及其相适应的制度和组织机构。文化是在人类进化过程中衍生或创造出来的，是区域社会共有的，它是一个连续不断的动态发展过程，并且具有民族性和特定的阶级性。概括起来，文化的要素主要包括如下几个方面：一是精神要素，即精神文化，主要指哲学和其他具体的宗教、艺术、科学、伦理道德及价值观等。可以说，精神文化是人类创造活动的动力及源泉，是文化要素中最具活力的部分。其中价值观念又尤为重要，是精神文化之核心。价值观念是一个社会的成员评价事物和行为的标准，这个标准存在于社会成员的内心，通过行为和态度进行呈现，决定着人们的喜好、追求、目标、行为等。二是语言及符号。在人类的社会交往活动中，语言和符号均起到沟通作用，同时，它们还是人类文化进行积淀和贮存的主要手段，即人类只有借助语言和符号才能沟通，并通过沟通和互动创造了文化。此外，文化的多样性也只有透过语言和符号才能表达和传授。三是规范及制度。规范包括人们行为的准则，譬如约定俗成的民风民俗等，也包括相应的规定制度，譬如法律条文、各种规章制度等。在人类社会，形成了各种规范，它们之间相互联系、渗透、补充，规定了人们社会活动的方向和方式，规定了语言及符号使用的对象和方法，进而调整着人们的各种社会关系。四是社会关系和社会组织。社会关系是各文化要素产生的根基，而生产关系又是各种社会关系的基础。这些社会关系本身便是文化的组成部分，同时也是创造文化的基础。社会关系和社会组织密切关联，成为文化的重要组成部分。五是物质产品。物质产品包括经过人类改造的自然环境及由人类创造出来的一切物品，凝聚着人们的观念、需求和能力。综合而言，区域文化对于高等教育的发展有着重要的支撑作用，区域高等教育本身便是区域社会的重要组成部分，高等教育文化也是以区域文化为基础，进而引领区域先进文化的发展方向的。

第三，有良好的环境支撑。区域社会尤其是政府机构是支撑高等教育发展的重要力量，如果一个地区对于高等教育改革和发展的相关政策是合理、民主的，就可以营造支持教育发展的良好氛围，教育的改革就有了良好的基础；如果一个地区的社会团体、机构、组织对于教育事业是支持和配合的，高校的人才培养、科研转化就会更为高效，就能够输送更多实践性强、综合素质高且符合社会需要的高素质人才，其服务社会的功能就能够更好地凸显；如果一个地区的社会民众对于教育事业是尊重的、热爱的，高校就会成为人们心中的知识殿堂、区域先进文化的引领者。

（四）教育中间组织：沟通与协调、监督与评估、研究与咨询、服务与助推

教育中间组织在西方发达国家较为成熟，早在 20 世纪 30 年代就已经初步形成并快速发展。这些教育中间组织长久以来都是教育发展及改革的重要参与者，是民众和社会团体参与教育活动的重要形式，主要在教育咨询与决策、教育评价与质量评估、教育拨款审核、学校管理等方面发挥重要作用，是政府、学校、社会之间沟通的桥梁，是现代教育制度不可或缺的组成部分。在我国，教育中间组织的研究和兴起大概始于 20 世纪 80 年代，随着教育在国民经济中地位的提升及教育与市场联系的日益紧密，中国教育进入新的发展阶段，教育变革促进我国教育中介组织的发展和完善，促进和完善了我国教育中间组织的发展，加固了其地位和作用。在区域高等教育结构调整过程中，教育中间组织应在教育咨询与决策、教育评价与质量评估、教育拨款审核、学校管理等方面发挥重要作用，成为政府、高校、社会之间沟通的桥梁，实现政府的宏观管理与高校自治的目的，促进高校健康发展。

教育中间组织通常被称作"中介团体"（intermediary body）、"缓冲组织"（buffer organization）或"第三方组织"，主要作用是协调高校、政府与市场之间的复杂关系，其在教育领域的作用日益凸显。美国学者伯顿·克拉克早在 20 世纪 80 年代就从高等教育系统与政府、学术权威和市场进行整合的视角，分析了介于政府与高校之间的"缓冲组织"的作用。他认为一个国家的高等教育系统不是通过市场的相互作用或国家的行政命令进行协调，而是利用学术权威组织进行协调作用更为有效。此后，英国学者伊尔·卡瓦斯（EI - Khawas）在 20 世纪 90 年代以后开始以政治学为基础，以政府与学校之间双向作用的视角对中介组织进行过解释，认为中间组织的主要作用是通过加强独立组织与政府部门之间的关联，最终达成某一特殊的公共目标。根据这样的定义，教育中间组织与政府之间的作用是相互的，而不是垂直的，即这些教育中间组织不仅可以代表学校向政府施压，进而影响政府的相关决策，同时也要担负起政府决策的执行者角色，进而帮助学校完成政府下达的任务。对于教育中间组织的概念，我国不少学者进行过界定，有人认为教育中间组织是介于政府与社会之间、不以盈利为目的、为社会提供教育服务的非政府公益性组织；也有人从法律的角度，认为高等教育中间机构是指介于高校、政府及教育行政部门之间的相对独立的组织，它们需要通过政府授权来行使教育权力，进而帮助高等教育事业良性发展。通过以上分析，大概可以将教育中间组织理解为：它们是按一定的政策法规成立，协调政府、学

校、社会之间关系，参与政府、学校的决策和管理的一种相对独立的合法组织。它们不是政府部门，不是政府机构的附属物，也不是学校的发言人，而是介于政府与学校之间的一个行政体。

关于教育中间组织的特征，人们也做过不少研究，概括起来，主要包括：一是独立自主性，即教育中间组织具有独立的法律、经济地位，不是政府行政部门的附属组成机构，不受政府直接控制，可以独立开展工作，其经费主要来源不是依靠国家的财政拨款或学校的拨款。二是专业权威性，即教育中间组织主要依靠其所掌握的专业技能在某一领域提供较为专业化的教育服务。三是服务性，教育中间组织主要是提供教育服务，起到政府、学校、市场之间的协调沟通及桥梁作用。四是中介性，教育中间组织主要扮演第三方的角色，在依靠事实的基础上，根据相关的政策文件及法律法规，客观地对现象进行分析、判断或预测。从政治学的视角来看，教育中间组织一方面代表"公"即政府，协助实施政府的相关决策；另一方面也代表"私"即社会成员或利益相关者，参与监督政府的政策及决策，维护学校、社会公民或利益相关者的权益。五是非营利性，教育中间组织主要是服务于教育的，首要追求的是为教育事业的健康发展提供服务，为政府的政策决策进行正确导航，为学校的管理运营严格把关，这与追求利润最大化的其他社会组织有本质区别。

对教育中间组织的分类可以有多种划分方式。总结起来，可以将高等教育的中间组织按两种标准划分。一是按其职能划分，主要包括：①研究与咨询型，主要从事相关教育问题、教育现象的研究并提供相关咨询服务，如美国的卡耐基教学促进基金会、我国的教育发展研究中心等。②评估与鉴定型，主要进行教育项目、教育经费、教育成果等的评估与鉴定。③互助与自律型，主要是建立专业的协会、学会、联合会等互助自律组织，促进某一类群体的进步和发展，如有助于促进高等教育事业发展的我国的高等教育学会等。二是按其性质分，主要包括：①半官方型。这类组织主要由政府创办或倡议成立，其中部分工作人员由政府聘任或直接参与，但非政府聘用的工作人员所占比例较大，主要开展由政府部门委托的研究、咨询、审核、评估、监督等事务。②民间型。其民间性体现在主要由专家、学者及其他相关的社会人士组成，有较强的独立性，大多由社会团体等非政府部门举办，经费也主要由自己筹措，而非政府财政拨款。③学术交流型。这类组织大部分由学校牵头发起，成员主要包括以某单位为一个成员，而不是个人名义参与，经费主要来源于单位。这类组织主要起到维护学校权益，协调政府与学校、学校与学校之间关系的作用。

就高等教育领域而言，教育中间组织的功能主要是协调政府、高校之间关系，从而实现政府的宏观管理与高校自治的目的，促进高校健康发展，具体归纳如下：①研究与咨询。教育中间组织主要通过开展评估、研究、咨询工作，对政府政策加以影响。教育中间组织具有相对独立性、客观性和专业性等特征，它们通过对各种信息、数据的收集，在客观事实的基础上，利用专业的技术进行分析和预测，并以集体的名义对政府的相关政策及决策加以影响，为政府的宏观调控进行正确导航。此外，这些中间组织还提供咨询、评价等教育服务。应该说，随着现代教育的市场化程度日益提高，教育中间组织的作用和地位越发明显。②沟通与协调。教育中间组织在政府、高校、市场之间起到沟通协调的作用，在各方利益发生冲突时起到调节缓冲的作用，促使各方达成一致意见，以完成某一特定的目标或事项。③监督与评估。一是进行教育监督与教育评估，维护高等教育质量，主要包括对各个教育项目、教育单位、教育成果等的评估，为政府决策及社会评价提供公正、客观的信息。进行教育监督也是教育中间组织的重要功能，教育中间组织的独立性可以保证他们所做的评估、监督工作的可靠性。二是审核教育拨款和经费使用。不管是西方发达国家还是我国，政府财政拨款仍然是学校经费的主要来源之一。大多数国家的教育经费拨款是完全由政府决定的，但不少西方国家教育中介组织的参与程度日益提高，至少在经费的使用预算、使用情况、使用过程、使用范围、标准制定等方面进行参与或总体负责，发挥关键作用。④服务与助推发展。一是协助制定教育规划。在西方发达国家，教育中间组织对于教育规划制定的参与较多，即教育规划的制定不是纯粹的政府行为。由于教育中间组织的第三方的身份可以将政府意愿及学校发展进行协调统一，因此它们在不同层次、不同方式、不同程度教育规划的制定过程中都有参与，甚至是制定规划的主体。二是起到信息服务的作用。教育中间组织通过对各种数据、政策的分析和预测，为政府和高校提供专门的信息服务；或者通过召开各种专业的交流会议、出版交流刊物等，提供信息服务。三是维护教师权益，促进教师队伍专业化。教育中间组织不仅可以代表高校对政府的政策和决策施加压力，维护高校和教师的权益，同时也担负执行政府相关政策和决策的责任，促进高校良性发展和教育队伍的专业化建设。对于区域高等教育结构的优化而言，教育中间组织也是重要的参与者，主要在教育拨款审核、教育质量评估与评介、教育咨询等方面发挥重要作用，成为高校、政府、社会之间联结的纽带，帮助政府达到宏观管理与促进高校自治的目标，使高校健康发展。

政府必须加强对教育中间组织的培育与管理，才能真正发挥它们的功能。首先，政府应维护教育中间组织的独立性。独立性、中介性是教育中间组织生存和发展的根基，政府应减少或避免对教育中间组织的过度行政干预，让教育中间组织努力通过专业的权威、公平公正的评价、客观的态度获得社会的认可，从而起到桥梁服务作用。其次，政府应通过委托或授权使一些教育中间组织具备相应的管理权力。教育中间组织的重要作用之一就是具有担负实施政府相关决策的责任。在这个过程中，政府应从某些具体的教育事务中主动退出，通过委托或授权的方式让教育中间组织具备一定的管理权力，以显现政策及决策的权威性、公正性，促进政策或决策得到更好地落实。最后，政府应为教育中间组织提供适当的救济途径，这种救济包括经济、法律等各个方面。教育中间组织的良好运行需要政府营造良好、完善的政策和法律环境，以保证其在运行过程中保持独立性、权威性和服务性。

八、基础保障

区域高等教育结构的调整需要有先进和适切的理论、前瞻和科学的政策、具有普遍性和保障性的法制环境、创新和可持续的理念加以保障。

（一）理论的先进性和适切性

区域高等教育结构的调整必须在理论的指引下完成，这意味着，理论的先进性和适切性是影响高等教育结构调整的重要因素和基础。区域高等教育结构的调整，一方面需要保障理论的先进性。理论，《现代汉语词典》将其解释为人们对自然、社会现象，按照已知的知识或者认知，经由一般化与演绎推理等方法，进行合乎逻辑的推论性总结。理论是人们长期的经验累积所形成的专业性的知识或智力成果，在一定范围内具有普遍适用性，可以对人们的行为（例如生产、生活、思想等）产生指导作用。通常而言，科学理论是系统化的科学知识，即要上升为一种理论，它不能仅是一个浅显的解释，必须是经过严密的逻辑论证和实践检验，最终由一系列概念、推理和判断来表达的知识体系，也是对客观事物本质及其发展规律相对正确的认识。先进性，包含有先行、先导、先锋的意思，是某种理论、思想所处的最进步的状态，即某一理论、思想相比较其他理论、思想所显现出的前瞻性、先导性和独到性。通常而言，理论的先进性是一个比较概念，是在两个或多个理论比较中产生的，也并不是所有的理论都能保持其先进性，有些理论是在某一特定的时期或特定环境下提出的，或许随着时间的推移和环境的变迁，已经不再适用甚至是错误的。所谓理论的先进性，是指理论在认识世界和改造世界、指导具体实践的过程中，在指导思想、原则、规律的总结和归纳中所显现出来的，与其他理论相比较更能够有效推动项目的进步、达成既定的目标、适应和推动社会生产力的发展要求，符合人类社会进步方向和趋势，进而推动区域社会进步。此外，理论的先进性还体现在其具有不断创新发展，吸收人类文明成果，在众多理论中能较务实地解决问题的能力。另一方面，区域高等教育结构的调整需要保障理论的适切性。"适切性"一词近年来被不少学者用来阐述他们对基础教育课程改革的看法。从字面上理解，适切即适合、贴切的意思，其所描述的既是一种价值，也是一种状态。而适切性则是对适切程度的描述，即适切性总是相对于某一特定对象而言的。"适切性"作为学术名词则源于对英文 relevance 的翻译，联合国教科文组织 1995 年公布的报告书《关于高等教育的变革与发展的政策性文件》中曾出现该词，当时翻译成"针对性"，后来更多学者将其翻译成"适切性"。不少学者认为，"适切性"一词是指某事物在与其所在的环境中诸多因素的关联程度，表现为是否适合、恰当。众所周知，世界是由众多不同事物构成的，不同事物之间则通过对应的关系构成某种特定的结构，从而具备某种能力或功能，在这个过程中需要事物之间相互切合。这种切合不仅包括了事物之间联结的方式，也包括不同事物自身的特征。这种特征不仅指事物内在的品质，也指适应其他事物的共同要求。综上所述，本书探讨的理论适切性主要是指该理论是否适合指导实践的问题，即理论在指导具体实践过程中能在多大程度上达成既定目标，或者说理论与社会实际问题的协调及契合程度。

（二）政策的前瞻性和科学性

一方面，区域高等教育结构调整的政策须有前瞻性。前瞻性，含有超前、向前的意思，是对事物发展的一种预视能力，包括发展的方向、速度甚至结果等。在对区域高等教育结构进行调整的过程中，区域政府要在理论的指引下，在了解区域社会高等教育总体情况、经济发展情况、文化事业发展情况的基础上，出台一系列宏观政策，对未来 10 至 20 年甚至更长时间内的高等教育总体发展进行规划，对区域内高等教育的学科层次、学科布局进行调整。由于调整的结果本身具有滞后性，因此要求制定的政策必须具有前瞻性，才能预判可能出现的各种情况，做到提前谋划、提供对策，才能更好地达到预定的调整目标，让区域高等教育朝健康、良好的方向发展。另一方面，政策须有科学性。科学的实质在于理性和实事求是。马克思、恩格斯曾说过科学就是用理性方法去整理感性材料。科学之所以是一种理性活动，一是表现在它要用理性的方法去掌握感性的材料进而提出理论，二是表现在它要组织或设计相应的实验，通过观察、测量实现对理论的检验，这个过程中所有环节都离不开理性的指导和控制。从科学发展的历史来看，科学的诞生和发展就是人类不断用理性去战胜迷信的过程，或者说是用理性分析的态度代替盲目崇拜的过程。因此，理性化是科学的实质及根本特征之一，实事求是则是科学实质的另一个根本特征。"实事求是"最初出自古代的成语"修学好古，实事求是"。20世纪40年代毛泽东曾论述过实事求是的内涵，认为"实事"是指客观存在的一切事物，"是"即规律性，是客观事物的内在关联，而"求"便是去研究、探求。政府制定的区域高等教育宏观调整政策必须具有科学性。以科学思想为指导，能使所制定的政策更贴近客观实际，具备理论基础，能较为客观地指导实践，不会偏离科学原理。政策保持其科学性的要求便是以客观事实为基础，即政策科学性的根本在于客观性和实事求是。教育本身是一门科学，有一定的规律可循，而这些规律本身便具有客观性；此外，政策本身也具有规定性、描述性和纲领性的特征，而这几个特征也正是科学性的基本特征。因此，区域高等教育学科结构调整相关政策的科学性表现在如下三个方面：第一，相关概念、定义、指导原则、原理和相关论证等内容的表述应该简洁、规范、清楚、确切；第二，对各方职责、任务的表述应明晰、清楚，相应的历史事实、数据应客观、准确且前后一致；第三，政策的内容应符合区域内社会发展的客观实际情况，应能反映出区域高等教育的本质及其内在规律。

（三）法制环境的普遍性和保障性

"法制"一词有多种涵义，其一是指某个国家的法律和制度，实际意义更倾向于一个国家的法的宏观和整体，是静态意义上的法律和制度；其二是动态意义上的法律和制度，指立法、司法、执法、守法及监督法律实施等活动和过程，更倾向于将法制视作一个立体式的体系。"法制环境"便是对一个国家整体法律、制度生存、发展的土壤及完善程度的总称，它不仅是立法、司法、执法、守法及监督法律实施等活动和过程等诸多方面的统一，还包括所有民众、社会团体、组织、机构等的法律意识、法律观念的完善程度，它的核心是依法办事。近几十年来，我国经济快速发展，人们的权利及义务更为明确，法律意识也逐渐加强，国家不断倡导依法治国、依法行政，可以说，我国法制环境的建设取得一定进步。但不可否认，社会矛盾仍较为激烈，法律的相关规定与集团利益、局部利益、官本位的矛盾和冲突仍然明显，有损法律的威严，不利于法制环境的完善和构建。法制环境的建设和营造，目的是将一个国家的各个方面纳入法制轨道，真正做到有法可依、有法必依、执法必严、违法必究，它是社会进步和经济发展的客观要求，也是民主社会的必然趋势。良好的法制环境是政策的制定和执行的基础和保障。在法制完备的环境，一项政策的制定至少应包括如下四个步骤：一是政策议题，二是政策决定，三是政策执行，四是政策评估。

法制环境的普遍性是指一个国家的立法、司法、执法、守法及法律监督过程较为完备，法律观念深入人心，法律拥有至高无上的权威，人们普遍自觉守法、护法；法律的产生和执行符合民意和相应的程序，真正做到有法可依、执法必严、违法必究，使法律成为社会民众中公平、公正的象征。良好的法制环境的建设至少要做到增强全民法制观念，建立诚信政府，转变政府职能，解放思想、依法办事，建立"公开、公平、公正"的社会环境等。法律环境的普遍性和保障性与区域高等教育政策的制定和执行是相互促进、共同发展的：首先，良好的法制环境是政策制定和执行的前提和基础。区域高等教育政策的制定和执行除了要考虑区域社会的总体水平、区域经济的发展情况、区域高等教育的发展情况等因素外，还离不开对法制环境的考量。如果政策的制定不符合程序和逻辑，政府的官本位思想严重，就很难有正确的决策，无法起到宏观引领作用，甚至会导向相反的方向。如果政策的执行无法得到法律的保障，或者政策的执行没有法律的监督，那么政策要么无法执行，要么偏离预定目标，都无法达到预想的效果。其次，良好的法制环境可以促进政策的制定和执行。一个政策的出台不是凭某一个人或某几个人凭空臆造，而是必须经过大量前期的调查、论证、咨询等程序，这就是良好的法制环境对于政策特别是重大政策制定的基本要求，只有经过了相应程序的政策，才能真正客观地、实事求是地反映实际情况，才能够得到执行者的拥护和支持。最后，良好的法制环境对政策的制定和执行也有制约作用。法制环境的底线是公平和公正，这可以有效减少政府"拍脑袋"决策、"领导说了算"、"以权代法"、"情大于法"的做法和情况。要防上和杜绝此类情况的发生，需要法律环境的普遍性，需要真正做到依法办事，建立一个共同遵守法律和社会生活的游戏规则。

（四）管理理念的创新性和可持续性

通过梳理近代古典管理理论的发展史可知，最早对管理理论及体制进行研究的要属德国社会学家韦伯，他在《经济与社会》中提出了科层结构的概念，强调了管理的理性化、非人格化，认为效率是管理理论研究的重要内容。美国管理学家泰罗（F. Taylor）从管理要素角度，强调工作时间性及标准化，强调组织成员之间的分工，并提出了职能工长制，其在《科学管理原理》中所阐述的科学管理理论让人们开始认识效率的概念，使人们意识到管理是一门建立在明确的法规、条文和原则之上的科学。美国管理学家埃默森（H. Emerson）因早年留学德国的背景，对德国的军队管理体制中参谋总长制有深入探讨，并致力于组织形式的研究，提出了直线和参谋制的组织形式。法国管理学家法约尔（H. Fayol）根据他多年的实际工作经验及专业知识，在《工业管理与一般管理》中提出管理是一项专业职能，包括计划、组织、指挥、协调和控制，并提出了影响深远的 14 条管理原则，进而提出了职能结构，强调管理部门之间的分工与合作。英国管理学家厄威克（F. Urwick）和美国管理学家古利克（L. Gulick）则把古典管理理论中的有关组织管理系统化，提出八条管理原则。但随着社会组织的不断发展，自 20 世纪 40 年代以来，古典组织理论日益暴露出其缺陷：重视组织，轻视个人；重视效率，忽视人性；重视服从，忽视平等。

而行为科学理论在此方面取得进步，自 20 世纪 40 年代开始分析人在组织中的地位和作用。美国哈佛大学教授梅奥通过著名的"霍桑实验"提出了人际关系理论，强调个人在组织中的核心地位，并重视非正式组织，关注工作人员的社会性需求。美国社会心理学家马斯洛（Abraham H. Maslow）在 20 世纪 50 年代提出了需要层次论，强调管理者要依次满足个人的生理需要、安全需要、归属需要、自尊需要和自我实现的需要。美国行为科学家麦格雷戈（Douglas M. McGregor）在马斯洛需要层次论的基础上提出了"X 理论"和"Y 理论"。美国心理学家赫茨伯格（Frederick Herzberg）在马斯洛和麦格雷戈理论的基础上又提出了双因素动机理论，把防止人产生不满意的因素称为"保健因素"，把引起人满意的因素称为"激励因素"。这些理论都强调以人为本，关注被管理者的需求，实现管理者和被管理者的对话，重视员工对组织管理的参与。

西蒙也对管理理论做出了深入研究。《管理行为》是其重要代表作。瑞典皇家科学院在授予西蒙 1978 年度诺贝尔经济学奖的公告中指出："现代企业经济学和现代管理研究，大多以西蒙的思想为依据。"西蒙通过精细而严谨的论证首次提出了描述性的"人类抉择理论"，即如今颇受关注的"行为决策论"（behavioral decision theory，BDT），同时采用经济学和心理学的研究方法探究了组织结构和决策制定之间的关系，提出了"管理就是决策"的著名论断。此外，西方国家以美国学者怀特（Leonard D. White）的《行政学研究导论》和美国学者威洛比（William F. Willoughby）的《公共行政学原理》的出版为标志的行政学，在 20 世纪 20 年代开始蓬勃发展，也深刻影响着管理理论的变革。美国学者古德诺（Frank Johnson Goodnow）在其《政治与行政：一个对政府的研究》中分析了"政治与行政"二分法，阐述了法外制度和法定制度对政治体制的影响，指出了行政体制对理解宪法以及考察政治制度的重要性，对管理体制的构建影响深远。美国政治学家沃尔多（Dwight Waldo）指出公共行政或管理是政府持续不断地活跃着的"业务"工作，这些工作通过一系列组织和管理程序与法律的执行相互关联起来。美国行政学家罗森布鲁姆（David H. Rosenbloom）在《公共行政学：管理、政治和法律的途径》中分析了公共行政与私人行政的不同，研究了公共管理体制与私人组织结构的差异，强调了民主宪政在构建公共管理体制中的重要性。美国公共行政学家弗雷德里克森（H. George Frederickson）是新公共行政的代表人物之一，他在《公共行政的精神》中从公共行政的本源"公共性"着手，深入探讨了公共行政领域的公平和公民精神，认为政府在构建公共管理体系的过程中必须在政治、价值与伦理方面恰当定位，从而构建管理者所应遵循的价值规范与伦理示准，以保证现代民主政府和政府治理的有效性。

新公共管理运动自 20 世纪 80 年代在英美等国盛行以来，迅速扩展到西方各国，对管理理念和管理体制的变革产生了深远的影响。新公共管理不是对现存行政管理体制或方式进行局部调整，或为了降低管理的成本、减少行政开支而做的简单修改，它实质上是对传统公共行政模式的清算和否定。新公共管理理论倡导私营机构的管理技术，从管理学的角度批评了官僚主义，认为适度分权、放松规则、信任等是治疗公共管理机制僵化弊病的组织基本原则。新公共管理理论包括以下几个方面的基本观点：公共利益是目标而不是副产品；打破公共部门中的本位主义，对部门进行拆分和重组，破除单位与单位之间的藩篱；政府的职能是服务，而不是"掌舵"；为公民服务，而不是为顾客服务；在思想上应具有战略性，在行动上要具有民主性；重视人，而不仅是重视生产率；引入竞争机制，降低管理成本，提高服务质量；强调对资源的有效开发和利用；强调对私营部门管理方法和风格的吸收和运用；等等。

西方当代管理各学派也从多种视角对管理理论进行研究。可以看出，人们对于管理思想和管理体制的认识是逐渐丰富的，在区域高等教育学科结构调整过程中必须重视和吸收这些先进的管理理念和管理体制。

第三节　新时代与新发展格局背景下高等教育结构调整趋向

一、新时代的背景

党的二十大从改革开放 40 多年来的历程、党和国家事业发展的全局视野以及十八大以来取得的历史性变革与辉煌成就，对中国新的历史发展方位做出了新的科学判断，中国特色社会主义已经进入了新的时代。

马克思主义、列宁主义、毛泽东思想和邓小平理论共同构筑了对时代发展的衡量尺度和划分标准，它们是有机统一和相互贯通的①。做出中国特色社会主义进入"新时代"的重大判断，是党和国家在马克思主义时代观的理论指导下，以十八大以来取得的历史性变革、开创性成就和历史性飞跃为现实依据的。历史唯物主义指出，时代变革的显著标识和基本动力是社会的主要矛盾，社会主要矛盾成为时代划分的根本尺度，即社会主要矛盾如果发生变化，时代必然会发生变化，而如果社会主要矛盾未变，则时代也很难改变。马克思在《共产党宣言》《德意志意识形态》《雇佣劳动与资本》以及《〈政治经济学批判〉序言》等论著中，以社会主要矛盾的演进历程为标准，将人类历史划分为五大社会形态，即原始社会、奴隶社会、封建社会、资本主义社会、共产主义社会。马克思在《1857—1858 年经济学手稿》中更进一步地将人类历史划分为三个阶段：人的依赖关系阶段、以物的依赖性为基础的人的独立性阶段、自由而全面的发展阶段。马克思理论为时代的划分和定义提供了以"社会主要矛盾"这一根本性的客体衡量尺度，以及"以人的全面发展程度"这一主体衡量尺度，具有重要的理论指引作用②。中国特色社会主义进入新时代，从人类历史进程看意味着中国特色社会主义理论、道路、文化、制度的不断进步革新，拓宽延展了发展中国家走向现代化的模

---

① 张锐. 新时代的科学根据. ［EB/OL］.（2017 – 11 – 06）［2019 – 10 – 09］. http://theory. people. com. cn/n1/2017/1106/c40531 – 29628836. html.

② 王子晖. 十九大报告，习近平宣示"新时代"［EB/OL］.（2017 – 10 – 22）［2017 – 10 – 22］. http://www. xinhuanet. com/politics/19cpcnc/2017 – 10/22/c_ 1121837239. htm.

式路径，在全球视野下为解决人类共性问题贡献了中国方案和中国智慧。

正确把握和认识我国现阶段高等教育发展的主要矛盾是明晰发展形势、正确制定相关政策的基本前提，事关高等教育事业发展全局。在新时代的背景下，我们需要领悟洞彻主要矛盾的历史性变化，即我国社会主要矛盾已经转化为"人民日益增长的美好生活需要和不平衡不充分的发展之间的矛盾"。体现在高等教育领域，其主要矛盾已经不再是资源紧缺的问题，而是社会公众对优质高等教育资源及教育公平的强烈需求与优质教育资源稀缺及教育结构不均衡发展之间的矛盾。历史实践证明，只有实事求是和立足实际，准确判断社会发展过程中的主要矛盾，才能制定科学的政策，进而采取正确行动，最终推动高等教育事业沿着正确的方向快速发展。

二、新发展格局的背景

2020年10月，党的十九届五中全会于通过的《中共中央关于制定国民经济和社会发展第十四个五年规划和二〇三五年远景目标的建议》提出，要加快构建以国内大循环为主体、国内国际双循环相互促进的新发展格局①。2020年11月，习近平总书记在亚太经合组织工商领导人对话会中发表了题为《构建新发展格局 实现互利共赢》的主旨演讲，强调世界是命运共同体，中国将坚持对外开放，通过积极构建新发展格局与世界各国实现互利共赢，共创更加美好的未来②。2021年3月，《中华人民共和国国民经济和社会发展第十四个五年规划和2035年远景目标纲要（草案）》提出要加快培育完整内需体系，把深化供给侧结构性改革与扩大内需战略加以有机结合，加快构建以国内大循环为主体、国内国际双循环相互促进的新发展格局③。

我国目前仍然处于重要的战略发展机遇期，在当今世界经历百年未有之大变局之际，我们所面对的挑战和机遇也面临着新变化。不可否认，我们遇到的许多问题之前未曾碰到，且需要长久面对，因而需要提高至国家战略的

---

① 刘鹤. 加快构建以国内大循环为主体、国内国际双循环相互促进的新发展格局［EB/OL］.（2020－11－25）［2021－03－07］. http://cpc. people. com. cn/n1/2020/1125/c64094－31944011. html.

② 新华网. 习近平在亚太经合组织工商领导人对话会上发表主旨演讲［EB/OL］.（2020－11－19）［2021－03－07］. http://www. gov. cn/xinwen/2020－11/19/content_5562542. htm.

③ 规划纲要草案：形成强大国内市场 构建新发展格局［EB/OL］.（2021－03－05）［2021－06－07］. http://www. gov. cn/xinwen/2021－03/05/content_5590618. htm.

高度加以认识和应对。从意义上而言，加快构建新发展格局是国家政府根据我国新历史任务、新发展阶段和新环境条件做出的重大战略抉择。国家进入了"十四五"阶段，经济社会的发展要以高质量和内涵式发展为主题，以结构性改革为主线，以技术创新为驱动，构建新的发展格局。这种新发展格局的构建需要重点提升供给体系的关联性和创新力，需要实现产业的关联畅通和经济的流转循环，使国民经济循环畅通，需要扩大开放和深化改革，同时需要促进产业结构升级和推动科技创新，重点解决各类瓶颈问题和"卡脖子"问题。

三、新时代与新发展阶段高等教育的新发展形势

2018 年，时任教育部高等教育司司长吴岩在"教育部高等学校教学指导委员会"成立大会上讲话，对新时代高等教育的新发展形势进行了全面且深入的分析，大概包括如下 3 方面的内容[①]。

（一）高等教育发展的新形势

当前我国已形成了世界上规模最大的高等教育，并正迅速迈向高等教育普及化阶段。世界范围内新一轮产业变革和科技革命已然来临，加快促进着我国经济发展方式的转型步伐。在此背景下，我国对高等教育变革创新提出了更高要求，对创新型人才的需求也比以往任何时期都显得迫切。

从国内形势看，2018 年党中央组织召开了一次具有里程碑、历史性、划时代意义的全国教育大会，明确了"三个重要节点"，即中国教育的"新三步走"战略：一是到 2022 年，是建设教育强国、加快教育现代化的关键期；二是到 2035 年，是进入世界第一方阵前列、总体实现教育现代化、建成教育强国的决胜期；三是到 21 世纪中叶，是实现中华民族伟大复兴、建成社会主义现代化强国的达成期。此次全国教育大会的精神重点体现出"五个新"：一是新判断。习近平总书记在会上重点提出了"2 个事关""3 个决定""2 个大计""9 个坚持"，即教育事关民族未来、事关国家发展，教育影响甚至决定着国家长治久安、国家接班人、民族复兴与国家崛起，教育是党之大计、国之大计，要坚持党对教育事业的全面领导，坚持优先发展教育事业，坚持把立德树人作为根本任务，坚持社会主义办学方向，坚持以人民

---

① 吴岩. 全面把握形势，全面振兴本科教育，全面发挥教指委作用［EB/OL］.（2018 - 11 - 01）［2019 - 12 - 10］. http://jwc.sspu.edu.cn/jhdt/54157.htm.

为中心发展教育，坚持扎根中国大地办教育，坚持深化教育改革创新，坚持把教育队伍作为基础工作，坚持把服务中华民族伟大复兴作为教育的重要使命。二是新表述。具体体现在丰富了新时代党的教育方针的基本内涵，把"劳"纳入全面发展要求；把完善人格、凝聚人心、培育人才、开发人力、造福人民作为教育的总体要求；提出了爱国情怀、理想信念、知识见识、品德修养、奋斗精神、综合素质等"六个下功夫"，明确了新时代学生应有的精神状态和基本素质。三是新要求。对教育提出了"塑造生命、塑造灵魂、塑造新人"的新要求，对教师提出了"大境界、大胸怀、大格局"的新要求，对校长书记提出了"将办好学校视为天大事业的使命感"的新要求。四是新举措。提出要激发学校教育事业的活力生机、扭转功利性的教育评价导向、提升教育服务经济社会发展的功能、提高教育的国际影响力等。五是新应对。提出要明确"培养更多高素质劳动者和创新型人才、培养更多有素质的普通劳动者"的双重任务，要直面提供"公平而有质量"教育的双重压力，明晰"重视教育就是重视国家的创造力，投资教育就是投资未来"的基本理念；强调高校要有科技创新的重镇、人才培养的摇篮、人文精神的高地的责任担当，成为社会创新发展的驱动者和引领者。

从国际形势看，世界顶尖大学和一流大学普遍重视本科教育，将本科教育放在学校发展的核心战略地位并将其视为保持核心竞争力的制胜法宝和追求卓越的看家本领，将培养一流本科生始终作为不懈追求和坚定目标。进入新世纪，世界各国特别是发达国家更凸显和强化了高校的人才培养功能，"回归本科教育"已成为国际高等教育的趋势和共识。譬如，英国高等教育领域围绕教学质量的提升掀起了新一轮的重大革新，"回归"教学的理念已上升至国家战略层面。美国从 20 世纪末就提出"回归本科教育、重塑本科教育"的理念，美国卡内基教学促进会发布《重塑本科教育：美国研究型大学发展蓝图》（1998）和《重塑本科教育：博耶报告三年回顾》（2001）两份报告，对本科教育改革产生了深远而广泛的影响，斯坦福大学、哈佛大学、麻省理工学院等顶级大学纷纷启动本科教学改革，回归本科教育。麻省理工学院于 2014 年和 2016 年陆续发布了《麻省理工学院教育的未来》和《高等教育改革的催化剂》的改革报告，强调高等教育已经到了转折点，必须摒弃单个变革的局限思维，让高级管理层、全体教师、学科和专业负责人、科研团队都参与进来，打造以学生为中心的教育。斯坦福大学也陆续发布了《斯坦福大学本科教育报告》《斯坦福大学 2025 计划》等，提出要像重视科研一样重视与支持教学，本科教育改革不仅要关注大学应该教什么，也要关注应该如何教，以及关注学生应该如何学、学得如何。

因此，重视人才培养、重视内涵和质量已经成为国际高等教育的趋势和共识。我国现代高等教育如果要达到世界水平并形成中国特色，就必须坚持立足时代、扎根中国、融通中外，从跟跑转为并跑甚至领跑，做到"更中国、更国际"。

（二）振兴本科教育的主要理念和核心路径

截至 2020 年，我国开展本科教育的高校有 1 243 所，在校本科生约为 1 650 万。本科教育共有 92 个专业类 630 种专业约 5.7 万个专业点，是我国高等教育领域最大的供给体系。当前，全球视野下新一轮产业变革和科技革命迅猛而至，必定引发世界政治经济格局的深刻变革与调整，不同国家竞争力在全球的位置将被重塑，现有的诸多产业的分工形态和组织方式将被颠覆，人们的学习、生活和思维方式将被重构，因而高等教育改革创新和结构调整势在必行。2018 年新时代全国高等学校本科教育工作会议作为我国本科教育进入了新时代的重要标志，从中可以预判到高等教育改革创新发展的新趋势。

一是新名称带来了新期待和新要求。教育部分别在 1998 年和 2004 年召开了全国普通高校教学工作会，名称和主题上从"本科教学"转为"本科教育"，反映出认识的深化、形势的变化、内涵的拓展和本科教育地位的提高。

二是高等教育改革创新有了新遵循。"四个回归"理念是时任教育部部长陈宝生于 2016 年在武汉召开高等教育工作座谈会中首次提出的。具体内容包括：①回归常识，高校必须围绕学生刻苦读书来办教育，引导学生练真本领、求真学问，成为有学问、有理想、有才干的实干家；②回归本分，教师要潜心于教书育人，老师是第一身份，上课是第一责任，教书是第一工作；③回归初心，高等学校需要倾心于培养接班人和建设者，要用创新体系做、价值体系育、知识体系教；④回归梦想，高等教育要倾力于实现教育强国梦和教育报国梦，回归梦想要具体落实到建设一流本科、打造一流专业、培育一流人才。因此，教育工作者需要始终把"四个回归"作为高等教育改革创新的根本遵循，才能更好面对和解决本科教育中出现的诸多问题。

三是在本科教育领域实施"六卓越一拔尖"新计划。教育部提出了"六卓越一拔尖计划 2.0"，实施覆盖理、文、工、医、农、教等领域的卓越拔尖人才培养领跑计划，以"增量、拓围、提质、创新"为重点，创建"一流本科、一流专业、一流人才"引领示范基地。

四是对内涵式发展有了新认识。新时代对实现高等教育内涵式发展提出了新认识和新任务,主要体现在如下5个方面:①有灵魂的质量提高,一流本科是"一流大学"的卓越灵魂;②有方向的水平提升,内涵式发展的主要目标方向是培养社会主义建设者和接班人;③有坐标的内涵发展,中国高等教育在迈向世界高等教育第一发展方阵的过程中,将交融汇织追赶与超越、跟跑与领跑、借鉴与自主等过程,不仅要参与国际高等教育竞争,也要参与甚至引领国际高等教育标准的制定;④有特色的"双一流"建设,具有中国特色的"双一流"建设,更多是指人才培养方面的特色,包括人才培养理念、标准和模式等;⑤有引领的标杆大学,新时代需要探索建设一批具有中国特色的标杆大学,塑造政治标杆、育人标杆、办学标杆、队伍标杆,成为重大科技研发的基地、拔尖人才培养的高地、新时代中国文化创造弘扬的策源地。

五是一流本科建设有了新路径。当前我国本科教育仍然存在共性的突出问题,比如发展理念滞后、模式路径趋同、评价的功利倾向等。新时代对建设一流本科提出了"五个一点":①内涵更深一点。坚持教学中心,通过提升专业建设水平来更新课程内容、推动课堂革命,重点提高学生的实践能力和创新意识,培养更多高素质劳动者和创新型人才。②领跑更快一点。加快推进新文科、新工科、新农科、新医科建设,推动高校创新创业教育改革创新。③公平更高一点。当前,中西部高等教育发展相对滞后,其发展目标是实现有质量的公平,总体而言是对现有资源的优化及升级,通过对接国家主体功能区的发展战略,成为驱动区域社会发展的智力和人才支撑。④变轨超车更坚定一点。中国高等教育要实现变轨超车,实现从跟跑、并跑到领跑的关键一招是教育教学与信息技术的深度融合,具体而言是要加大慕课平台的建设和开放共享力度,推动更多教师建好慕课、用好慕课,引导更多学生学好慕课。尤其要将优质精品慕课资源更多输送至薄弱地区和边远地区的学校。⑤创新发展更紧迫一点。创新是高等教育存在和进步的生命线,也是其本质特征,因而需要持续推动高等教育的理念创新、思想创新、模式创新和方法技术创新。

六是提倡变轨超车新概念。"互联网+"打破了学校围墙和传统教育的时空界限,催生孕育了新的教育生产力,推动了教育教学模式的革命性转变。世界各国均意识到,"智能+教育""互联网+教育"正在成为争夺下一轮高等教育改革发展话语权、主导权的重要领域和核心阵地。因而,未来需要通过推动高等教育教学领域线上线下的深度融合,推广应用虚拟仿真、在线开放课程、人工智能等技术,运用丰富教学资源、创新教育形态、优化管理手段、重塑教学流程等手段,最终实现"变轨超车"。

七是提出了本科教育的新理念。高教大计，本科为本。从高等教育发展的历史、现实和未来趋势看，本科教育始终是大学的根和本，人才培养也始终是大学的本质职能。因而应始终把本科教育放在教育教学的基础地位和人才培养体系的核心地位。当前本科教育提倡要突出3大理念：①学生中心。尊重学生主体地位，致力于学生的全面发展，从以"教"为中心转向以"学"为中心，并努力将教育教学改革成果惠及所有学生。②产出导向。重视教育的"产出"效果和质量，也即毕业生离校时具备了什么能力，会做什么、能干什么。③持续改进。构建符合自身发展特色的质量保障体系，形成"发现问题—及时反馈—快速响应—有效改进"的质量监控闭环，并能持续改进和不断完善。

八是提出了高等教育的新学理。世界上公认的第一所现代意义上的大学是1088年成立的意大利博洛尼亚大学，"人才培养"在此后长达930多年的时间里始终作为大学的根本任务未曾动摇；1810年，"科学研究"被德国洪堡大学列为大学第二职能；20世纪初，"服务社会"被美国威斯康星大学作为大学的第三职能。可以看出，高等教育无论如何演变其职能，"人才培养"的本质职能都未曾动摇，也从未改变。科学研究、社会服务等作为第二、第三衍生职能，必须服从和服务于人才培养这一本质职能和第一职能。本科教育作为高等教育的发展之本和立命之本，已经是世界高等教育发展的规律性共识。

（三）高校布局及学科专业结构调整的主要措施

一是推行若干"双万"新举措。国家提出了实施一流专业建设的"双万"计划，即以"六卓越一拔尖计划2.0"为抓手，从2019年开始，用3年左右的时间建设好一万个（约占本科专业点的20%）国家级一流专业点和一万个省级一流专业点，引导高校追求卓越质量和回归育人本质。国家同时提出了实施一流课程建设的"双万"计划，计划到2020年推出1万门国家级一流精品课程，包括认定7 000门国家线下精品课程、3 000门国家精品在线开放课程，并且推动在全国范围内不同省份地区因地制宜建设并推出1万门线上线下省级一流精品课程，目的在于推动优质课程资源的有效利用和合理开发，大幅提升我国高等教育质量。毫无疑问，一流专业建设的"双万"计划将对我国高等教育的学科专业结构优化产生深远影响。

二是谋划"西三角"新布局。国家提出了根据未来主体功能区的发展定位，努力将中西部高等教育的战略布局与城市群、经济带、产业链的布局加以紧密结合联通，致力于推动中西部地区形成经济、人口和资源环境协同共生发展的空间开发新格局，构筑与国家主体功能区发展战略相匹配的高等教育区域布局战略和发展模式。具体而言，是以区域经济社会均衡发展为核心目标导向，以"重庆—成都—西安"和"成都—西安—兰州"两个"西三角"区域为重要战略支点，以重点区域内高水平大学为主要发展龙头，引领带动西南和西北地区高等教育产生集群效应，辐射带动区域内高校整体实力的全面提升，助推区域经济社会高速、高效、高质发展。

三是重点推动"四新"建设。国办、中办联合下发的《关于以习近平新时代中国特色社会主义思想统领教育工作的指导意见》中强调要重点发展新文科、新工科、新农科、新医科。新文科建设是对新时代哲学社会科学发展要求的自觉把握，致力于推动新一轮产业变革、科技革命和哲学社会科学之间的交叉融汇，在哲学社会科学领域形成中国学派。新工科建设则是主动应对全球范围内第四次工业革命的到来。当前，国家一系列重大战略的布局和实施需要新工科，以新产业、新技术、新模式和新业态为主要特征的新经济需要新工科，提升国家硬实力和国际竞争力需要新工科，新旧动能转换和产业转型换代也需要新工科。国家硬实力的提升，对传统工科专业的改造升级及新兴工科专业的前瞻布局提出了时代要求。对于高校而言，下一步需要重点解决好体系融合、教师素质、教材建设、基地建设等问题，构筑理念超前的卓越工程师摇篮。新医科建设，首先体现在理念新，致力于实现从治疗为主到健康全过程及生命全周期的全覆盖；其次体现在背景新，即充分认识和借助以大数据、人工智能为特征的新一轮产业变革和科技革命；最后还体现在专业新，努力融通理文医工，重点探索转化医学、智能医学、精准医学等医学新专业。新农科建设主要是借助现代工程技术、信息技术、生物技术等方式手段，优化改造涉农专业和加快布局涉农新专业。

四、新时代高等教育结构调整的基本特点

（一）内涵发展和质量提升是主基调

新时代对人才的需求更趋多样化，促进专业内涵发展和提高专业建设质量将是未来一段时间内我国高校学科建设和专业结构优化的主基调，具体体现在将努力推动高校专业人才培养方案的及时调整、专业教材的适时修订、教学大纲的定期完善、课程体系的科学构建等。

（二）高端引领与特色发展是主方向

从未来高等教育布局结构和学科结构调整方向看，高端引领与特色发展相互融合将是主方向。2017 年，国家发展和改革委员会、教育部、财政部联合发布《关于公布世界一流大学和一流学科建设高校及建设学科名单的通知》，正式公布世界一流学科和世界一流大学建设学科及建设高校名单。首批共计 465 个（其中自定学科 44 个）双一流建设学科；共计 137 所"双一流"建设高校，其中 42 所（A 类 36 所，B 类 6 所）世界一流大学建设高校，95 所世界一流学科建设高校。建设世界一流学科和一流大学是国家层面做出的重大战略决策，也是我国高等教育领域继"985 工程"和"211 工程"之后的又一国家战略，目的在于提升中国高等教育的国际竞争力和综合实力，为实现中华民族伟大复兴的中国梦及实现"两个一百年"的奋斗目标提供有力支撑。

"双一流"建设提出了明确的目标：至 2020 年，若干学科进入世界一流学科前列，若干所大学和一批学科进入世界一流行列；至 2030 年，显著提升高等教育整体实力，进入世界一流行列的大学和学科数量明显增加，有一批学科进入世界一流学科前列，有若干所大学进入世界一流大学前列；至本世纪中叶，基本建成高等教育强国，一流学科和一流大学的实力和数量进入世界前列。从"双一流"建设高校遴选认定标准看，未来的高等教育发展将在统筹战略布局的基础上，重点考虑建设国家急需、无可替代、特色鲜明的学科，同时破除固化封闭的旧有观念，打破终身制。具体将体现出如下几个特点：

一是坚持世界一流和中国特色的相互融合。"双一流"建设将扎根中国大地办好大学，始终坚持社会主义办学方向，坚持内涵发展，落实立德树人的根本任务，努力成为世界高等教育改革发展的推动者、参与者甚至引领者，在世界一流大学建设过程中探索形成中国模式和中国道路。

二是支持和鼓励高水平建设。"双一流"建设是一项革新性的工程，目标是使高校进入世界一流学科和一流大学行列或前列，强调引领示范和扶优扶强效应，因而将坚持、鼓励和支持高水平的建设理念。

三是服务于国家重大战略布局。"211 工程""985 工程"是遴选"双一流"建设高校的重要基础，国家重大战略布局是遴选的重要因素，致力于发挥"双一流"高校和学科对行业、区域发展的驱动引领作用。

四是重点扶持特殊需求。未来高等教育布局中，有些符合国家经济社会发展迫切需求，具备鲜明特色、无可替代又有良好建设基础的学科或领域，但在第三方评价中较难有高显示度的高校将会得到重点关注和扶持。

(三)学科建设及动态调整是主路径

随着"双一流"建设的逐步深入,高等教育发展理念和路径将日益明确,即坚持以学科建设为基础,努力构建学科专业动态调整机制。教育部明确提出:"遴选认定并不是一劳永逸的。'双一流'建设以学科为基础,对建设过程实行动态管理、实施动态监控。建设过程中将重点参考有影响力的第三方评价,结合建设高校的自评报告和建设方案,评价建设成效。对进展良好、实施有力、成效显著的,将加大支持力度;相反,对进展缓慢、实施不力、缺乏实效的,将减小支持力度并提出警示;对不再具备建设条件、建设过程中出现重大问题且经警示整改后仍无改善的学科及高校,将被调整出建设范围。最终将根据建设高校的整体自评报告及建设方案,并重点参考和结合第三方评价,对建设成效给予期末鉴定和评价。期末鉴定和评价将作为下一轮建设范围的确定依据,打破终身制和身份固化的做法,最终打造出有进有出的动态调整机制。"①

一流大学和一流学科建设高校的遴选不仅要与中国国力国情相适应,也要考虑具备冲击一流的实力和基础;既要与以往重点建设的项目贯通连接,又要体现服务于国家重大战略布局的总体需求,因而学科是基础,即一流大学建设高校将主要从一流学科建设高校中遴选和产生。这体现出三个特征:一是落实了继承创新、稳中求进的基本原则;二是促进了区域高校布局和学科布局的协调发展,将有利于中西部高等教育的快速发展;三是凸显出打破固化身份、实行动态调整的理念。如将一流大学分为A、B两类,目的在于督促所有的一流大学建设高校加快发展、加速改革创新,有危机意识并正视差距、激发活力、奋起直追。此外,打破固化身份、实行动态调整还体现在评价机制上,在具体运行中,将做到同等建设、同等重视、同等评价。同等建设即对政策经费等同等覆盖,对建设方案等同等要求;同等重视即一视同仁,将所有入选高校都视作一流大学建设高校,都视作冲击世界一流的重点建设对象;同等考核即按照一个尺子一个标准评估考核一流大学建设成效。

---

① 扎实推进中国特色世界一流大学和一流学科建设:教育部、财政部、国家发展改革委有关负责人就"双一流"建设有关情况答记者问 [EB/OL]. (2017 - 09 - 21) [2021 - 03 - 20]. http://www. moe. gov. cn/jyb _ xwfb/s271/201709/t20170921 _ 314928. html.

⇒ 第四节 新时代区域高等教育结构调整优化对策

根据前文所探讨的内容，为进一步完善区域高等教育结构调整和优化的体制机制，本节尝试以"协同共生型"高等教育结构调整机制为基础，从优化调整目标、调整主体、调整内容、调整路径、管理体制、调整机构等方面提出若干对策建议。

一、构建区域高等教育与区域经济体协同共生体系

在高等教育结构调整过程中，需要明确调整目标和调整理念，构建区域高等教育与区域经济体的协同共生体系。从区域高等教育结构调整的核心目标看，本书认为引导区域内高校按社会需要、特色突出、任务明确的方向发展，能最终构建区域内高校分类分层发展、分区分工发展、多中心协同共生的高等教育结构体系；从区域高等教育结构调整的理念看，一是需要从注重速度、规模转为更加关注质量、内涵及可持续发展，二是需要从以往不同高校分散式、单极化、独立发展转向不同区域高等教育的多中心协同发展、互惠共生发展。

区域高等教育与区域经济体协同共生体系的构建需要重点关注和解决如下四方面的问题：①利用区域政府、高校、教育中间组织等不同合作主体在区域间的不均衡性、差异性、非对称性以及区域共生体系的复杂性，通过共生界面和共生机制的构建激活不同中心的潜能，使不同区域中心通过优势互补，进而分类发展；②政府、区域社会为高校间的协同共生提供良好的共生环境和制度基础，通过市场、政府、民间的各种中间组织、公共服务平台等共生媒介，在完善信息沟通平台、交流反馈渠道、激励约束机制、调控监督机制的基础上，促进区域间各合作主体快速、高效地获取信息，保持畅通和快速联动，进而加强作为共生单元的高等学校及区域经济体内在属性的相融性，实现优势互补、共生共赢、共担共享；③使区域内高校与各经济实体或金融机构通过产学研合作等方式，形成程度不一、形式各异的共生关系，进而将高校不同学科所培养的人力资源、科研成果等直接或间接转化为经济效益，并以各共生主体的协同发展为基础，在保证各共生单元的特色、个性的同时，通过共生系统来实现集聚效应，进而显现和提升整体优势与实力，在

优化整合的过程中实现多中心的良性发展；④通过推动区域间各资源、各要素的合理流动，提高绩效及资源使用效率，使不同中心之间通过共生界面建立某种时空的联结，最终构建一种稳定、高效、持久的合作关系或状态，推动区域经济社会和高校互惠性一体化发展，使区域间形成定位合理、分工明确、分类发展、配套完善的合作关系，使不同共生单元根据自身的条件走特色发展、错位发展、互补发展的路径，减少相互间发展路径的趋同性，降低发展成本。

二、理顺政府、高校、社会团体、教育中间组织等协同共生主体之间的关系

区域高等教育结构调整机制的构建涉及政府、高校、社会团体和教育中间组织等共生主体。其中，政府是政策、资源投入的主要主体，高校是过程运行的主要主体，教育中间组织是协调、监督、服务的主要主体，政府、高校、社会团体与教育中间组织共同构成了调整的效果及产出主体。调整的过程是政府统筹、高校为本、社会参与、教育中间组织缓冲的过程，即政府的宏观目标有赖于政府、高校、社会团体及教育中间组织所构建的新型的"协同共生型"关系及其行动规则来推行和实现。其中，区域政府的主要任务是统筹协调、理念渗透、完善法制、经费支撑，即政府主要通过对区域高等教育事业的统筹协调、完善相关政策和法律法规来营造良好的法制环境，并通过适当的经费支持、先进理念的渗透以及充分的技术保障来达到优化高等教育结构的目的；区域高等学校的主要任务是政策落实、分类发展、特色凸显、分工合作，即高校是区域高等教育结构调整的主体，是政策的具体执行者、改革的主要参与者、理念的创新者、体制机制的完善者，因此，不同层次、不同类别的高校需要在人才培养方案、学科专业设置、教学管理制度、行政管理架构、校园文化建设等方面全面参与区域高等教育结构的调整和优化，并且要结合区域政府的长远规划和政策来调整学校的发展目标、定位，逐步适应区域外部环境的变化，才能达成区域高等教育协同发展、互惠共生、一体化发展的目标；区域社会的主要任务是全面融入参与、促进区域文化浸润、提供良好环境支撑，即高等教育结构的调整优化无法忽视或脱离区域社会的文化氛围、政策环境及服务配套等综合因素，它们是一体化、相互联动的互惠共生体系，高等教育结构的调整，需要区域社会各组织、团体、机构的参与和融入；教育中间组织的主要角色和任务是沟通与协调、监督与评估、研究与咨询、服务与助推，即在区域高等教育结构调整过程中，教育

中间组织应在教育咨询与决策、教育评价与质量评估、教育拨款审核、学校管理等方面发挥重要作用，成为政府、高校、社会之间沟通的桥梁，实现政府的宏观管理与高校自治的目的，促进高校健康发展。

三、构建和完善高校间相互衔接机制

在未来的调整思路中，应考虑对不同层次、不同类型的高校进行分类管理，使其发展目标、定位、任务有所区别、各具特色、形式互补并梯度发展，同时需要构建和完善高校间的相互衔接机制。

相互衔接机制的完善和构建，至少需要关注如下两个方面：一是不同层次的高校建立相互衔接机制，即专科层次的教育体系应与本科层次的教育体系相互衔接、本科层次的教育体系应与研究生层次的教育体系相互衔接，这种相互衔接主要涉及学生的转退学制度、升学制度、课程体系、学分学业体系、教学体系、行政管理体制、考试制度等；二是同一层次高等院校之间的相互衔接，即政府和高校本身需要完善相应的衔接机制，建立类似美国加州地区高等教育协调委员会的相关机构，加强区域内高校的交流协作，这种衔接包括学生协同培养、学生交换、学分互认、优质课程资源互选、师资进修、科研合作、教材开发、图书资源共享、学术资源共享等，最终实现区域高校协同发展、一体化发展。

高等学校分类管理的核心目标在于通过构建一个有序高效竞争的规则，引导高校按社会需要、层次清晰、特色突出、任务明确的方向发展，通过合理竞争提升办学水平和质量，最终形成区域内高校分工合作、互惠共生的体系，促进区域高校与区域经济体的协同发展。未来如果要继续促进高等教育朝层次清晰、特色凸显、类型多元、任务明确的方向发展，必须加强对高等教育的分类管理。这种分类管理，一方面以高等教育制度体系的整体革新及运行秩序的全面重构为基础，进而促进高等教育结构和功能的整体优化；另一方面也通过理念转变和制度革新来重构高校、社会、政府之间的关系及运行模式，促进高等教育体系多元、分类、特色和良性发展。具体而言，首先，需要高等教育制度体系的整体革新。政府在分类管理中扮演着重要的角色，因为在我国现行的体制下，政府掌握着对高等教育管理的主动权，各级政府对高等教育总体规划和高教体系的运行规律及运行秩序的理解和发挥深刻影响着对高校分类指导的效果和方向。政府应主要通过平台搭建、分类监督、评价机制完善、资源配置方式改革等宏观调控的方式和手段，对高校的发展定位、职责任务加以影响，从而达到结构、质量、规模、效应的相对均衡的目的。其次，需要高校走多元化、个性化、特色化的发展道路。不同层次的高校应在了解、收集、分析各行业人才供求结构、质量、规模、变化趋势数据的基础上，结合区域社会经济、文化、科技等事业的发展情况，发挥区域和学校现有优势，凸显区域特色、学校特色，形成特色鲜明的高等教育结构体系。

四、不同地区高等教育结合经济发展现状及发展战略走差异化和特色化发展道路

经济社会的发展和产业结构的转型离不开高等教育的支撑，同时也要求高等教育本身不断改革。随着经济发展方式的改变以及产业结构转型升级步伐的加快，区域高等教育必须厘清发展方向和改革思路，明确调整策略，以发挥其应有的作用。在区域范围内，高等教育结构的调整主要是在政府的宏观统筹下逐步推行的，需要结合全省整体发展战略，明确高等教育的总体发展方向，并根据不同地区经济社会的发展现状、特点及政府的整体规划和发展战略，走差异化发展道路。这种差异化发展的前提是通过市场、政府、民间的各种中间组织和公共服务平台等媒介，在保证不同区域发展特色、个性的同时，通过共生系统来实现集聚效应，进而显现和提升整体优势与实力，实现多中心的良性发展。差异化发展的目的是使区域间不同合作主体形成定位合理、分工明确、分类发展的合作关系状态，使不同地区根据自身的条件走特色发展、错位发展、互补发展的路径，减少相互间发展路径的趋同性，降低发展成本。譬如，以广东省为例，对于珠三角地区而言，高等教育发展及学科调整的思路主要是结合该地区经济社会及市场需求的发展趋势，重点在现代服务业、高新技术产业、现代农业等领域有所创新。对于粤东地区而言，高等教育发展及学科调整的思路主要是认真解读政府对于区域经济社会发展的宏观规划，结合区域产业结构的现状和发展趋势，在专业建设、学科发展方面适度超前于市场的发展需求，进而为区域经济社会发展所需的创新型人才、核心技术、先进理念等方面提供强有力的支撑，为助推粤东地区新一轮的发展奠定良好基础。对于粤西地区而言，高等教育发展及学科调整的思路则是努力加强对该区域高校学科专业建设的统筹指导，以促进粤西地区形成特色凸显、相互联动、协同发展的学科专业结构。对于粤北地区而言，高等教育发展及学科调整的思路，一是通过政策优惠从发达区域引进一批人才，帮助该区域实现经济社会的快速发展；二是利用区位优势，重点发展具有山区特色的现代服务业以及生态型加工制造业，凸显区域特色。

五、以学科专业结构调整为基础和切入点带动高等教育整体结构优化

本书认为高等教育对于区域经济社会的促进，其根本还是依靠高校内部的学科专业建设和调整。学科专业结构与区域产业结构有着密切的关联，影响着产业的整体水平和发展趋势，而产业结构又反过来深刻影响着区域高校的整体布局和高校的层次及类型。对于高等教育所扮演的社会角色、承担的目标任务及其发展定位而言，其内部本身有不断创造新知识、开发新技术、创新新理念的主观意愿，以引领外部社会政治、经济、文化的发展方向，或适应市场新知识、新技术、新理念的发展所带来的冲击。从这个角度而言，高校内部学科专业结构的优化是高等教育整体结构调整的核心，是高校成为区域经济发展助推器的根本。因此，根据目前区域高等教育结构相对稳定的现状，其结构的调整应有所侧重，应以点带面地进行切入，在结合区域经济发展战略、产业结构现状及市场发展趋势的基础上，以学科结构的调整为基础和切入点，重点优化学科层次和学科布局结构：一是重点调整学科层次，使不同层次高校中相同或类似学科的发展目标、路径、内容呈现层次性、差异性和特色性，逐渐形成"层次清晰、分类发展、相互衔接"的学科层次体系，促进地方产业结构的形成、转型和升级；二是重点优化学科布局，使区域内高等教育学科与地方经济发展水平及现状相适应，逐渐形成"多中心协同发展、分区共生发展、网络式发展"的学科布局体系，助推地方经济社会的发展；三是构建动态、弹性的学科调整机制，使学科专业的设置根据区域内经济社会发展水平、产业结构现状及市场需求发展趋势，逐渐形成"特色鲜明、院校互动、动态调整"的学科调整机制。

学科专业结构与区域产业结构有着密切的关联，影响着产业的整体水平和发展趋势，而产业结构又反过来深刻影响着区域高校的整体布局和高校的层次及类型。因此，在以学科专业结构调整为基础和切入点带动高等教育整体结构的优化过程中，需要结合区域产业结构发展趋势，建设高等教育学科群，凸显聚集效应：一是发挥高层次院校、特色院校的辐射引领作用，联结一批区域范围内的高校，明确不同层次高校的任务、发展目标，使不同层次、不同类型的高校有所分工，分类发展，形成高等教育合力和集聚效应，从而成为区域产业集群和转型升级的重要助推力量；二是发挥区域内高校特色学科、优势学科的引领辐射作用，形成优势学科群，在科研成果创新、核心技术创造、新能源开发等方面相互协作，成为区域经济发展及产业转型升

级的发动机和助推器；三是利用这些优势学科群形成区域集聚效应，在提升区域高校的整体实力、加强区域内高校之间的合作、为高校提供创新的氛围的同时，促进科研人员的思维创新和提高科研成果的转化率，形成区域品牌效应。

六、重视区域经济发展水平、产业结构对学科结构的影响和促进作用

通过调查发现，在众多影响高校学科专业结构的因素中，被调查者认为最重要的五个因素依次为区域经济发展水平、区域内的产业结构及其发展趋势、市场对不同专业人才的需求、地方政府的财政和政策支持、相同或相近学科专业的情况及发展趋势，而且不同职业的被调查者对该问题看法较为集中和类似。可以看出，人们普遍认为区域内的经济发展水平、区域内的产业结构及其发展趋势、市场对不同专业人才的需求是影响区域内高校学科专业结构的最重要因素，高校在进行专业设置和调整时，必须认真分析区域内经济社会的发展水平、产业结构现状及市场发展趋势等重要因素，同时要了解其他高校相同或相近学科专业的现状及发展趋势，并积极争取地方政府的财政和政策支持，才能达到学科专业结构调整的目的，高校的学科专业才能朝着符合高等教育规律及市场需要的方向健康可持续发展，高等教育的整体结构才能优化，高校才能培养社会需要的人才，进而挂动区域经济社会的发展。

七、构建和完善"协同共生型"管理体制

优化区域高等教育结构调整机制需要有相应的管理体制机制加以保障。这种互惠共生型的管理体制，更为关注服务、区域共生、一体化发展和可持续发展，更为强调区域资源的整合共用和互惠共享，更重视被管理对象的参与。具体而言，在管理理念上，需要从以往的管制理念转向更注重服务、区域共生及互惠一体化发展，即管理者更能从宏观、整体的视角思考区域高等教育的发展，考虑资源的共享和互惠，在任务和定位上凸显差异性和特色性；在管理方式上，需要从以往过度的控制转向更注重合作、参与和对话，即更强调政府、高校、社会的分工与合作，形成"政府统筹协调—高校为本—区域社会参与—教育中间组织缓冲"的运行体系，更注重公益性、多方主体的合作、参与和对话，倡导平等和尊重的伦理观；在管理者的角色上，

需要从以往的主导者角色转变为促进者、负责任的参与者和服务者角色，即管理者更倾向于成为公共资源的管家，区域优质资源的整合者，区域政府与社会、高校对话的促进者，负责任的参与者和服务者；在组织结构形式上，需要从以往过度集权的金字塔模式走向服务导向的扁平化模式，即倡导扁平化的组织结构、弹性化的组织运行机制、专业化的组织成员；在组织决策制度上，需要从行政主导走向利益相关者参与，即更注重决策过程的民主化，决策实施过程的规范化与专业化；在组织文化建设上，需要从以往过于注重制度建设走向更为关注组织内外部环境建设及组织中人的发展；在反馈机制上，需要从僵化、滞后走向更注重动态、创新、可持续发展，即更强调在对话的基础上建立公共机构、非营利性机构和私人机构的联盟，以满足共同认可的需要，同时最大限度体现公益性、共享性、互惠性及一体化。

八、加强对教育中间组织的培育与管理并提高其地位和作用

在优化区域高等教育结构调整机制过程中，高等教育协调委员会、高等教育联盟之类的政府机构或中间组织非常重要和关键，它们应在教育咨询与决策、教育评价与质量评估、教育拨款审核、学校管理等方面发挥重要作用，成为政府、高校、社会之间沟通的桥梁。前文提到，教育中间组织通常被称作"中介团体""缓冲组织"或"第三方组织"，它们是按一定的政策法规成立，协调政府、学校、社会之间关系，参与政府、学校的决策和管理的一种相对独立的合法组织。它们不是政府部门，不是政府机构的附属物，也不是学校的发言人，而是介于政府与学校之间的一个行政体。它们与政府之间的作用是相互的，而不是垂直的，即这些教育中间组织不仅可以代表学校向政府施压，进而影响政府的相关决策，同时也要担负起政府决策的执行者角色，进而帮助学校完成政府下达的任务。从特征上而言，教育中间组织一是具有独立自主性，即教育中间组织具有独立的法律、经济地位，不是政府行政部门的附属组成机构，不受政府直接控制，可以独立开展工作，经费主要来源不是国家的财政拨款或学校的拨款；二是具有专业权威性，即教育中间组织主要依靠其所掌握的专业技能在某一领域提供较为专业化的教育服务；三是具有服务性，即教育中间组织主要是提供教育服务，起到政府、学校、市场之间的协调沟通及桥梁作用；四是具有中介性，即教育中间组织主要起到第三方的角色，在依靠事实的基础上，根据相关的政策文件及法律法规，客观地对现象进行分析、判断或预测。

由于我国的教育中间组织的起步和研究较晚，主要依附政府而成立，且

类型较为单一，在实践中所处的地位有待提高，作用没有完全发挥，主要体现在独立自主性不强、专业权威性不高、服务性和中介性有待提升等方面。因此，政府必须加强对教育中间组织的培育与管理，才能真正发挥它们的功能：首先，政府应维护教育中间组织的独立性。独立性、中介性是教育中间组织生存和发展的根基，政府应减少或避免对教育中间组织的过度行政干预，让教育中间组织努力通过专业的权威、公平公正的评价、客观的态度获得社会的认可，从而起到桥梁服务作用。其次，政府通过委托或授权使一些教育中间组织具备相应的管理权力。教育中间组织的重要作用之一就是具有担负实施政府相关决策的责任，在这个过程中，政府应从某些具体的教育事务中主动退出，通过委托或授权的方式，让教育中间组织具备一定的管理权力，以显现政策及决策的权威性、公正性，促进政策或决策得到更好落实。最后，政府为教育中间组织提供适当的救济途径。这种救济包括经济、法律等各个方面。教育中间组织的良好运行，需要政府营造良好、完善的政策和法律环境，以保证其在运行过程中保持独立性、权威性和服务性。

第六章

共生视域下粤港澳大湾区高等教育
结构调整的内涵与路径

粤港澳大湾区包括广东省的广州、深圳、珠海、佛山、惠州、东莞、中山、江门、肇庆和香港特别行政区、澳门特别行政区，总面积约 5.6 万平方公里，2020 年总人口约 7 000 万①。作为我国经济活力最强、开放程度最高的区域之一，大湾区历来在国家发展大局中占据重要战略地位。2017 年 7 月签署的《深化粤港澳合作　推进大湾区建设框架协议》以及 2019 年 2 月中共中央、国务院联合印发的《粤港澳大湾区发展规划纲要》是该区域上升为国家发展战略层面的重要标志。此纲要明确提出了"推动大湾区教育合作发展""支持大湾区建设国际教育示范区"的战略目标。2021 年 3 月公布的国家"十四五"规划和 2035 年远景目标纲要多次提到"粤港澳大湾区"，也是连续第 5 年将建设该区域纳入政府工作报告，展现出国家对湾区战略地位的高度重视。

在新时代和新发展格局背景下，国家提出了全面振兴本科教育战略，陆续推动了一流专业建设"双万"计划、师范类专业认证等工作，广东省也提出"新师范"建设行动计划，高校改革步伐明显增速，教师教育学科建设及区域教师协同培养在新发展阶段迎来了新的机遇与挑战。粤港澳大湾区教师教育学科共同体的构建和结构优化，是新发展阶段背景下区域教育合作共赢、形成竞争新优势的时代抉择，是对高等教育内在发展规律的自觉把握，也是湾区内高校教师教育学科竞争力整体提升的共同意愿。结合国际湾区建设经验及当前粤港澳三地高等教育发展的新格局，构筑湾区教师教育学科共

---

① 中共中央　国务院印发《粤港澳大湾区发展规划纲要》［EB/OL］.（2019 – 02 – 18）［2020 – 09 – 20］. http：//www. gov. cn/xinwen/2019 – 02/18/content_ 5366593. htm#1.

同体，联通激活教师教育学科优质资源要素并形成区域集群效应，是湾区高校教师教育学科建设走"合作发展"之路的重要内容和必要路径，是湾区教育建立"国际教育示范区"的重要基础，也是一种格局更大、境界更高、改革更深的区域教育协同发展战略布局。

➡ 第一节　粤港澳大湾区高等教育结构优化的动力基础与价值应然

一、政治逻辑：维护粤港澳地区长期繁荣稳定的共同愿景

港澳地区与内地高等教育合作的历史，经历了合作方式从单一到多元、合作路径从单向到互动的历程。新中国成立之初，大量港澳青年返粤求学，港澳地区与内地高等教育的合作形式呈现单一性，合作方向呈现单向性。港澳地区尤其是香港的高等教育在过去的二三十年时间里得到了快速发展。1997 年、1999 年港澳地区相继回归祖国后，随着《内地与香港关于建立更紧密经贸关系的安排》《内地与澳门关于建立更紧密经贸关系的安排》的签署和《珠江三角洲地区改革发展规划纲要（2008—2020 年）》等政策文件的影响推动，内地学子赴港澳求学的热度渐升，三地高等教育的合作方式和路径更趋多元，合作范围逐步扩大，从交流研讨为主逐渐过渡到以具体项目为导向的联动式和整体式合作模式。但近年来，少数港独分子开始兴风作浪，破坏香港形象，损害国家统一以及香港经济社会发展，这与港澳地区在高等教育方面长久以来奉行实用主义，进而导致学生国家认同感较低有重要关联。从广义上而言，建设粤港澳大湾区，调整优化湾区内高等教育整体结构，聚合教师教育学科的优质资源，培养具有家国情怀并兼具国际视野的卓越教师，是对湾区文化的整合和重塑，有利于人们精神的充实、思想的充盈和理想的升华，也有助于港澳同胞实现"国家认同"和"心灵回归"。

二、经济驱动：大湾区经济社会转型和产业结构调整的联动效应

在经济全球化背景下，高等教育市场化趋势日益明显，高等教育不仅是国际竞争中体现国家软实力的重要基础，也是对外贸易中的重要组成部分，

本身有着巨大的经济效益。按照经济发展增长极理论，区域经济的发展可以通过少数"增长极"的扩散和极化效应，影响和带动周边欠发达区域的发展。《粤港澳大湾区发展规划纲要》也对大湾区城市群提出了"以香港、澳门、广州、深圳四大中心城市作为区域发展的核心引擎，继续发挥比较优势做优做强，增强对周边区域发展的辐射带动作用"的明确定位。

粤港澳大湾区高等教育与湾区经济社会之间是互惠共生的，这意味着湾区经济社会转型升级和产业结构调整将深刻影响湾区高等教育的学科布局、层次和类型结构。香港政府近期提出的"大湾区青年就业计划"，正是在区域经济一体化的宏观背景下，在香港社会发展的传统模式停滞不前之际，支持和鼓励香港青年放眼国家，把握大湾区内地城市在就业、学习等方面的机遇，同时也为香港的数字化转型和联动式共治提供新的机遇之门和动力之源。另以澳门为例，澳门由于地域较狭小，产业经济基本以服务业为主，有很强的外在依附性特征。澳门特区政府近年来正努力通过提倡经济产业适度多元发展的思路以期改变和调整产业比重失衡的状况。同时，澳门也明确提出了在基础教育教师协同培养和质量提升方面要继续坚持与内地高校尤其是珠三角高校的互动与合作的总体理念。对澳门而言，想要实现《粤港澳大湾区发展规划纲要》提出的成为"国际科技创新中心"的目标和期望，不仅需要提升基础教育师资的整体水平，也必然要与湾区高校实现联动，通过整合优势学科资源，优化学科布局和学科层次结构，争取学科发展的主动权，回应新发展阶段的时代要求。

三、文化融合：粤港澳同属岭南文化的地缘亲和性和吸引力

虽然港澳地区因近百年的殖民史深受西方文化影响，但不可否认，粤港澳三地在文化根源上仍同属岭南文化。这种地缘文化的亲和性和吸引力为大湾区高等教育合作和结构调整提供了内驱力，这从粤港澳三地高等教育合作发展的历程可以佐证。新中国成立之初，大量港澳青年回到内地求学，他们本能地选择到地缘临近并与港澳文化最具同源性、民俗最具相近性、人缘最具相亲性的广东省接受教育。随着港澳地区回归祖国及高等教育的快速发展，三地在高等教育的合作路径和内容方式上更趋灵活和多元。但无论如何，广东仍是港澳青年赴内地求学的首选之地，而香港和澳门也成为广东学子赴境外求学的最重要目的地。据统计，2016年，内地学生占了香港高校招收的非本地生的76%，其中广东籍学生占比最大；而在内地求学的港澳学生中，有近半数选择在广东接受高等教育。数据显示，2020年有超过1.5万名

香港学生在内地高校学习，其中超过一半在广东省①。粤港澳大湾区城市间的教育合作源远流长，如华南师范大学自 1985 年开始通过短训班、夜大、函授、全日制等各种形式面向澳门办学，成为澳门基础教育师资培养的重要力量，全程参与了澳门教师培养工作，近 40 年来从未间断，帮助澳门教师的合格率从 1984 年的 24% 上升至 1996 年的超过 80%。截至 2020 年，有近 70% 的澳门中小幼教师曾受过该校的教育②。总体而言，湾区高等教育是以湾区文化为基础，进而引领区域先进文化发展方向的。粤港澳大湾区高校教师教育学科的发展无法脱离湾区整体的文化氛围及社会环境，需要区域内不同组织机构及其成员以不同方式融入参与才能实现，它们是互联互通的共生体系。因而，地缘文化的亲和性及区位的优势性，有助于孕育形成粤港澳三地高等教育的合作共识，也为区域教师教育学科共同体建设提供持续的内驱力。

四、集群效应：湾区内高校本身有整合优质学科资源的主观意愿

"集群"最初指基于某种特定利益关联并以共生方式存在的生物种群之间的生活圈，属于生物学领域的概念。迈克尔·波特首次提出了"产业集群"的概念，并逐渐在各领域中被人们所熟知和使用。而高校集群不仅指高校内部的层次、功能、资源与环境的整合与集聚，也指外部以名校为中心而形成的高校群落，这种群落不限抑于空间地理上如大学城、科学园区等聚集概念，也包括区域内院校合作办学团体或学科合作机构等。加拿大学者简·奈特（J. Knight）等进一步提出了高等教育区域化发展概念，认为高等教育区域化有赖于多元合作路径和多种合作方式加以有机整合的方式，是一个持续、复杂、动态、全面的系统化进程。通常而言，高校集群是以创新为核心路径并以提升整体竞争优势和扩大辐射效应为根本目的的，这意味着集群不是区域内多所高校在数量上的简单叠加，而是空间区位上相对靠近的高校网络组织在组织关系维持和优势资源整合等体制制度上的再造创新，比如构建粤港澳大湾区教师教育创新实验区、形成大湾区教师教育学科建设共同体等。

---

① 内地港澳青年学生之家［EB/OL］. (2020 - 03 - 26)［2020 - 03 - 26］. http://octsyouth. hk/support - and - development - centre/.

② 刘羡冰. 澳门教育史［M］. 北京：人民教育出版社，2002：237.

从高校所扮演的角色和功能而言，其本身有引领或适应市场新知识、新技术、新理念的主观意愿。一方面，知识、技术、理念的创新主要通过教育的途径来加以完成和传播，高等教育尤其在新知识的探索和研究、新技术的形成和转化、新理念的提出和推广等方面起着至关重要的推动作用；另一方面，一个国家或地区人口素质的提升也主要通过教育的途径来实现，其中高等教育更是担负着培养社会所需的各类高层次人才的重任。高校教师教育学科专业作为培养基础教育师资的中坚力量，更是在促进社会发展进步方面有着举足轻重的作用。目前，粤港澳大湾区有各类高校160多所，其中师范生培养高校有近20所，总体体量并不小，应该说三地高等教育拥有了较好的合作基础。但总体而言，高层次院校偏少、教师教育学科影响力偏弱，院校之间联动性不强等问题也较为突出。因此，对于湾区高校而言，其本身也有加强优势学科资源共建、共享、交流的强烈意愿，以期整合粤港澳三地高校各自的资源优势，形成多结构多层次多类型的学科聚集合力，提高教师教育学科的整体竞争力及影响力，支撑世界一流湾区建设。

⇒ 第二节　粤港澳大湾区高等教育基本结构现状及合作困境

在过去的二三十年时间里，粤港澳大湾区在高等教育领域取得了长足进步，但在快速发展的同时，与之相对应的结构矛盾也日益凸显。从现状看，湾区不同城市间均有各自的基本发展定位及核心产业基础，由于陈旧固化的行政边界思维，尤其是港澳地区与珠三角九市间存在的明显的行政体制隔阂和市场化程度差异，因而在发展定位和模式路径上难于将协同性与特色性很好地加以融合，体现在高等教育结构上则表现为高校的层次、布局、学科结构难于与区域发展定位及产业结构相互支撑发展。粤港澳大湾区教师教育学科共同体构建过程中，也同样面临着行政体制隔阂、规则制度差异、价值共识偏差等诸多现实问题。

一、布局结构："统筹联动与多极协同"的高等教育集群效应有待增强

截至2020年，粤港澳大湾区各类高校数量为160多所（见表6-1）。总

体而言，在分布上呈现出非均衡性，高校布局与大湾区城市发展规划的匹配度有待提升。如：高水平大学在广州、香港、澳门这 3 大城市布局较为集中，基本占了总数的近 70%；深圳作为国内一线创新型城市，是众多高新产业的孵化基地，但高校数量尤其是高水平大学数量偏少；佛山、中山、东莞、惠州等传统制造业城市，尽管第二产业相对发达，且产业升级速度日益加快，但高校数量和发展水平相对滞后，发展后劲略显不足，难于支撑产业结构的转型升级。与世界三大湾区比较而言，粤港澳大湾区的高校布局与各城市的产业布局契合度有待提升。应该说，在新发展阶段，粤港澳大湾区高校布局结构的整体性优化才刚刚起步，还未能引领区域产业布局的变革，湾区高校间仍未形成稳定持久的共生关系。就教师教育学科布局结构而言，除中山市以外，其他湾区城市基本都有师范生培养高校，这体现出各地政府对教师培养工作的高度重视。但如果继续细看学科内部的专业布局，可以发现除广州和香港的部分高校在师范专业设置上相对成体系外，其余城市的师范生培养高校都只设有某几个甚至只有 1 个师范类专业，呈现出师范类专业布局的非均衡性、专业设置的重复性以及区域间缺乏统筹联动性等问题。

表 6-1　粤港澳大湾区高校（含师范生培养高校）布局概况

单位：所

区域	香港	澳门	广州	深圳	珠海	惠州	东莞	中山	江门	佛山	肇庆
高校数量	23	10	80	8	7	5	7	3	6	6	5
师范生培养高校	1	2	10	1	1	1	1	0	1	1	1

数据来源：广东省教育厅、澳门教育暨青年发展局、香港教育局网站，统计时间为 2020 年 12 月，经作者综合整理形成。

总体而言，一方面粤港澳三地高校发展规划与湾区总体战略布局尚未能完全同步，不同城市高校建设呈分散式发展的状态，尤其是珠三角地区高校发展理念和发展路径呈现出一定程度的趋同性；另一方面粤港澳三地高等教育合作仍面临诸如观念分歧、政策缺失、体制差异等障碍，三地政府尚未能建立起大湾区协同共生视角下的有效协调组织机构，在战略布局、高校选址、学科整合、空间共享等方面较难统筹规划与整合部署，很难形成一种稳定、高效、互惠、持久的合作关系或状态，目前仍未真正形成宏观整体视野下与区域经济发展相匹配的高校布局结构及集群效应。

二、层次结构："高端引领与特色凸显"的共生结构体系尚未显现

截至 2020 年，香港共有不同类型的高校 23 所，包括综合性大学 10 所，学院、进修学校、书院等 13 所；澳门共有高校 10 所，其中综合性大学和专科层次的学院各 5 所；珠三角地区共有本科层次的院校 56 所，专科层次的院校 71 所。此外，粤港澳大湾区共有 20 所师范生（教师）培养高校，其中本科层次 18 所，专科层次 2 所（见表 6 – 2、表 6 – 3）。从统计数据看，粤港澳大湾区高等教育层次结构相对稳定，但总体而言仍需优化，这样才能主动融入并匹配湾区的新发展定位，支撑湾区经济多元发展。此外，粤港澳大湾区高等教育整体发展水平与国际湾区比较而言仍然存在不小差距，具体体现为有国际影响力的高水平大学数量偏少、科技创新实力偏弱、原始创新累积不足、国际辐射力与影响力亟待提升等。从 2020 年英国泰晤士高等教育（THE）排行数据看，粤港澳大湾区进入世界前 100 强的高校共有 3 所，进入世界 100～200 强的高校共有 2 所，均为香港的高校；进入世界 200～500 强的高校共有 5 所，其中澳门 2 所，香港、广州、深圳各 1 所[①]。很明显，从粤港澳三地高层次大学的建设现状而言，香港拥有世界级高水平大学数量最多，高等教育相对发达；澳门高等教育体量较小且起步较晚，虽然近年来进步明显，但整体实力仍然不强；珠三角九市中，广州在高水平大学建设上有较大潜力，但要形成国际影响力仍需时日；深圳的高水平大学建设也尚属起步阶段；其余城市比较而言高层次大学的发展相对薄弱和滞后。此外，粤港澳三地的高等教育由于存在价值观念、治理体制和发展模式上的差异，目前呈现出"集而不群"的现状，具体体现为不同层次的高校还未能形成特色发展、错位发展、互补发展的联动效应和辐射效应，高等教育作为城市群新经济增长点和创新科技的核心引擎作用不够凸显，对周边区域发展的辐射带动作用有待提升，"多层级多类型多中心"的高等教育共生体系构建仍需时日。

---

① Times higher education（THE）. ［EB/OL］.（2020 – 10 – 18）［2021 – 01 – 20］. https://www.timeshighereducation.com/world – university – rankings?site = cn.

表6-2　珠三角地区不同层次和不同形式高等教育（含师范生培养高校）概况

单位：所

区域	普通高校				独立学院	中外合作办学（含省外高校在粤办学机构）
	公办		民办			
	本科	专科	本科	专科		
广州市	22（9）	29（1）	4	15	10	0
深圳市	3（1）	2	0	1	0	5
珠海市	0	2	0	1	2	2（1）
惠州市	1（1）	3	0	1	0	0
东莞市	1（1）	1	1	3	1	0
中山市	0	2	0	0	1	0
江门市	1（1）	4	0	1	0	0
佛山市	1（1）	4	1	0	0	3
肇庆市	1（1）	1	2	1	0	0
合计	30（15）	48（1）	8	23	15	3（1）

注：①数据来源于广东省教育厅网站，统计时间为 2020 年 12 月，经作者综合整理形成。②括号内为该地区师范生（教师）培养高校数量。

表6-3　香港、澳门特别行政区高校层次（含教师培养高校）概况

单位：所

地区	综合性大学（所）	学院、进修学校、书院等（所）
香港	10（1）	13
澳门	5（1）	5（1）

注：①数据来源于澳门教育暨青年发展局、香港教育局网站，统计时间为 2020 年 12 月，经作者综合整理形成。②括号内为该地区师范生（教师）培养高校数量。

三、学科结构："整合共享与动态调整"的学科群联动效应有待激活

学科专业是大学的基本组织单元，学科发展水平是高校办学特色和综合实力的重要体现。粤港澳大湾区高等教育学科建设近 30 年来取得了长足进步，学科类型日益丰富完善，学科影响力逐步增强，但结构性问题也随之凸

显。从学科类型看，与世界三大湾区比较而言，理工科、基础学科、新兴交叉学科的比例仍然偏小，仍需在筑牢根基的基础上开拓创新，实现对粤港澳大湾区未来发展定位的智力支撑；从学科层次看，世界一流建设学科、国内一流或知名建设学科总量偏少且分布不均衡，总体而言学科"高地"的引领辐射效应偏弱，学科建设整体水平有待提升；从学科布局看，不同区域的高校发展并不均衡，广州、香港、澳门、深圳等地发展相对较快，其余区域在高水平学科的数量和质量上均呈现出发展滞后性，难于与当地经济社会发展水平和产业发展速度相匹配；从学科发展路径看，粤港澳三地尚缺乏宏观整体视角下的统筹机构和稳固发展平台，湾区内教师教育学科优质资源的深度融合和共建共享存在教育行政体制上的壁垒和实际操作上的瓶颈，导致不同区域基本呈松散式、路径趋同式的发展状态。此外，由于湾区内高校学科专业建设预测系统和动态调整机制尚未真正形成，很难有效将国际标准、湾区定位和高校特色整合融入湾区学科发展的整体规划和建设中去。

众所周知，国际三大湾区成功的重要因素便是借助世界知名高校的集群效应，尤其是依赖世界一流学科的科研实力及其所孕育的高层次人才储备，驱动高校与湾区企业在产学研领域紧密合作，为湾区及其周边的高新产业提供科技创新的智力支持。粤港澳大湾区教师教育学科共同体的构建需要借鉴国际经验，结合新发展阶段的国家战略、湾区定位和高校特色，适时调整和优化学科布局和学科层次，朝着体系更健全、布局更合理、生态更优良、特色更鲜明、核心竞争力更突出、发展更具活力的方向努力。

⇒ 第三节　粤港澳大湾区教师教育学科共同体的理论基础与价值意涵

无论是在全球语境还是在粤港澳大湾区场域，共同体理念都已成为高等教育合作发展实践中的重要价值转向和观念转型。协同共生视域下构建粤港澳大湾区教师教育学科共同体，一方面需要以唯物史观的哲学思辨来领悟"共同体"理念的时代转型和演进规律；另一方面则需要置身于社会发展和区域协同的共性规律和历史记忆，重新认识作为"城市个体"与作为"区域共同体"之间共生关系的价值本质和运行规律。

一、理论基础：基于共生理论的"共同体"建构

首先，共生理论对"学科共同体"的构建有着重要借鉴。共生理论的研究最早源于生物学领域，而后才被其他学科借鉴和使用。现在人们普遍认同，共生是指不同种属的生物体在长期进化演变过程中为了共同适应外部环境或生存之需，逐渐形成的一种合作共存、相互支撑、协同共生的关系或状态。这种关系或状态包括若干基本特征：一是共生不是一种单纯的相互依赖关系，而是不同的共生体间相互依存程度达到相对平衡的某种稳定状态；二是共生关系并非短暂的合作，而是伴随生物体生命周期的永恒标志；三是对每个共生个体而言均呈正相关关联，有利于它们各自更适应外界环境或具备更强的生存能力。从共生理论的基本概念和核心特征来剖解"粤港澳大湾区教师教育学科共同体"的基本架构，可认为其共生单元主要包括互动中的政府机构、湾区内各师范生培养高校、社会各经济实体、第三部门等组织；其共生模式将主要走多中心协同共生的路径，即以一个或多个中心城市为发展中心，通过联动效应、集群效应、辐射效应等方式将区域高校与区域经济社会进行联结，从而构成一个跨地域的、复杂的、开放的时空集合实体；其共生目标是构建稳定、高效、互惠、持久的合作关系或状态，形成良好的学科生态结构体系，最大限度避免不同城市间高等教育的单极化、分散式、路径趋同式发展（如图6-1所示）。

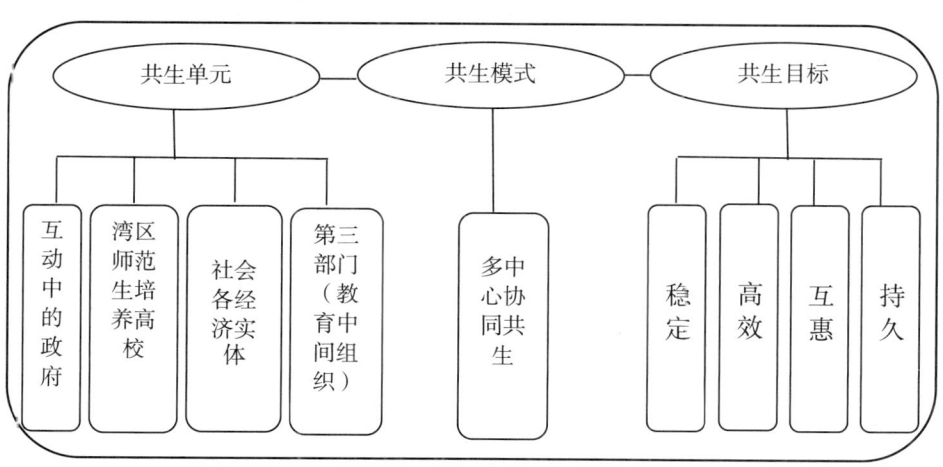

图6-1　基于共生理论的粤港澳大湾区教师教育学科结构优化理念

其次，马克思共同体理论对"学科共同体"理念也起着重要的理论指引作用。近现代社会的演进历程使人们逐渐领悟到，虽然个体本位倾向从形式上看似乎使某一个体获得了精神上的独立和个性上的解放，但群体内部的矛盾、隔阂和冲突却日益深化增加，并陷入了更深层次的群体性生存困境及交往危机。绝对自由主义的个体化倾向逐渐削弱了区域之间和人们之间的群体交互性及作为共同体的价值共识性，进而促使人们重新反思社会变迁过程中局部与整体、个体与群体间的合作关系的本质。在此背景下，重塑区域高等教育发展过程中的共同体意识就成为现实任务和时代要求。追溯起来，马克思较早从哲学思辨和历史变迁维度剖析了个体与共同体关系的演进规律，并从科学逻辑的原点出发重构和剖解了现代意义上的共同体与个体关系的本质，阐释了二者彼此间不是相互分离与对立关系，而是一种辩证统一、彼此印证、相互融合的共生共存关联，这为粤港澳大湾区教师教育学科共同体在实践中更高效地达成群体共识和更务实地制定跨区域行动规则提供了理论指引。在国家向第二个百年奋斗目标迈进的新发展阶段以及大湾区建设"国际教育示范区"的新发展格局下，重塑"城市个体"与"区域共同体"的共生关系不仅是区域内部避免向封闭主义、单边主义倒退的自觉反思，也内蕴着湾区高校追求办学质量和竞争力整体提升的共同诉求，同时也启示着各参与主体在构建"湾区教师教育学科共同体"过程中不仅需要以共生共赢为基本前提和价值共识，更需要共同完善支撑"共同体"长久运行的制度凭依。

二、共生网络：基于"共同体"理念的运行体系

世界高等教育的发展模式并非按部分学者所预设的朝着同质化的道路演进，在全球语境下其多样性和多元性并未减弱，并日益显现出新时代和新发展格局下的独特场域特征。粤港澳大湾区不同城市间有着差异性的制度规则和多元化的场域特点，湾区高等教育协同发展不能简单将发达国家业已成型的发展模式平移复制至该实践场域。湾区高校在教师教育学科合作过程中既要尊重不同城市的场域特点，也要对这些带有行政边界性的制度隔阂进行协调性的接轨调整，进而构建和维护一个"承认差异、互惠共生、规则平等"的区域高等教育合作秩序。

共生理念下粤港澳大湾区教师教育学科共同体的运行网络至少涉及三地互动中的政府、高校、教育中间协调组织等主体。政府作为参与者和主导者，是政策和资源投入的主要主体，在大湾区共生视角下进行规划定位和行动规则维护，为优化教师教育学科结构提供政策导引、资源支持和制度保

障；高校作为运行过程中的主要主体，需要搭建起湾区内院校联盟与学科集群之间的有效链接，形成湾区内良好的学科生态网络体系；教育中间协调组织作为学科优化调整过程中协调缓冲、监督评价、沟通服务的主要主体，是三地政府、高校、区域社会之间联结的重要纽带，凭借其公正性、中立性、中介性的特点助推湾区高校达成教师教育学科结构调整优化的目标，促进教师教育学科共生体系的形成。（如图6-2所示）

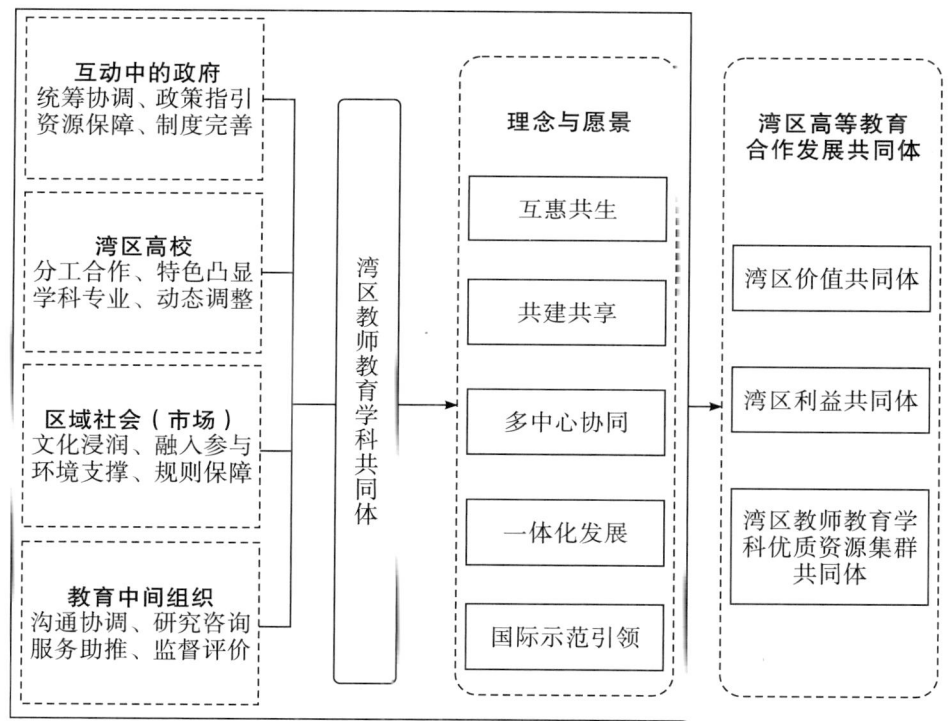

图6-2 粤港澳大湾区教师教育学科共生网络

从价值本质而言，"湾区教师教育学科共同体"理念是湾区高校在新时代的话语情境和区域化的实践场域中对聚合教师教育学科优质资源和培养具有家国情怀和民族共识的卓越教师的历史性反思和现实性诉求。这种跨区域的集体性价值共识和群体性利益诉求致力于共同回应区域内教师教育学科建设过程中面临的诸多困境，构设更契合湾区高校共同价值诉求的发展新理念和新格局，因而对聚合教师教育学科建设中各参与主体和共享主体的价值共鸣和利益共识起着重要的方向引领作用。

⇒ 第四节　新发展阶段粤港澳大湾区教师教育
　　　　学科结构调整的实践转向

粤港澳大湾区教师教育学科"共同体"及其结构调整的实践理念要求在区域一体化的表达体系中确保参与主体获得互惠共赢的权利，在合作理念上提倡务实地化解分歧和摆脱陈旧固化的行政边界思维，在合作方式上力求形成更加公平顺畅的沟通机制，在具体实践中强调明确可行的合作预期及更加细化可操作的制度规则。应该说，教师教育学科结构优化及学科共同体理念的构建应始终立足于革新区域化的学科建设合作范式，通过有效的制度衔接而非强制性的路径认同，在多元性与统一性之间寻求平衡，形成共生式的表达体系和常态化的制度规约，致力于湾区价值共同体、利益共同体和优质学科资源集群共同体的构建，为湾区建设提供多类型、多层次、高质量的人才支撑。

一、凝练湾区特色：形成区域教师教育学科集群合力

湾区内高校本身有加强优势学科资源共建、共享、合作、交流的共同需求，但凝聚学科集群合力并非简单指粤港澳大湾区教师教育学科在数量上的增长和叠加，而是更强调学科间组织关系维持和优势资源整合等体制机制上的重塑和创新，这是一个复杂、持续、动态、全面的系统化和创新化进程，蕴含着湾区内高校在新发展阶段对重塑学科互惠共生理念及重构学科生态体系的自觉反思，也内蕴着对实体化组织机构和常态化制度规则的自觉建构。在共同体理念下，教师教育学科建设必须要摒弃只顾自身发展和小众利益的狭隘思维，从优质学科资源共建共享的整体视域来审视学科集群的长久价值并达成合作共识。因而，一方面需要致力于树立"区域特色与学校特色融合发展"的教师教育学科建设新理念、探寻基于优质教学资源支撑的"双向互惠"合作新路径、重构基于"持续改进"理念的质量评价新体系，着眼于追求"有灵魂的质量提高、有方向的水平提升、有坐标的内涵发展"；另一方面则需要重点探寻新发展格局背景下如何结合岭南地区的区位优势、文化特色以及粤港澳的地缘亲和，孕育具有湾区特色和岭南特色的卓越教师培养理论支撑体系和联动机制，在人才培养、科研协同、教师交流、平台共建、

资源共享、合作办学等方面建构持久稳定的合作关系，共同培养厚植本土情怀并兼具国际视野的卓越教师，引领全国乃至世界教师教育和基础教育的改革发展。

二、建构国际标准：提升湾区教师教育学科国际影响力

国际化是粤港澳大湾区高校从区域性大学走向世界一流大学的必由之路，也是大湾区实现"国际教育示范区"的战略抉择。教师教育学科专业作为培养具有扎实学识、优良品德、深厚情怀和国际视野的卓越师资的核心场域，引领着湾区基础教育改革的整体氛围和演进方向，成为确保粤港澳大湾区具备国际核心竞争力的重要基础。纵观世界三大湾区的高校，它们在合作办学、留学生培养、教师互访、学生互换、学分互认等国际化合作领域的层次和水平均较高，专任教师拥有国际化经历的比例也较大[1]，这些综合因素成就了诸如旧金山湾区、纽约湾区、东京湾区等闻名世界的高等教育聚集地，形成了较强的高等教育集群效应。在新发展格局下，粤港澳大湾区高校应全面审视和自觉把握当前国际和国内的新发展形势，结合当前"世界一流大学和一流学科建设"的国家战略以及广东省"新师范"建设行动计划，借助港澳高校国际化程度较高的区域优势，主动探索具有湾区特色的教师教育一流学科群建设路径。重塑具有湾区特色的学科建设国际标准，提升教师教育学科的综合实力和国际竞争力，成为世界一流学科建设的参与者、推动者甚至引领者，对建成新时代"国际教育示范区"给予实践回应。

三、创新制度规则：巩固湾区教师教育学科一体化发展的价值共识

当前，区域高等教育一体化建设和协同发展的主要障碍在于不同区域间存在着明显的行政边界效应。虽然当前粤港澳三地高校成立了诸如"粤港澳高校创新创业联盟""粤港澳高校联盟"等组织，高校间合作发展有了新起步，但这些联盟组织大多是自发式、松散形、阶段性的，普遍缺乏有效的制度规约和持续的动力源泉，缺乏清晰具体或可预期的目标任务，也较少涉及制度化的议事程序及规范化的问题解决渠道等核心问题，因而很容易流于形

---

① 曾剑雄，齐方奕. 以国际湾区经验推动粤港澳大湾区世界一流大学建设［J］. 中国高等教育评估，2019（4）：36－47.

式，或因遇到具体困难而搁置运行。粤港澳三地涉及"一国两制"的复杂背景，湾区"教师教育学科共同体"的构建需要形成并巩固学科间互惠共生的价值共识，也需要有专门、专业且稳定的组织机构运筹帷幄和常态化的制度保驾护航。因而，一方面，在"一国两制"前提下"粤港澳大湾区教师教育创新实验区"概念的提出值得思考和探索，可以帮助湾区高校在教师教育学科合作过程中获得更多自主权和政策性支持；另一方面，完善实体化的学科合作平台也非常紧迫，可以推动粤港澳三地高校组织、学术团体、创新企业等机构积极参与到湾区建设中来，将经济产业优势转化为学科创新的动力源泉，推动高校在学科专业调整、培养模式改革、科研成果转化等方面突破创新。此外，组建专门且权威的组织协调机构也至关重要，能明晰大湾区宏观整体视角下教师教育学科发展的变革方向和核心任务，探索构建共同的外部评价机制、学分转换和学位互授联授制度、资格证书互认制度、学历互认标准、优质课程共享平台、师资互聘和学生互换计划等，增强湾区高校的整体竞争力和凝聚力。在这方面，欧洲的"博洛尼亚计划"可以作为有益参考，即力求打破各区域之间的制度藩篱，在多元性与统一性之间寻求平衡，采用有效的制度衔接而非强制性的相同发展模式或运行体系，促进高校间教师教育学科合作从独立发展走向互惠共享，从借鉴交流走向优势互补，从短期动态项目互动走向人才培养全域合作，逐渐形成具有范式意义的区域教师教育学科共同体。

共生理念下粤港澳大湾区教师教育学科结构优化及学科共同体构建，除了需要高校本身有整合优质学科资源的主观意愿外，还需要外部整体环境的驱动，更需要三地政府和高校有前瞻性的理论加以指引，有科学性的政策加以支撑，有常态化的法规制度加以保障，有创新性的管理体制加以运行，以"敢为天下先"的气魄和"先行先试"的优势，探索有湾区特色的教师教育学科发展范式，打造开放型高等教育协同创新共同体，维护该区域长期繁荣稳定发展。

参考文献

一、普通图书

[1] 西蒙. 管理决策新科学 [M]. 李柱流，汤俊澄，等译. 北京：中国社会科学出版社，1982.

[2] 登哈特 J V，登哈特 R B. 新公共服务：服务，而不是掌舵 [M]. 丁煌，译. 北京：中国人民大学出版社，2004.

[3] 拉兹洛. 用系统论的观点看世界：科学新发展的自然哲学 [M]. 闵家胤，译. 北京：中国社会科学出版社，1985.

[4] 克拉克. 高等教育系统：学术组织的跨国研究 [M]. 王承绪，等译. 杭州：杭州大学出版社，1994.

[5] 查有梁. 系统科学与教育 [M]. 北京：人民教育出版社，1993.

[6] 程又中. 苏联模式的兴衰 [M]. 武汉：湖北人民出版社，2000.

[7] 罗森布鲁姆. 公共行政学：管理、政治和法律的途径 [M]. 5 版. 张成福，等译. 北京：中国人民大学出版社，2002.

[8] 古德诺. 政治与行政 [M]. 王元译. 北京：华夏出版社，1987.

[9] 弗雷德里克森. 公共行政的精神 [M]. 张成福，等译. 北京：中国人民大学出版社，2003.

[10] 弗里德曼. 弗里德曼文萃 [M]. 高榕，范恒山，译. 北京：北京经济学院出版社，1991.

[11] 卡斯特，罗森茨维克. 组织与管理：系统方法与权变方法 [M]. 李柱流，等译. 北京：中国社会科学出版社，1985.

［12］广东省教育研究院. 广东教育改革发展研究报告：理论战略政策研究卷（上册）［M］. 广州：广东高等教育出版社，2013.

［13］广东省统计局，国家统计局广东调查总队. 广东统计年鉴 2012 ［M］. 北京：中国统计出版社. 2012.

［14］国家行政学院国际合作交流部. 西方国家行政改革述评［M］. 北京：国家行政学院出版社，1998.

［15］郝克明，汪永铨. 中国高等教育结构研究［M］. 北京：人民教育出版社，1987.

［16］胡建华，周川，陈列，等. 高等教育学新论［M］. 南京：江苏教育出版社，1995.

［17］胡卫. 民办教育的发展与规范［M］. 北京：教育科学出版社，2000.

［18］黄崴. 教育管理学［M］. 北京：中国人民大学出版社，2008.

［19］黄崴. 教育管理学：概念与原理［M］. 广州：广东高等教育出版社，2002.

［20］孟明义. 高等教育经济学［M］. 北京：教育科学出版社，1991.

［21］潘懋元. 高等教育学讲座［M］. 北京：人民教育出版社，1993.

［22］齐亮祖，刘敬发. 高等教育结构学［M］. 哈尔滨：黑龙江教育出版社，1986.

［23］芮明杰. 管理学［M］. 2 版. 北京：高等教育出版社，2005.

［24］芮明杰. 管理学：现代的观点［M］. 上海：上海人民出版社，2005.

［25］罗宾斯. 组织行为学［M］. 孙健敏，李原，译. 10 版. 北京：中国人民大学出版社，2005.

［26］天野郁夫. 高等教育的日本模式［M］. 陈武元，译. 北京：教育科学出版社，2006.

［27］吴晓明，许源源，李晓飞. 中国公共行政学研究跟踪报告：2000—2015 ［M］. 北京：经济管理出版社，2014.

［28］薛天祥. 高等教育管理学［M］. 上海：华东师范大学出版社，1997.

［29］斯密. 国民财富的性质和原因的研究：下卷［M］. 郭大力，王亚南，译. 北京：商务印书馆，1974.

［30］袁纯清. 共生理论：兼论小型经济［M］. 北京：经济科学出版社，1998.

［31］郑启明，薛天祥. 高等教育学［M］. 上海：华东师范大学出版社，1988.

［32］周春华. 中国高等教育行政管理学［M］. 武汉：武汉大学出版社，1987.

［33］佩鲁. 新发展观［M］. 张宁，丰子义，译. 北京：华夏出版社，1987.

［34］刘羡冰. 澳门教育史［M］. 北京：人民教育出版社，2002.

［35］AHMADJIAN V，PARACER S. Symbiosis：an introduction to biological associations［M］. London：University Press of New England，1986.

［36］DOUGLAS A E. Symbiotic interactions［M］. Oxford：Oxford University Press，1994.

［37］HOOVER E M，GIARRATANI F. An introduction to regional economics［M］. 2nd. New York：Alfred A Knopf Inc，1975.

［38］FRIEDMANN J. Regional development policy：a case study of Venezuela［M］. Cambridge，Mass：MIT Press，1966.

［39］GOODMAN E，BAMFORD J. Small firms and industrial districts in Italy［M］. London：Routledge，1989.

［40］MYRDAL G. Economic theory and underdeveloped regions［M］. London：Duckworth，1957.

［41］SCOTT A J. New industrial spaces：flexible production organization and regional development in North America and Western Europe［M］. London：Pion，1988.

［42］SCOTT A，STORPER M. Industrialization and regional development：pathways to industrialization and regional development［M］. London：Routledge，1992.

二、期刊

［1］许长青，卢晓中. 粤港澳大湾区高等教育融合发展：理念、现实与制度同构［J］. 高等教育研究，2019，40（1）.

［2］李家新，谢爱磊，范冬清. 区域化发展视角下的粤港澳大湾区高等教育合作：基础、困境与展望［J］. 复旦教育论坛，2020，18（1）.

［3］李晶，刘晖. 粤港澳大湾区高等教育整合的逻辑与进路［J］. 高等教育研究，2018，39（10）.

［4］张红峰. 澳门回归二十年来高等教育的回顾与展望［J］. 高等教育研究，2019，40（12）.

［5］马早明. 协同创新 30 年：粤港澳教师教育合作的回顾与前瞻［J］. 华南师范大学学报（社会科学版），2014（6）.

［6］卓泽林，杨体荣. 粤港澳大湾区高校集群建设的发展导向及其路径［J］. 教育发展研究，2019，39（11）.

［7］黄骏. 粤港澳大湾区大学规划发展趋势研究［J］. 南方建筑，2019（5）.

［8］潘懋元，吴玫. 高等学校分类与定位问题［J］. 复旦教育论坛，2003，1（3）.

［9］王坤. 珠港澳高等教育联动发展的对策研究：基于创新驱动发展战略背景［J］. 特区经济，2017（9）.

［10］李晶. 改革开放四十年来粤港澳高等教育合作的回顾与前瞻［J］. 现代教育论坛，2019（5）.

［11］曾剑雄，齐方奕. 以国际湾区经验推动粤港澳大湾区世界一流大学建设［J］. 中国高等教育评估，2019（4）.

［12］王善迈，崔玉平. 教育资源优化配置：中国教育改革与发展中的经济学课题：王善迈教授专访［J］. 苏州大学学报（教育科学版），2014，2（4）.

［13］曹德明. 博洛尼亚进程：欧洲国家重大的高等教育改革框架［J］. 德国研究，2008（3）.

［14］张伟坤，熊建文，林天伦. 新时代与新师范：背景、理念及举措［J］. 高教探索，2019（1）.

［15］马廷奇. "双万计划"与高等教育内涵式发展［J］. 江苏高教，2019（9）.

［16］王建华. 关于一流本科专业建设的思考：兼评"双万计划"［J］. 重庆高教研究，2019，7（4）.

［17］汤易兵，李勤，姜辉. 本科高校新兴特色专业建设：原则、评价与思路［J］. 教育发展研究，2017，37（7）.

［18］邱均平，马力，杨强，等. 2016 年中国大学本科专业建设质量分析［J］. 重庆大学学报（社会科学版），2016，22（4）.

［19］杨克瑞，曹辉. 以本为本：高校本科专业品牌建设的内生机制［J］. 重庆高教研究，2019，7（2）.

［20］胡燕，李伟，王恬. 高校专业建设研究浅探［J］. 江苏高教，2016（6）.

［21］ 王凯，胡赤弟．"双一流"建设背景下创新人才培养绩效影响机制的实证分析：以学科—专业—产业链为视角［J］．教育研究，2019，40（2）．

［22］ 张小芳．本科院校学科专业一体化建设理路［J］．高教发展与评估，2016（2）．

［23］ 李小年，方学礼．地方高水平大学专业建设和学科建设协同发展研究［J］．国家教育行政学院学报，2015（6）．

［24］ 杨频萍，汪霞．"双一流"建设背景下我国学科专业评价创新研究［J］．高校教育管理，2018（6）．

［25］ 李明磊，王战军．新时代一流专业建设应转向成效式评价［J］．江苏高教，2020（9）．

［26］ 郑珍珍，张清．地方综合性大学专业建设的思考与创新探索［J］．中国大学教学，2016（10）．

［27］ 刘六生，宋文龙．我国地方高校一流本科专业建设的困境与出路［J］．云南师范大学学报（哲学社会科学版），2019，5（6）．

［28］ 天野郁夫，陈武元．日本的大学改革：在美国化与市场化的中间［J］．有色金属高教研究，2000（3）．

［29］ 曹远征．中国经济现代化进程中的体制变革分析［J］．管理世界，1989（3）．

［30］ 陈厚丰，吕敏．扩招以来我国经济结构与高等教育结构的相关性分析［J］．高等工程教育研究，2007，55（1）．

［31］ 陈丽能．地方高等教育发展的动力机制分析［J］．教育发展研究，2001（8）．

［32］ 陈少晖．赶超型工业化战略与传统计划经济体制的形成［J］．福建师范大学学报（哲学社会科学版），2000（1）．

［33］ 陈四辉．"泛珠三角"区域经济合作研究：基于共生理论的视角［J］．云南民族大学学报（哲学社会科学版），2012，29（2）．

［34］ 陈伟．区域高等教育合作的新探索：以澳门大学建设横琴校区为例［J］．复旦教育论坛，2010，8（4）．

［35］ 陈小娟，姚正安，黄崴．支持向量机模型在高校毕业生供给预测中的应用［J］．中山大学学报（自然科学版），2013，52（1）．

［36］ 陈晓春，谭娟，胡扬名．基于共生理论的区域行政发展研究［J］．财经理论与实践，2007（6）．

[37] 陈甬军. 中国为什么在 50 年代选择了计划经济体制 [J]. 中国经济史研究，2004（3）.

[38] 崔玉平. 中国高等教育对经济增长率的贡献 [J]. 教育与经济，2001（1）.

[39] 丁小浩，陈良焜. 高等教育扩大招生对经济增长和增加就业的影响分析 [J]. 教育发展研究，2000（2）.

[40] 窦文章. 区域发展理论的产生及演变 [J]. 山西大学师范学院学报（哲学社会科学版），1996（2）.

[41] 范文曜，刘承波. 大学制度建设：加拿大、美国高教考察与启示 [J]. 理工高教研究，2007（6）.

[42] 冯向东. 高等教育结构：博弈中的建构 [J]. 高等教育研究，2005，26（5）.

[43] 郭贵春. 把省部共建高校建成引领区域高等教育发展的高水平大学 [J]. 中国高等教育，2012（9）.

[44] 贺小飞，李守福. 高等教育区域服务职能刍议 [J]. 清华大学教育研究，2004，25（6）.

[45] 胡永远，刘智勇. 高等教育对经济增长贡献的地区差异研究 [J]. 上海经济研究，2004（9）.

[46] 华长慧. 服务型教育体系：区域高等教育发展的新模式 [J]. 高等教育研究，2006（4）.

[47] 黄崴，张伟坤. 服务型学校管理：涵义与构建 [J]. 教育理论与实践，2006（15）.

[48] 雷敏. 分层视野下的高等教育体系：以美国加州大学系统为例 [J]. 高教探索，2007（3）.

[49] 冷志明，易夫. 基于共生理论的城市圈经济一体化机理 [J]. 经济地理，2008（3）.

[50] 冷志明，张合平. 基于共生理论的区域经济合作机理研究 [J]. 未来与发展，2007（6）.

[51] 李波. 区域经济协调发展与区域高等教育均衡 [J]. 河南师范大学学报（哲学社会科学版），2005，32（1）.

[52] 李刚，周加来. 共生理论视角下的区域合作研究：以成渝综合试验区为例 [J]. 兰州商学院学报，2008（3）.

［53］李强，魏巍. 江淮城市群和长三角城市群合作研究：基于共生理论的视角［J］. 襄樊学院学报，2010，31（11）.

［54］林莉，郑旭，葛继平. 产学研联盟知识转移的影响因素及促进机制研究［J］. 中国科技论坛，2009（5）.

［55］林毅夫，蔡昉，李周. 论中国经济改革的渐进式道路［J］. 经济研究，1993（9）.

［56］刘国光. 改革开放前的中国的经济发展和经济体制［J］. 中共党史研究，2002（4）.

［57］刘建生. 产学研合作模式再探讨：基于共生理论的视角［J］. 北京交通大学学报（社会科学版），2012，11（1）.

［58］刘健，李忠红，梁红. 论高等教育与区域经济发展的关系［J］. 教育与经济，1999（4）.

［59］刘荣增，齐建文. 豫鲁苏城乡统筹度比较研究：基于共生理论的视角［J］. 城市问题，2009（8）.

［60］刘荣增. 共生理论及其在我国区域协调发展中的运用［J］. 工业技术经济，2006（3）.

［61］刘小强. 美国加州1960年高等教育总体规划：一个成功范例［J］. 清华大学教育研究，2006（2）.

［62］刘尧. 如何看待高等教育发展的"中国模式"问题［J］. 江苏高教，2012（1）.

［63］马永俊，胡希军. 城镇群的共生发展研究：以浙中金华城镇群为例［J］. 经济地理，2006（2）.

［64］孟卫青，黄崴. 论省域视角下的高等教育质量保障［J］. 高教探索，2013（3）.

［65］苗长虹. 区域发展理论：回顾与展望［J］. 地理科学进展，1999（4）.

［66］潘懋元，吴玫. 高等学校分类与定位问题［J］. 复旦教育论坛，2003，1（3）.

［67］祁占勇. 高等教育中介机构的法律诠释及其职能探究［J］. 国家教育行政学院学报，2012（6）.

［68］吴飞驰. 关于共生理念的思考［J］. 哲学动态，2000（6）.

［69］夏兴园，田东山. 论计划经济体制的兴起与衰落［J］. 经济学情报，2000（5）.

［70］徐成钢. 地方高校区域经济社会服务体系的构建研究［J］. 华东经济管理，2010，24（06）.

［71］杨德广. 如何评判我国高教发展改革中的几个问题：与杨东平教授商榷［J］. 江苏高教，2011（5）.

［72］杨开忠. 区域发展研究的兴起与演变：兼谈发展中国家区域发展［J］. 经济地理，1990，（3）.

［73］杨开忠. 中国区域经济差异变动研究［J］. 经济研究，1994（12）.

［74］杨玲丽. 共生理论在社会科学领域的应用［J］. 社会科学论坛，2010（16）.

［75］姚海娟. 论高等教育资源分布与区域经济发展的关系：以湖南省为例［J］. 黑龙江高教研究，2011（4）.

［76］于慧，黄崴. 关于我国高校本科专业设置质量内涵与标准的理论探讨［J］. 中国高教研究，2011（2）.

［77］张伟坤，黄崴. 近十年我国教育管理理论研究的进展与反思［J］. 中国高教研究，2013（2）.

［78］赵媛. 区域发展理论与当代经济地理学的发展［J］. 人文地理，1998（3）.

［79］赵庆年，祁晓. 高等学校分类管理：内涵与具体内容［J］. 教育研究，2013，34（8）.

［80］赵庆年. 区域高等教育发展差异及其调适［J］. 教育发展研究，2008（19）.

［81］朱俊成. 基于共生理论的区域多中心协同发展研究［J］. 经济地理，2010，30（8）.

［82］朱俊成. 基于共生理论的区域合作研究：以武汉城市圈为例［J］. 华中科技大学学报（社会科学版），2010，24（3）.

［83］杨玲丽. 共生理论在社会科学领域的应用［J］. 社会科学论坛，2010（16）.

［84］WILLIAMSON J G. Regional inequality and the process of national development：a description of the patterns［J］. Economic development and cultural change，1965，13（4）.

［85］KNIGHT J. A model for the regionalization of higher education：the role and contribution of tuning［J］. Tuning journal for higher education，

2014, 1 (1).

［86］ TOLBERT P S. Institutional environments and resource dependence： sources of administrative structure in institutions of higher education ［J］. Administrative science quarterly, 1985, 30 (1).

［87］ LEPORI B, BARBERIO V, SEEBER M, et al. Core-periphery structures in national higher education systems： a cross-country analysis using interlinking data ［J］. Journal of informetrics, 2013, 7 (3).

［88］ BUMBU R I, TODORESCU L L. The academic structure and organization within the Romanian higher education system from the perspective of the bologna process： practical application for technical higher education institutions ［J］. Procedia－social and behavioral sciences, 2012, 33.

［89］ COOKE P, URANGA M G, ETXEBARRIA G. Regional systems of innovation： an evolutionary perspective ［J］. Environment and Planning A： economy and space, 1998, 30 (9).

［90］ JIN D J, STOUGH R R. Learning and learning capability in the fordist and post-fordist age： an integrative framework ［J］. Environment and Planning A： economy and space, 1998, 30 (7).

［91］ MORLEY L, LEACH F, LUGG R. Democratising higher education in Ghana and Tanzania： opportunity structures and social inequalities ［J］. International journal of educational development, 2009, 29 (1).

［92］ MARTIN R, SUNLEY P. Slow convergence? The new endogenous growth theory and regional development ［J］. Economic geography, 1998, 74 (3).

［93］ MARTIN R, SUNLEY P. Paul Krugman's geographical economics and its implications for regional development theory： a critical assessment ［J］. Economic geography, 1996, 72 (3).

［94］ MORGAN K J. The learning region： institutions, innovation and regional renewal ［J］. Regional studies, 1997, 31 (5).

［95］ LENTON P. The cost structure of higher education in further education colleges in England ［J］. Economics of education review, 2008, 27 (4).

［96］ ASHWIN P. Accounting for structure and agency in "close-up" research on teaching, learning and assessment in higher education ［J］.

International journal of educational research，2008，47（3）.

［97］ SCHULTZ T W. Investment in human capital ［J］. The American economic review，1961，51（1）.

［98］ WEICK，KARL. Educational organization as loosely coupled systems ［J］. Administrative science quarterly，1976，21（1）.

三、学位论文

［1］ 陈小娟. 时间序列分析在广东省 GDP 预测中的应用研究 ［D］. 广州：中山大学，2009.

［2］ 程大涛. 基于共生理论的企业集群组织研究 ［D］. 杭州：浙江大学，2003.

［3］ 方晓维. 我国高校本科行政管理专业设置与建设研究 ［D］. 广州：中山大学，2011.

［4］ 郝艳. 广东省电子信息类本科专业设置与调整研究 ［D］. 广州：中山大学，2010.

［5］ 贾国维. 中国计划经济体制的形成与变迁研究 ［D］. 成都：西南财经大学，2010.

［6］ 贾立亮. 理工类地方高校区域服务问题研究 ［D］. 长春：东北师范大学，2007.

［7］ 苏娜. 区域义务教育均衡发展保障机制研究：以广州市为例 ［D］. 广州：中山大学，2010.

［8］ 杨甜. 高等教育为区域经济发展服务问题研究：以陕西省为例 ［D］. 西安：西北大学，2011.

［9］ 于慧. 我国高校本科专业设置标准研究 ［D］. 广州：中山大学，2011.

［10］ 余伟兴. 基于 SVM 的组合预测模型在高校就业率预测中的应用 ［D］. 广州：中山大学，2009.

［11］ 詹仲全. 广东高等学校农学专业调整与优化 ［D］. 广州：中山大学，2010.

［12］ 张旭. 基于共生理论的城市可持续发展研究 ［D］. 哈尔滨：东北农业大学，2004.

［13］ 郑礼琳. 我国高校公共事业管理本科专业优化研究 ［D］. 广州：中山

大学，2011.

［14］周金其. 基于共生理论的高校独立学院演变研究：以浙江省为例
　　　［D］. 杭州：浙江大学，2007.

［15］朱艳. 制度视角下中国高等教育结构研究［D］. 大连：大连理工大
　　　学，2012.

［16］朱玉凤. 模糊聚类分析在专业排名中的应用［D］. 广州：中山大
　　　学，2009.

［17］徐德香. 基于系统论的高职课程结构优化研究［D］. 金华：浙江师范
　　　大学，2011.